임무니타스

생명의 보호와 부정

Immunitas. Protezione e negazione della vita
Roberto Esposito

임무니타스

생명의 보호와 부정

로베르토 에스포지토
윤병언 옮김

Critica

1. 저자 주는 미주로, 옮긴이 주는 각주로 처리했다.
2. 본문 속의 [ ]은 옮긴이 첨언이다.
3. 미주 속의 [ ]와 'trad. it.'는 저자가 외서의 이탈리아어 번역본을 표시하기 위해 사용하는 기호다.
4. 원서에서 이탤릭체로 쓰인 부분 외에도 저자가 ' '를 비롯해 다양한 방식으로 강조하는 용어들을 굵은 고딕체로 표시했다.

서문

1. 그리 멀지 않은 과거에서 오늘날까지 어느 날이든 언뜻 보기에는 서로 이질적인 소식들이 신문의 심지어 동일한 지면에 실리는 일이 일어났다. 새로이 발생한 전염병과의 전쟁이나 반인권 범죄로 고소당한 외국 국가원수의 구인 요청에 대한 반발, 불법 이민을 차단하기 위한 장벽의 강화나 컴퓨터 바이러스를 무력화하기 위한 전략 같은 현상들이 지니는 공통점은 과연 무엇인가? 우리가 이 소식들을 계속해서 의학, 법률, 사회정책, 기술정보라는 해당 분야의 개별적인 관점으로 분리된 영역 안에서만 읽는다면 공통점을 발견하기는 힘들 것이다. 하지만 이 특수한 언어들을 비스듬한 각도에서 관찰하며 동일한 의미의 지평으로 환원할 수 있는 해석적 범주 안에서 고찰한다면 사정은 달라진다. 책 제목에 명시되어 있듯이 나는 이 범주를 '면역화'라는 영역에서 발견했다. 이 용어가 지니는 의미의 기원과 면역 기능의 메커니즘에 대해서는 뒤이어 좀 더 자세히 설명하겠지만, 이 담론의 순수하게 현상

학적 측면만 고려하더라도 극명한 유사성을 토대로 면역의 기본적인 특징들을 추적해볼 수 있다. 앞서 언급한 사건들은 이를 서술하는 용어들의 비일관성에도 불구하고 모두 특정 위험에 대한 방어적 반응이라는 공통점을 지닌다. 관건이 새로운 전염병의 창궐이든, 법적 특권의 관행적 행사에 대한 항변이든, 이민 현상의 급격한 폭증이나 소통 시스템의 조작 혹은 테러의 위협이든 간에 부각되는 문제는 이전 단계에서 유지되던 균형의 파괴와 결과적으로 요구되는 균형의 재활이다.

물론 이러한 설명은 우리가 다루려는 범주의 지극히 일반적인 서술에 지나지 않는다. 하지만 어떤 불확실한 위험 상황을 언급하는 단계에서 벗어나 구체적인 상황을 식별하는 단계로 접어드는 순간 이 범주는 고유의 함의를 드러낸다. 곧장 명백해지는 것은 앞서 언급한 각각의 현상에서 이 면역화의 범주가 경계 이탈의 성격을 지닌다는 사실이다. 전염병이 개인의 몸을 위협하든, 폭력적 침략이 정치공동체를 위협하든, 바이러스가 전자기기를 위협하든 간에 불변하는 요인으로 드러나는 것은 위협의 위치다. 위협은 항상 내부와 외부, 고유한 것과 생소한 것, 개별적인 것과 공통적인 것의 '경계'에 머문다. 누군가 또는 무언가가 개별적이거나 집단적인 몸에 침투한 뒤 그것을 변질시키고 변이와 부패를 조장할 때 이 분해의 역동성을 가장 잘 표상하는 용어는 '전염'이다. 다양한 각도에서 해석이 가능하기 때문에 생물학, 법률, 정치, 소통의 언어들이 교차하는 곳에서 활용되는 용어가 바로 '전염'이다. 줄곧 건강을 유지하며 확실성과 정체성을 보존하던 것은 이제 그것을 파멸로 이끌지도 모를 '전염'에 노출된다. 물론 이러한 유형의 위협은 모든 형태의 개인적인 삶을 비롯해 모든 형태의 인간 집단에 고유한 구축적인 요소다. 하지만 면역화의 요구에 특별한 중요성을 부여할 뿐 아니라 면역화를 심지어 사회체계의 상징적이고 물리적인 회전축으로 기능하도록 만드는 것은 언제부턴가 전염성의 표류 현상이 띠기 시작한 가속화와 보편화의 성격이다. 아프리카에서 연간 2백만이 넘는 에이즈 사망자가 발생했기 때문에 예상 사망률이 전체 인구 4분의 1에 육박했다는 기록이나 폭발적인 인구 증가율을 자랑하는 제3세계에서 유럽 국가로 이주해 올 잠재적 이민자의 수가 천만 명에 달한다는 소식에서 우리가 취하는 것은 훨씬 더 다층적이고 침투적인 현상의 표면적인 정보에 불과하다. 오늘날 공포를 조장하는 것은 오랫동안 단순히 '불가피한' 것에 지나지 않았던 전염 자체가 아니라 제어나 제약이 불가능할 정도로 삶의 모든 생산 구조를 파고드는 전염의 '확산'이다.

2. 외견상 사소해보이는 컴퓨터의 경우만 해도 플로피 디스크를 매개로 전달되던 초기의 바이러스와 달리 이메일로 전달되는 바이러스는 훨씬 더 빠른 속도로 전파될 뿐 아니라 무한히 확산될 수 있는 잠재력을 지녔다. 인터넷이 닿는 곳이면 어디든 침투할 수 있기 때문이다. 예를 들어 컴퓨터 사용자가 바이러스에 감염된 문서를 여는 순간 디렉터리에 등록되어 있는 모든 관련 파일이 즉각적으로 감염되고 이 파일들 역시 바이러스의 기하급수적인 확산을 조장하며 감염을 되풀이할 운명에 놓인다. 날마다 30여 종에 달하는 새로운 유형의 바이러스가 발견된다는 사실을 감안하면 왜 각국의 정부에서 안티바이러스 프로그램 개발에 막대한

예산을 투자하는지 어렵지 않게 이해할 수 있다. 미국에서는 에이즈 퇴치에 쓰인 자금의 4배에 달하는 예산이 컴퓨터 바이러스 퇴치에 투자된다.

컴퓨터와의 비교는 얼핏 독단적으로 보일 수도 있지만, 일부 정치인들의 면책특권을 둘러싼 법적 논쟁에서도 컴퓨터 바이러스의 경우와 구조적으로 유사한 현상을 발견할 수 있다. 이 문제는 각 국가에 고유한 법적 권리, 다시 말해 특정 국가의 국회의원들은 물론 고위 관리나 외교관의 모든 법적 특권과 오늘날 실행되고 있는 새로운 국제법 사이의 상충 관계라는 측면에서 관찰할 필요가 있다. 이러한 관점에서 살펴보면—모든 유형의 경계가 와해될 때마다 일어나는 현상과 다르지 않게—어떤 판사가 면책권을 지닌 타국의 법적 주체를 양도하라고 요구할 때마다 이러한 요구 자체가 상대 국가의 주권체계를 훼손할 뿐 아니라 똑같은 침해 현상이 언젠가는 다른 나라에도 전이될 수밖에 없는 상황을 야기한다는 것이 분명해진다. 이 문제가 바로 피노체트의 면책권은 물론 어떤 의미에서는 밀로세비치의 면책권을 둘러싼 법적 공방의 핵심이었다. 다시 말해 이들에게 내려질 처벌뿐만 아니라 본질적으로는 여전히 주권 국가들의 상대적인 자율성을 토대로 유지되는 세계의 질서에 이러한 판결이 결과적으로 가져오게 될 파급효과 또는 전염성이 문제였던 것이다.

국제사면위원회Amnesty International가 영국의 판사들과 스트로슨Strawson 장관이 독재자 피노체트에게 불리한 판결을 내린 것에 반색하며, 이들이 이른바 '공통의 법'이라고 불리는 것의 정립에 일조했고 면책특권의 심장을 파고드는 데 첫 돌파구를 마련했다고 긍정적으로 평가한 것은 결코 우연이 아니다. 독재자의 범죄가 어떤 경우에든 자국민에게만 유해하지 않고 세계의 시민 모두에게 피해를 준다는 것이 사실이라면 이는 곧 그가 어디서든 누구에 의해서든 기소될 수 있다는 것을 의미하며, 아울러 각 국가의 법적 국경을 뛰어넘을 뿐 아니라 법률을 특정 영토에 제한시키는 형식으로서의 법 자체를 초월하는 정의의 요구가 실재한다는 것을 의미한다. 불법이민자 또는 시민으로서의 권리를 모두 상실한 망명자, 다시 말해 해당 국가의 검찰로부터 그가 침해한 경계 바깥으로 추방된 자가 암묵적으로 호소하는 것이 이러한 초국가적 정의가 아니라면 또 무엇이겠는가?

따라서 처음에는 서로 무관해보이던 사건들이 이제는 어떤 단일한 형상을 구축하는 이질적인 영역들의 상호의존적인 형태로 정렬된다고 볼 수 있다. 용어들의 의미를 적용하는 방식이 한 영역에서 또 다른 영역으로 끊임없이—동일한 활용법이 일으키는 일종의 전염 효과로 인해—전이되는 현상이야말로 이에 대한 결정적인 근거를 제공한다. 주지하다시피 이민 현상은 사회적인 동시에 정치적이고 법적인 차원의 문제지만 우선적으로는 공공질서를 위협하는 요소일 뿐 아니라—간간히 들려오는 대중매체의 소식에 따르면—이민자들을 수용하는 국가의 입장을 고려할 때 잠재적인 생물학적 위협이기도 하다. 이는 20세기 유럽인들의 기억 속에 비극적으로 뿌리깊이 각인되어 있는 이방인의 이미지, 즉 이방인은 질병의 표본이라는 관점과 결코 무관하지 않다. 그러고 보면 오늘날 사람들이 가장 두려워하는—제어하기 가장 어려운—테러가 천연두 바이러스나 에볼라, 심지어는 물이나 공기 또는 음식을 매개로 전파되는 페스트 같은 세균 테러라는 것은 충분히 이해가 되는 일이다. 대규모의 전염병이 야기하는 비상사태 역시 정확한 경제적, 법적, 정치적, 심지어는 군사적 차원의 변화를 수반한다. CIA의 보고에 따르면—제3세계 곳곳에서 일어나는 인구감소 현상이 결과적으로는 혁명이나 대량 학살, 독재 체제의 부상으로 이어질 수 있다는 것 외에도—에이즈 같은 전염병은 세계적인 차원의 체제적 불안정화를 가져올 수 있는 75가지 요인들 가운데 가장 앞자리를 차지하는 것으로 나타난다. 그렇다면 한편에서는 명백하게 의학적인, 심지어는 유행병학적인 용어들이 컴퓨터 바이러스와의 전쟁을 설명하는 데 활용되고 이 바이러스들이 국제 테러의 도구로도 쓰일 수 있다는 차원에서 잠재적인 위협 요소로 간주되는 반면, 다른 한편에서는 환경의 위협에 대응하는 의학적 면역체계의 기능을 설명하는 데 오히려 명백하게 군사적인 용어들이 활용된다는 사실에 주목할 필요가 있다. 이 용어들은 자체적으로 상호의존 구도를 이미 정립해놓은 듯이 보인다. 삶을 위협하는 위험이 모든 활동 영역으로 무분별하게 확산될수록 이에 대한 해결책은 어떤 단일한 장치의 메커니즘으로 수렴되는 양상을 보인다. **공통성**을 위협하며 점점 더 **확산**되는 위험에 대응하는 것은 **면역성**의 점점 더 **치밀**해지는 방어체계다.

3. 면역성,* 즉 임무니타스immunitas가 중요해지는 의미론적 맥락을 유일하게 구축하는 것이 공통성, 즉 코무니타스communitas라면 이들이 유지하는 관계의 정체는 과연 무엇인가? 관건은 단순한 대립 관계인가, 아니면 한 개념이 다른 개념을 부인하는 것으

로 그치지 않고 은밀하게 고유의 필연적 전제로 수용하는 보다 복합적인 변증관계인가? 이 질문에 대한 첫 번째 답변을 우리는 어원에서 발견할 수 있다. 라틴어 사전에 따르면, '면역' 또는 '면제'를 뜻하는 명사 '임무니타스(immunitas)'는 이에 상응하는 형용사 '임무니스(immunis)'와 마찬가지로 어떤 특성의 '결핍'이나 '부정'을 표현하는 단어이며 부족하다고 지적하거나 부정하는 '무누스(munus)'에서 역으로 고유의 의미를 확보한다. 따라서 이 '무누스'의 우선적인 의미를 추적하다 보면 거꾸로 '임무니타스'의 의미를 발견하게 된다. '무누스'가 업무, 임무, 책무, 의무를—혹은 받은 선물에 보답해야 할 의무를—가리키는 반면, "임무니스는 어떤 업무도 맡지 않은 사람을 가리킨다. Immunis dicitur qui nullo fungitur officio." '임무니스'는 "무누스에서 자유로운, 무누스가 없는 muneribus vacuus, sine muneribus" 사람, 즉 공물 헌납의 의무pensum나 타인을 위한 봉사의 의무에서 벗어난, 면제된, 제외된 사람을 가리킨다. '임무니스'는, 의무 이행을 요구하는 법적 효력의 '공백 상태vacatio' 때문이든 면제의 구체적인 '구실excusatio' 때문이든 누군가에 대해 어떤 의무도 지니지 않는 사람을 수식하는 용어다. 그가 원래부터 자유로운 존재였든, 어떤 채무에서 뒤이어 벗어났든 간에 '임무니스'의 개념을 결정짓는 것은 '무누스'라는 개인적

* '면역성'으로 옮기는 immunitas는 이 책에서 단순히 생물학적 면역免疫의 의미뿐만 아니라 특정 임무의 면제를 뜻하는 면역免役이나 면책의 의미로도 활용된다. 하지만 이러한 의미를 구분하기 위해 한자나 원어를 병기하지는 않았다. 이는 맥락에 따라 구체적인 의미를 분명하게 확인할 수 있기 때문이기도 하지만 무엇보다도 이 책에서 다루는 것이 이러한 의미들의 실질적인 중첩 현상이고 이러한 특징이 의미 구분의 상식적인 필요성과 상충되기 때문이다.

이거나 금전적이거나 사회적인 의무 사항의 면제다.

하지만 지금까지 살펴본 내용은 너무 개괄적이어서 우리가 처음에 제기했던 문제에 직접적인 답변이 되지는 못한다. 문제의 핵심에 다가서려면 지금까지 그림자에 가려 눈에 띄지 않던 이 개념의 또 다른 의미론적 방향에 주목할 필요가 있다. 앞서 살펴보았듯이 임무니타스는 일종의 '면제'다. 하지만 고대와 근대의 여러 사전에서 확인할 수 있듯이 임무니타스는 일종의 '특권'이기도 하다. 바로 이 두 가지 의미가 중첩되는, 혹은 교차되는 지점에서 '임무니타스'라는 용어의 가장 핵심적인 의미가 부각된다. '임무니타스'는 다른 모든 사람이 준수해야 할 어떤 규칙에서 벗어나는 예외적인 경우를 가리킨다. 따라서 "임무니스는 타인들이 지켜야 할 의무로부터 자유로운 사람을 말한다. Immunis est qui vacat a muneribus, quae alii praestare debent." 이 문장의 핵심은 "타인들이 다해야 할 의무"에 있다. 임무니타스는 어떤 무언가의 '제외'를 표현하기에 앞서 본질적으로 그것의 '대조'에 의존하는 개념이다. 무엇이 관건이든, 그것을 단순히 '제외'하는 차원의 면제가 아니라 항상 타인들과 대조했을 때 부각되는 '예외성'이라는 것이 이 개념의 의미론적 핵심이다. 따라서 **임무니타스**, 즉 '면역성'의 진정한 반의어로 간주되어야 할 용어는 '부재할' 뿐인 무누스라기보다는 오히려 무누스를 '공유하는' 이들의 **코무니타스**, 즉 '공동체'라고 볼 수 있다. 뭐랄까, 제외되는 것은 '무누스munus'이지만 임무니타스에 고유의 의미를 부여하는 대조의 장은 '함께'를 뜻하는 '쿰cum'이다. 다시 말해 '쿰'은 쿰cum과 무누스munus의 합성어인 코무니타스의 형태로 무누스의 일반화를 실현한다. 이러한 특징을 보다 구체적으로 증언하는 정의에 따르면, "국가적이거나 사회적인 유형의 모든 의무에서 벗어난 자, 모두에게 공통된 사회적 책무에서 면제된 자를 임무니스라고 부른다."[1] 공통성을 특징으로 하는 사회적 책무와는 달리 임무니타스는 일종의 특별한 조건에 가깝다. 임무니타스는—개인에 관여하든 집단에 관여하든—'공통적이지 않고' 언제나 특별한 '누군가에게 속한'다는 구체적인 의미에서 언제나 '고유성'을 유지한다. 이러한 특징은 교회가 전통적으로 성직자들의 임무니타스를 정의해온 방식에서도 확인할 수 있다. 이들의 임무니타스는 "교회의 공간, 사물 혹은 성직자들이 공통의 책무나 의무에서 벗어나거나 면제될 권리"[2]로 정의된다. 여기서 부각되는 것은 임무니타스의 반사회적인 성격, 좀 더 정확히 말하자면 반공동체적인 성격이다. **임무니타스**는 어떤 책무나 헌납 의무의 면제를 가리키는 것으로 그치지 않고 **코무니타스**의 가장 근원적이고 진지한 의미로 간주해야 할 상호선사의 사회적 회로를 단절시키는 무언가에 가깝다. 공동체의 구성원들이 그들을 공동체의 일원으로 결정짓는 요소 '무누스'를 환원해야 한다는 의무에 얽매여 있다면, 이 의무에서 벗어나 공동체 바깥에 머무는 자가 바로 임무니스, 면책 특권자다. 임무니스는 본질적으로 '달갑지 않은in-grato' 존재다. "너그럽고 달가운grati 사람들을 관대하다고munificos 했던 만큼, 임무니스im-munis는 달갑지 않다는 뜻이다."[3]

4. 임무니타스가 코무니타스와 원칙적으로 대립된다는 점은 임무니타스가 지니는 의미에 가장 뚜렷한 방향성을 부여하는 특징이지만, 그럼에도 불구하고 이러한 특징이 임무니타스의 의미 영

역 전체를 대변하는 것은 아니다. 전체를 보기 위해서는, 대립의 구도와 완전히 일치하지는 않지만 어떤 복잡한 형상에서 출발해 이 구도와 교차되기에 이르는 또 다른 의미론적 경로를 추적해볼 필요가 있다. 이 경로는 우리가 지금까지 다루었던 법적 차원이 아니라 원칙적으로 생물-의학적인 차원과 직결되며 여러 단계를 거쳐 임무니타스에 서서히 접근하는 양상을 보인다. 널리 알려진 바와 같이, 의학적인 관점에서 임무니타스는 전염병 감염의 위험에 대해 유기체가 무기력한 상태에서 취하는 저항의 양태를 가리킨다. 물론 이러한 의학적 관점의 기원 역시 사실은 상당히 오래전으로 거슬러 올라간다. 예들 들어 1세기의 인물 루카누스Marcus Lucanus는 『내전에 관하여De bello civili』에서 독사의 독에 대한 한 아프리카 부족의 특별한 저항력에 주목한 바 있다. 하지만 우리가 시도하고 있는 탐구의 관점에서 주목해야 할 부분은 무엇보다 이러한 의학적인 관점 자체가 18세기와 19세기 사이에 겪는 일종의 내부적인 혁신, 예를 들어 제너Edward Jenner가 천연두 백신을 발견한 데 이어 파스퇴르Louis Pasteur와 코흐Robert Koch의 실험을 통해 진정한 의미의 의학적 세균학이 탄생하게 되는 과정이다. 특별히 관심을 기울여야 할 부분은 자연적인 면역 단계가 후천적인 면역 단계로, 다시 말해 본질적으로 수동적인 차원의 면역 조건이 능동적인 차원의 면역 조건으로 발전하는 경로다. 어느 시점에선가 사람들은 어떤 약화된 형태의 감염이 동일한 유형의 훨씬 더 치명적인 감염으로부터 신체를 보호할 수 있다는 점에 주목하기 시작했고, 따라서—다양한 백신의 검증된 효과를 바탕으로—해를 끼치지 않는 분량의 바이러스를 신체에 투입할 경우 질병의 확산을 사전에 무력화할 수 있는 항체들의 생산을 촉진한다는 결론에 도달했다.

이러한 현상을 생물학적인 관점에서 보다 상세하게 검토하는 작업은 본론에 들어가서 시도하겠지만, 적어도 이 현상이 포괄적인 차원의 면역 패러다임과 관련하여 생산해내는 파생적인 의미에 대해서는 대략적인 사전 이해가 필요하다. 우리가 주목해야 할 첫 번째 요소는 면역이 어떤 능동적인 행위가 아니라 **반응**의 형태로만 기능한다는 점, 어떤 고유의 힘이라기보다는 또 다른 힘이 부각되는 것을 막는 역반응이나 저항력에 가깝다는 점이다. 이는 곧 면역의 메커니즘이 대적해야 할 질병의 실재가 먼저 전제되어야 한다는 것을 의미한다. 다시 말해 질병의 실재는, 질병에서 면역의 필요성이 유래한다거나 감염의 위험이 예방 조치를 정당화한다는 단순하고 기본적인 관점뿐만 아니라 좀 더 근원적인 차원에서, 정확하게는 면역의 메커니즘이 질병을 활용하며 기능한다는 차원에서 전제되어야 한다. 신체를 보호하기 위해 대적해야 할 질병을 제어라는 형식으로 재생하는 것이 바로 면역의 메커니즘이다. 여기서 벌써 이 책의 탐구 주제, 즉 생명의 '보호'와 '부정'은 과연 어떤 관계에 놓여 있는지가 드러난다. 면역 메커니즘의 보호 전략은 사실 생명을 부정하는 것과 싸우는 데 쓰인다. 하지만 그것은 전면적인 대립의 전략이 아니라 우회와 중화의 전략이다. 병/악을 극복하려면 그것을 신체의 경계에서 멀리 떨어트릴 것이 아니라 오히려 신체 내부로 끌어들여야 한다. 여기서 드러나는 변증관계는 제외하는 식으로 포함하거나 포함하는 식으로 제외하는 양상을 보인다. 유기체가 유해 요소를 극복했다면, 이는 유해 요소를 신체 바깥으로 쫓아냈기 때문이 아니라 어떤 식으로든 신체의 일부로 포함시켰기 때문이다. 다시 말해 면역의 논리는 긍정한다기보다 부정하지 **않는** 방식으로, 혹은 어떤 부정성을 부정하는 방식으로 전개된다. 부정성은 그것을 치료하는 과정에서 살아남을 뿐 아니라 효과적인 치료의 조건이기도 하다. 어떻게 보면 부정성이 양분된 상태에서 어느 하나가 나머지 하나의 보존에 필수적인 조건으로 기능한다고도 말할 수 있고, 혹은 어떤 경미한 부정성이 동일한 틀 내부에서 훨씬 더 심각한 부정성을 제어할 운명에 처한다고도 볼 수 있다.

물론 이처럼 포함하면서 제외하고 부정하면서 긍정하는 동종요법적인 보호 전략이 보호 대상의 구축 과정에 아무런 흔적도 남기지 않고 소모되는 것은 아니다. 이는 보완적 제외의 메커니즘이 생명력의 증대에 균형을 '부여'하며 일조하기 때문만이 아니라 생명력의 증대 자체가 제외의 형태를 취하기 때문이다. 다시 말해 생명력의 증대는 어떤 장점의 취득이 아니라 병/악의 부재 혹은 위치 변경, 일탈, 지연의 형태를 취한다. 모든 형태의 생명이 면역화의 대상이라면, 즉 생명이 미세하게 해가 되는 무언가를 내부에 수용해야만 보존될 수 있다면 이는 곧 생명을 유지한다는 것 자체가 어떤 식으로든 생명을 생명 자체와 떨어트리는 일종의 규제나 다를 바 없다는 것을 의미한다. 다시 말해 생명의 보존이 결국에는 치유할 수 없는 상처에 좌우될 뿐 아니라 상처의 치유가 불가능한 이유도 상처가 생명의 보존을 가능하게 만들기 때문이라는 뜻이다. 생명은 생존하기 위해, 성장을 가로막는 이질적인—적대적일 수 있는—힘에 고개를 숙여야 한다. 생명은 피하려는—하지만 사실은 단순히 지연할 뿐인—죽음의 파편을 수용할 수밖에 없는 처지에 놓인다. 면역체계의 구조적으로 모순적인 성격이 바로 여기서 비롯된다. 면역의 메커니즘은 고유의 목표를 직접적으로는 달성할 수 없기 때문에 이를 전복된 형태로 추구할 수밖에 없으며, 결과적으로 고유의 목표를 면역과 정반대되는 의미론적 지평에서 유지해야 하는 처지에 놓인다. 예를 들어 면역 메커니즘은 생명이 끊임없이 죽음을 맛보도록 만들어야만 생명을 연장할 수 있다.

5. 어떻게 보면 바로 이러한 모순이 거의 모든 영역의 근대적인 의미 체계가 자동적으로 분해되는 결과를 가져왔다고 말할 수 있다. 이 과정에서 일어난 어휘의 전이 경로뿐만 아니라 뿌리 깊은 계보를 재구성하는 것이 이 책의 목표 가운데 하나다. 이를 위해 다루어야 할 다양한 분야를 우리는 편의상 법률, 신학, 인류학, 정치학, 생물학 같은 이름으로 분류하지만 실제로 이 분야들은 오히려 중첩되는 양상을 보인다. 앞서 언급한 것처럼, 이러한 중첩 현상은 면역성과 공통성, 임무니타스와 코무니타스를 배열하는 동시에 관련짓는 일종의 간극을 따라 일어나며 이때 임무니타스와 코무니타스는 서로의 대조적인 배경일 뿐 아니라 대상이자 내용으로 기능한다. 바로 이러한 관점에서 항상 염두에 두어야 할 것은 임무니타스가 결여나 부정에 의존하는 범주인 만큼 코무니타스가 부정적인 방식으로밖에는 부각되지 않는다는 점이다. 똑같은 차원에서, 하지만 관조적으로 완전히 전복된 관점에서 오늘날의 공동체 역시 공동체와는 정반대되는 형식 속으로 완전히 녹아

들어 면역된 상태를 유지하는 듯이 보인다. 면역성이란 뭐랄까 일종의 내부적인 한계에 가깝다. 면역성은 공동체에 일련의 경계를 부여함으로써 공동체가 구축적인 동시에 해체적인 형태를, 정확히 말하자면 해체하는 동시에 재국축하는 형태를 취하면서 내부의 한계 안으로 접어들게 만든다.

이러한 부정적 변증관계가 특별히 부각되는 곳은 법률 언어의 영역, 좀 더 정확히 말하자면 사회체계 전체에 대한 면역장치로서의 법적 권리가 논의되는 곳이다. 루만Niklas Luhmann의 주장대로 18세기부터 서서히 확장된 면역의 의미론이 근대사회의 모든 영역을 파고들었다는 것은 곧 면역 메커니즘을 더 이상 법적 권리의 기능으로 간주할 수 없을 뿐 아니라 오히려 법적 권리를 면역 메커니즘의 기능으로 이해해야 한다는 것을 의미한다. 이 결정적인 변화에 대해 루만은 가능한 한 중도적이고 따라서 이데올로기적으로 해석될 가능성이 농후한 설명을 제시하지만, 이러한 변화는 사실 법과 폭력 사이의 구조적인 관계에 뿌리를 둔 전혀 다른 유형의 모순적인 과정이 와해되는 지점에서 일어났다. 법과 폭력 사이의 관계는, 폭력으로부터 공동체를 보호하기 위해 면역화를 수행하는 '법률의 역할'만 뒷받침하는 것이 아니라 사실상 면역의 과정 자체를 특징짓는 요소다. 폭력은 완전히 제거되는 것이 아니라 그것을—여전히 폭력적으로—진압하는 장치 속에 흡수된다. 이러한 폐쇄회로를 벤야민Walter Benjamin은 힘과 권리의 분리 불가능성이 분명하게 드러나는 Gewalt(폭력/권력)라는 양가적인 용어에서 발견했다. 벤야민이 어떤 숙명적이고 신비주의적인 성격을 부여하는 이 의미론적 맞물림의 구도 내부에서,

가능한 모든 형태의 '올바른' 혹은 '공동의' 삶이 다름 아닌 순수하게 생물학적인 실체의 생존을 위해 희생된다.

시몬 베유Simone Weil는 이처럼 삶을 단순히 살아 있는 질료로 보는 성향의 근본적인 원인이 공공의 권리를 포함한 모든 법적 권리*의 본질적으로 사적privato이고 탈취적인privativo 성격에 있다고 보았다. 법적 권리는 그것의 역사적인 구축 형식을 감안할 때 언제나 누군가의 권리이지 결코 모두의 것이 아니다. 바로 이 점이 권리가 사실상 보호해야 할 공동체와 처음부터 대립하게 되는 상황을 결정짓는 요소다. 하지만 이러한 관계의 가장 내밀한 의미는 여기서 전복된 형태로 드러난다. 근대의 법률 체제 안에서 공통적인 것은 단 하나, 사적이고 고유한 것의 합법화뿐이다. 바로 그런 이유에서 권리의 초월적 전제 조건인 동시에 법적 효력을 보증하는 권력에 의존해야 할 필요성이 대두된다.

한편으로는 르네 지라르Rene Girard 역시 또 다른 각도에서 동일한 결론에 도달한다. 지라르가 단일한 계보학적 경로 내부에서 희생 메커니즘의 폭력과 함께 분석하는 법적 유형의 억압 장치는 이 메커니즘을 세속화해야 하지만 바로 그런 이유에서 그것을 배가할 운명에 놓인다. 법적 권리는 모든 유형의 사회적 공존 구도를 분쟁의 위협으로부터 보호하는 데 필수적인 요소지만 그렇다

* Diritto(Recht, droit, right)를 '법적 권리'로 옮겼다. 이 용어의 일차적인 의미는 '법'이지만 보다 핵심적이고 정확한 의미는 '권리'로 기울어진다. 실제로 저자 에스포지토를 비롯해 벤야민, 베유, 데리다 등이 법의 폭력적인 성격을 다룰 때 주목하는 것은 잠재적 권리가 법적 권리로 정립되는 과정에서, 즉 권리를 쟁취하는 과정에서 행사된 폭력이 법 자체에 그대로 각인되는 메커니즘이다. 이러한 맥락에서 diritto는 대부분의 경우 '법적 권리'로, 때에 따라 '권리'로 옮겼다. '법'으로 옮긴 경우에 상응하는 용어는 legge(loi, law)다.

고 해서 법적 권리에 내재하는 폭력의 씨앗까지 사라지게 만드는 것은 아니다. 이 폭력의 씨앗은 법적 권리의 형성 단계뿐만 아니라 그것의 다름 아닌 기능 원리 속에 깊이 뿌리박혀 있다. 최초의 노모스nómos, 즉 주권적 노모스를 다름 아닌 생사결정권으로 설명하는 고대의 정의 속에 명백히 드러나 있듯이, 법적 권리는 생명의 보존과 배제의 구분이 불가능한 지점에 머문다. 법적 권리는 생명을 그것의 자유로운 발전 가능성이 배제되는 체제 안에서만 보호할 수 있다. 왜냐하면 삶을 그것과는 정반대되는 것의 부정적인 경계 안에서 보존해야 하기 때문이다. 생명에 적대적일 수 있는 모든 행위를 예상하며 제어할 수 있다는 법치주의 자체는 생명을 '예정된 전제'라는 독특한 상황에 몰아넣으면서 이로부터 보호하는 동시에 속단한다는 특징을 지닌다.

6. 이처럼 부정성이 그것의 제어라는 형태로 존속한다는 사실 자체는 법률의 언어와 신학의 언어를 범주적인 차원에서 관련짓는 의미론적 고리로 기능한다. 모든 종교적 교리는 예언자적 말의 단계에서 그것을 제도적으로 체계화하며 발전하는 순간 필연적으로 법률적인 성격을 취한다. 존속의 당위성을 주장하는 모든 유형의 종교에 필수적인 이 발전 과정은 반대로 사회의 안정을 위협하는 이단들의 활동으로부터 스스로를 방어하는 자가면역의 의미를 지닌다. 하지만 우리의 관심사는 단순히 혹은 오로지 이러한 특징에만 국한되지 않는다. 훨씬 더 본질적인 차원에서 종교적인 형식을 면역학적 의미론과 결속시키는 요인은 면역의 의미론적 방향성을 결정짓는 두 가지 주요 관점의 원천적인 중첩

현상이다. 하나가 구원과 직결되고 당연히 건강을 회복하거나 유지하도록 돕는 생물학적 구원의 의미와도 연결되는 반면, 다른 하나는 규범적인 성격을 지닌다. 이 관점들의 조합이 만들어내는 의미를 우리는 생명/삶*의 생존이—그것이 육체적이든 정신적이든 간에—종교의례에 대한 의무에 좌우될 뿐 아니라 결코 어길 수 없는 어떤 금기사항에 대한 존중에 좌우된다는 생각에서 발견할 수 있다. 이는 곧 생명/삶의 활동이—혹은 적어도 그것의 보존이—어떤 이질적인 힘에, 즉 생명에서 비롯되지 않을 뿐 아니라 생명의 존재 조건과 그것의 숙명적인 결과를 동시에 구축하는 힘에 복종해야만 가능해진다는 것을 의미한다.

이처럼 발전과 제동, 개방과 폐쇄, 긍정성과 부정성이 공존하는 상태가 면역 패러다임의 전형적인 특징이라면 이를 가장 적절한 방식으로 표상하는 것은 이른바 카테콘katéchon이라는 수수께끼 같은 형상이다. 역사적, 정치적 차원에서 카테콘의 역할을 수행하는 자는 어떤 식으로든 '악'을 기본적으로 수용함으로써 막아내는 방어 원리의 화신으로 간주될 수 있다. 이를 생물학적 차원에서 항체에 비유하는 것도 얼마든지 가능하다. 즉 카테콘은 항원을 수용함으로써 그리스도교의 몸을 보호하는 항체에 가깝다. 혹은, 보다 법률적인 차원에서 아노미아anomia[불법]와 싸우는 노모스nómos[법]라고도 볼 수 있다. 아노미아와 상대하기 위해 노모

* Vita를 '생명/삶'으로 옮겼다. Vita는 생명 또는 삶을 의미하지만 이 두 의미는 'vita' 속에 하나로 녹아 있다. 의미가 어느 한 쪽으로 분명하게 기울어지는 경우에는 생명 또는 삶으로 옮겼지만 의미가 분리되지 않는 곳에서는, 혹은 포괄적인 의미로 이해해야 할 경우에는 생명/삶으로 옮겼다. 'Male'도 이와 유사한 경우다. 병 또는 악을 의미하는 이 용어는 때에 따라 병/악으로 옮겼다.

스는 그 자체로 이율배반적인 아노미아의 언어를 수용한다. 이러한 언어를 활용한다는 점이 가장 분명하게 드러나는 영역은 '정치신학'이다. 이는 무엇보다 '정치신학'이 내재적인 차원과 초월적인 차원을 조합하며 이를 정당화하는 지점이기 때문이다. 이 초월적인 차원이 직접 신을 가리키든 혹은 지상에 머무는 신의 대변자를 가리키든 간에, 그리스도교의 통합이라는 과제는 이 초월적인 차원의 몫이다. 이는 그리스도교 자체가 정치공동체적인 몸의 세속적인—하지만 항상 신학적으로 보장되는—영역과 신비주의적인 몸의 종교적인 영역 사이에 머물기 때문이다. 여기서 '몸corpo'과 '체화incorporazione'라는 용어가 일찍부터 '살carne'과 '육화incarnazione'라는 용어를 대체하기 시작하는 현상은 그리스도교의 어휘가 어떤 제도적인 틀 속에 안착하는 상황과, 다시 말해 그리스도교 내부에 원래부터 실재하는 무정부적이고 종말론적인 유형의 긴장을—숙명적으로—완화해야 할 제도 속에 안착하는 상황과 직결된다. 이 무정부적인 긴장이 머지않아 극복될 때 정립되는 것이 바로 어떤 체제에 대한 규범적 이해다. 즉 체제의 규범은 실존적 존재의 활동과 그것이 지니는 궁극적인 의미 사이의 간극을 토대로 정의된다. 이러한 '격차'가 전제될 때 이를 기점으로 병/악 역시—역사 속에서 필연적으로 활동하는 만큼—그것과 정반대되는 것에 의해 수용되고 극복될 수 있다. 원래 그리스도교 공동체의 정당화에 소용되던 이러한 변증 과정이 뒤이어 다름 아닌 신을 정당화하기 위한, 즉 세계에 존재하는 병/악의 본질적인 원인으로 지목되던 신을 정당화하기 위한 도구로 활용될 때 면역 패러다임은 신정론의 보완적인 성격을 취하기에 이른다. 어떤 병/악도—그것의 결과가 아무리 무시무시하더라도—선을 제거하지는 못한다. 왜냐하면 선은 악을 동반하며 균형을 유지할 뿐 아니라 거시적인 관점에서 바라보면 심지어 악에서 유래하기 때문이다.

7. 따라서 근대의 세속화가 완결되는 시점에, 이른바 '철학적 인류학'이 제시하는 '인간에 대한 질문'의 핵심주제로 콤펜사티오 compensatio, 즉 '보완'의 범주가 다시 대두되는 것은 그리 놀라운 일이 아니다. 원래 경제-법률적인 차원의 용어로 활용되던 콤펜사티오의 범주는 서서히 자연과학에 이어 정신분석학으로, 끝내는 훨씬 더 보편적인 차원의 언어 영역으로 확장된다. 왜냐하면 직접적인 연관성이 없는 경우에도 어떤 결핍, 손해, 채무, 결함 등을 보충하면서 초기의 균형상태가 복원되면 보완이 이루어졌다고 볼 수 있기 때문이다. 하지만 이러한 보완의 역학이 인류학적 어휘의 중심을 차지하는 단계에 이르려면 먼저 이를 명백하게 면역학적인 방향으로 이끄는 또 다른 개념적 변화의 과정을 거쳐야 한다. 다시 말해 부정성과 긍정성의 단순한 저울질에서 벗어나 부정성 자체의 긍정적인 기능화로 나아가는 의미의 전환이 요구된다. 독일의 철학적 인류학이 인간의 본질적인 결함에서 인간의 가장 중요한 잠재력을 발견했을 때 밟았던 과정이 바로 이것이다. 일찍이 헤르더Johann Gottfried Herder가 간파했던 것처럼, 인간의 신체기관이—여타의 동물들과 달리—특화되지 않았다는 사실 때문에 인간은 어떤 환경에서든 자신의 경험을 인위적으로 구축할 수밖에 없는 상황에 놓인다. 이는 곧 인간의 생명/삶이 생존을 위해 스스로를 초월해야 하는 상황에 놓여 있을 뿐 아니라 초월 역시

더 이상 신학자들이 말하는 삶 바깥의 외부 세계에서가 아니라 삶 내부에서 이루어져야 한다는 것을 의미한다. 생명/삶은 객관화되어야 하고—생명이 단순히 '주어지는' 차원에서 더 나아가는 형태로—외면화되어야 한다.

셸러Max Scheler가 정신의 힘은 정신이 생명/삶의 흐름과 '다른' 곳에 있다는 점을 인정할 때, 플레스너Helmuth Plessner가 인간의 생명력과 생존이 일치하는 지점은 인간이 자신에게 주어진 자연적이고 즉각적인 차원의 조건과 스스로를 이원화할 줄 아는 기량에서 발견된다고 주장할 때, 겔렌Arnold Gehlen이—훨씬 더 근본적인 차원에서—인간이라는 동물에게 고유한 형태학적 지연의 보완 가능성은 과잉 충동에서 벗어나는 데 있다고 주장할 때, 이들이 공통적으로 인정하는 것은 삶의 현실이 삶을 삶 자체와 분리시키는 어떤 인위적인 질서의 구축 여부에 좌우된다는 것이다. 이 인위적인 질서가—플레스너의 의견대로—개인들 간의 거리 유지에 요구되는 사회적 '의례'의 형태를 취하든—겔렌의 의견대로—제어되지 않을 경우 파괴적일 수밖에 없는 역동적인 상황을 안정적으로 유지할 수 있는 '제도'의 형태를 취하든, 불변하는 것은 인류학적 면역화가 도달하게 되는 '반공동체적인' 결과다. 다시 말해 '공동체'라는 것 자체는 그야말로 '견딜 수 없는' 성격을 지녔다. 공동체를 위협하는—하지만 궁극적으로는 공동체와 일치하는—엔트로피적인 위험에 대해 저항력을 지니려면 예방차원에서 공동체가 공동체 내부의 상관관계에 전혀 반응하지 않도록 만들어야 한다. 달리 말하자면 공동체 내부에서 스스로를 초월하며 이탈하는 것의 전염에 공동체 자체를 노출시키는 **무누스**로 면역화가 이루어져야 한다. 바로 여기에 소용되는 역할, 규범, 제도 같은 일련의 형식들을 매개로 인류학은 삶을 삶의 공통적인 내용으로부터 분리시킨다. 결국 공통점으로 남는 것은 공동체 구성원들 간의 상호배제라는 구도에 불과하다. 여기서 매우 분명하게 드러나는 것은 철학적 인류학이 면역화의 변증관계에서 흡수하는 강렬하게 허무주의적인 성격이다. 인간의 본성을 떠받치는 것이 허무라면 허무주의의 위협에 대적할 수 있는 유일한 보호 장치는 다름 아닌 허무 자체, 아니, 허무주의를 억제하기 위해 인위적으로 생산되는 만큼 자연적인 허무보다 훨씬 더 뿌리 깊은 허무다.

8. 그러나 철학적 인류학이 주목했던 제도적 중재의 과잉은 면역화의 패러다임이 생명/삶의 집단적인 차원과 관계하는 두 가지 주요 방식 중 하나에 불과하다. 그리고 여기에 병립되거나 빈번히 중첩되는 또 다른 방식은 사실 인류학과 정반대되는 방향으로 전개되는 양상을 보인다. 이 상반된 방식이란 미셸 푸코의 마지막 작업을 기점으로 이른바 '생명정치'라는 이름을 얻은 일련의 현상 내지 의미 체계를 말한다. 생명정치와 인류학을 비교할 때 드러나는 대조적인 점은 인류학이 삶을 삶 자체와 분리시키면서 이때 부각되는 형식적인 요소들을 강조했던 반면 생명정치는 반대로 형식의 모든 중재를 배제하려는 성향이 강하다는 것이다. 정치의 직접적인 대상으로 간주되는 순간, 생명/삶은 절대적인 즉시성의 차원으로 추락한다. 이 경우에도 이전 경우와 마찬가지로 모든 '삶의 형식', 예를 들어 '옳은 삶'이나 '공동의 삶' 같은 형식의 가능성 자체가 배제된다. 하지만 형식의 과잉이 아니라 형식의 제외라는

방식을 취하면서, 생명정치는 삶을 그것의 벌거벗은 생물학적 차원으로 환원시켜 버린다. 어떻게 보면 정치가 삶에 관여하기 위해 삶에서 삶의 모든 질적 차원을 제거해야만 하는, 혹은 삶을 '단순한 생명', '순수한 생명', '벌거벗은 생명'으로 만들어야 하는 상황이 전개된 셈이다.

'몸'의 의미론이 결정적으로 중요해지는 것도 바로 이 때문이다. 현대사회의 역동적인 면역 메커니즘이 개인적이거나 사회공동체적인 몸의 점진적인 소외 혹은 탕진의 과정과 직결된다고 보는 아주 일반적인 견해와는 달리, 생명정치의 양태는 새로이 조명되는 '몸'의 핵심적인 역할을 중심으로 구축된다. '몸'이야말로 정치와 생명/삶의 관계가 가장 즉각적으로 성립되는 영역이다. '몸'이 전제되어야만 생명을 파괴의 위협으로부터 보호할 뿐 아니라, 변화를 위해 스스로를 뛰어넘으려는 생명체의 본질적인 성향으로부터 생명 자체를 보호하는 것도 가능해진다. 이때 삶은 마치—생존을 위해—몸이라는 울타리 안에 틀어박혀야 할 것처럼, 그런 식으로만 보존되어야 할 것처럼 보인다. 하지만—주의하자—이는 개인적이거나 집단적인 몸이 퇴보와 붕괴의 위험에 노출되는 것을 방지하기 위해서가 아니다. 사실은 병/악의 침투를 오히려 가장 직접적으로 실험하는 것이 '몸'이다. 울타리가 중요해지는 이유는 오히려 다름 아닌 외부의 위험이 몸의 보호에 필요한 경보와 방어의 메커니즘을 발동시키기 때문이다. 그런 의미에서—푸코가 주장했던 대로—인간이 근대적 앎의 '가시적인' 지평에 들어서는 것은 인간의 생명과 이를 지속적으로 위협하는 것의 구축적인 공모관계가 부각되는 순간 시작되었다고 보아야 할 것이다. 질병과 죽음이야말로 생명과학의 윤곽을 드러내는 어두운 배경이다.

우리는 생명정치가 이러한 전제를 전적으로 근원적인 동시에 생산적 전복이 이루어지는 지점으로 몰고 간다고 말할 수 있다. 생명정치가 몸을 정치의 중심에, 질병의 가능성을 몸의 중심에 두는 만큼, 질병은 생명이 계속해서 거리를 두어야 할 외부의 테두리로 기능하는 동시에 생명이 스스로와 변증적으로 관계하도록 만드는 내부의 주름으로도 기능한다. 이러한 경로를 가장 명료하게 보여주는 것은 '파르마콘phármakon'이라는 고전적인 용어다. 철학 전통의 태동기에서부터 '의약'과 '독약'의 이중적인 의미로 사용되던 이 '파르마콘'이라는 용어는 생명정치에서—좀 더 구체적인 해석을 바탕으로—'삶의 공동화'가 야기할 수 있는 소멸의 가능성으로부터 삶을 보호하는 '해독제'의 의미를 취한다. 사실은 '정치공동체적 몸'이라는 비유가 오랫동안 살아남을 수 있었던 것도 바로 이러한 면역학적 의미를 내포하고 있었기 때문이다. '정치공동체적 몸'은 이 비유가 가장 분명한 형태로 부각되는 근대 초기의 통치체제 연구에서 뿐만 아니라 심지어는 뒤이어 사라질 것처럼 보이던 순간에도 비유로서의 가치를 유지했다. 소멸하는 듯이 보였다면 그 이유는 단순히 이 비유 자체가 다름 아닌 민중의 몸으로 '실현되는' 양상을 나타냈기 때문이다. 물론 민중을 생명정치의 실질적인 대상으로 간주하려면 먼저 왕과 뒤이어 국가를 오랫동안 주권 권력의 형태로 묘사하는 데 쓰였던 것과 동일한 '정치공동체적 몸'의 어휘로 민중의 개념을 설명할 수 있어야 한다. 하지만 이러한 변화는 주권 권력의 경우와 달리 권력과 생명의 우선순위가 뒤바뀐 구도 속에서 일어난다.

다시 말해 주권의 패러다임이 생명정치의 패러다임으로 전환되는 순간은, 권력이 더 이상 생명의 포함과 배제를 좌우하는 것이 아니라 생명이—재생에 의한 생명의 보호가—권력의 정당성을 뒷받침하는 궁극의 기준으로 마련되는 순간과 일치한다. 이는 의료의 제도화가 최근 두 세기 동안 거의 모든 유형의 사회관계에 지대한 영향을 끼친 이유를 설명해줄 뿐 아니라 훨씬 더 넓은 차원에서, 현대사회를 점점 더 포괄적인 방식으로 특징짓는 안보체제의 비대 현상이 무엇에서 비롯되었는지 설명해준다. 바로 이러한 비대 현상에서, 안보 장치의 맹목적 발달이 안고 있는 문제점이 발견된다. 이러한 유형의 자기보호 신드롬은 결국 다른 모든 관심사를—아니, 공동체적 삶의 형태에 대한 '관심사' 자체를—뒷전으로 밀어낼 뿐 아니라 기대했던 것과 정반대되는 결과를 가져온다. 실질적인 위험의 규모에 맞춰 보호 전략을 세우는 것이 아니라 점점 더 증가하는 보호 전략의 필요성을 기준으로 위험을 가늠하기 때문에 결국에는 보호 자체를 가장 위험한 요소들 가운데 하나로 만들어버린다.

9. 이러한 관점에서 다시 주목하지 않을 수 없는 것은 '보호'와 '부정'의 관계다. 생명을 부정하는 것으로부터 생명을 보호하는 일은 또 다른 부정을 통해서만 가능하다. 현대사회가 경험의 영역에서 이러한 질식 상태에 빠져 있는 듯이 보인다면, 이 책의 목적은 이러한 현상을 단순히 설명하는 것으로 그치지 않고 이를 바라보는 획일적인 시각에서 벗어날 수 있도록 보다 근본적인 질문을 제기하는 데 있다. 생명의 보호와 부정 사이의 변증적 폐쇄회로

속에 이 관계가 중단되는 지점, 혹은 적어도 이 관계의 문제화가 가능한 지점은 실재하는가? 삶은 그것의 부정적인 보호와 다른 형태로 보존될 수 있는가? 당연히 나는 처음부터 이 질문에 대한 즉각적이고 긍정적인 답변, 그러니까 삶의 성장 무대를 면역의 패러다임이 지배하는 영역에서 완전히 벗어난 외부의 지평에 위치시키게 될 긍정의 유혹에서 오히려 벗어나려고 노력했다. 여기에는 두 가지 이유가 있다. 하나는—앞서 언급한 바와 같이—임무니타스[면역성]가 코무니타스[공동체]와 결코 분리될 수 없는 범주이기 때문이다. 임무니타스는 코무니타스의 전복된 동시에 제거가 불가능한 형태로 실재한다. 이는 실제로 최소한의 면역장치를 갖추지 않은 공동체는 존재하지 않는다는 사실에서 분명히 확인할 수 있는 내용이기도 하다. 두 번째 이유는, 임무니타스가 생명의 위협 요소를 부정할 때 사용하는 부정을 부정한다는 것 자체가 결국에는 이 과정의 반복을 의미하기 때문이다.

따라서 우리는 우리가 이해하려는 대상의 내부적인 모순을 부정하기보다는 오히려 깊이 파고들어 탈-구축하는 탐구 경로를 거치지 않을 수 없다. 바로 그런 이유에서 나는 앞서 제기했던 질문에 대한 답변을, 삶의 거의 모든 영역으로 서서히 확장된 보호메커니즘의 심장에서, 다시 말해 개개인의 신체적 안전을 생물학적인 차원에서 보장하는 면역체계 속에서 발견했다. 이는 물론 인간의 몸이—다양한 형태의 사회적 면역화를 특징짓는 부차적이거나 비유적인 성격과는 달리—중립적이거나 근원적인 성격을 지녔기 때문이 아니다. 상황은 정반대다. 사실은 몸의 기능만큼 사람들이 과다하게 부여한 의미의 포화상태로 인해 본질적인 특징을 잃거나 최소한 식별할 수 없는 지경에 빠진 것도 드물다. 실제로 이러한 정황을 가장 명확하게 보여주는 것은 바로 면역학을 다양한 형태로 보급하는 과정뿐만 아니라 면역학의 학문적인 연구 과정을 포함하는 면역 이론의 역사 그 자체다. 이러한 특징은 널리 활용되는 면역학 교본들의 어휘만 살펴보아도 아주 명확하게 드러난다. 면역학 교본에서 면역체계는, '고유한' 것으로 인지되지 않기 때문에 거부하거나 파괴해야 하는 모든 것과 싸워야 할 진정한 의미의 방어 및 공격용 무기에 비유된다. 가장 놀라운 것은, 이질적인 것으로 판단되는 모든 것을 거부하며 잔인할 정도로 방어적인 자세를 취하는 것이 현실이라는 전반적인 이해에 생물학적 기능을 종속시키는 방식이다. 이러한 고정관념의 이데올로기적인 기원이 무엇이든 간에, 여기서 부각되는 것은 이러한 입장의 객관적으로 허무주의적인 어조다. 나와 타자, 임무니타스와 코무니타스, 면역성과 공통성의 관계는 결국 양자 모두를 끌어들일 수밖에 없는 어떤 파괴의 언어를 통해 표현된다. 이는 어떤 자기-파괴적인 충동에 가깝다. 이 충동의 가장 구체적인—단순한 비유로 볼 수 없는—예는 다름 아닌 '자가면역질환'이다. 이 경우에 면역체계는 잠재적인 전투력의 포화상태를 주체하지 못하고 어느 시점에선가 스스로를 공격하며—상징적인 동시에 실질적인 파멸의 형태로—유기체의 전면적인 붕괴를 야기한다.

반면에 면역체계의 구조 및 기능에 대한 최근의 연구와 새로운 해석의 가능성에 힘입어 형성된 또 다른 형태의 면역학적 철학은—임무니타스의 구축적인 모순을 감추지 않고 오히려 더 구체적으로 드러내며—임무니타스가 그것과 정반대이면서도 공유하는 요소를 결국에는 배제하지 않는다는 점에 주목한다. 이러한 관점에는 어떤 전제가 요구된다. 도나 해러웨이Donna Haraway나 알프레드 토버Alfred Tauber 같은 상이한 유형의 저자들까지도 공유하는 이 전제는 다름 아닌 새로운 정체성 개념이다. 이 정체성 개념은 이전 단계에서 중요했던 폐쇄적인 성격의 일체형 정체성과는 전적으로 다르다. 이 개념은 여기서 '가능할' 뿐 아니라 심지어는—유전자공학과 생체공학의 발전으로 인해—'불가피한' 것으로 간주된다. 몸은 이미 결정된 상태에서 변형이 '불가능한' 형태로 주어지는 것이 아니라 주변 환경과의 지속적인 교류에 개방되어 있는 활동적인 구성체다. 아울러 몸은—물론 이 책의 결론 부분에서 다루게 될 다소 문제적인 논제지만—'교류'뿐만 아니라 다름 아닌 면역체계를 원동력으로 이루어지는 '교환'에도 개방되어 있다. 이른바 면역관용이라는 기능부터가—이를 면역체계의 결함이나 결핍이 아니라 산물로 이해할 때—이러한 교환의 명확한 표현이라고 볼 수 있다. 하지만 보다 확실한 증거가 되는 것은 아마도 '장치'의 형상, 예를 들어 보철처럼 인위적이거나 모태 속의 수정란처럼 자연적인 형태의 장치일 것이다. 여성의 면역체계가 태아를 수용할 수 있도록 돕는 것이 태아의 유전자적 '유사성'이 아니라 '이질성'이라는 사실은 면역체계가 단순히 이질적인 것을 거부하는 기능으로 환원될 수 없으며 오히려 '차이'가 우리를 끌어들이고 가로지르기 위해 활용하는 일종의 진동판 내지 공명상자로 해석되어야 한다는 것을 의미한다. 앞서 언급한 바와 같이, 부정적 잠재력이 제외된 상태의 면역성은 공통성의 적이 아니라 공통성을 수반하며 촉진하는 훨씬 더 복합적인 체계이며 단순히 필요하기만 한 것이 아니라, 어떻게 보면 우리가 정확한 의미를 여전히 파악하지 못하고 있는 일종의 가능성이기도 하다.

***

앞서 살펴본 바와 같이, 면역성이라는 개념은 두 종류의 상이한 어휘 영역으로 양분되어 활용된다. 하나는 법률-정치적인 유형의 어휘, 또 하나는 생물-의학적인 어휘다. 나의 주된 관심사는 이 두 영역을 범주적인 차원에서 분리시키는—동시에 하나로 묶는—틈새에 대해 질문을 던지는 것이었다. 그렇다면 면역의 이 두 가지 의미가 어떤 단일한 분야의 실행 영역 안에서 역사적 근접성을 유지하며 중첩되는 실례들의 자취는 어디서 찾아볼 수 있는가? 이 실례들 가운데 가장 의미심장한—아마도 첫 번째일 가능성이 크기 때문에 중요한—예를 나는 로마제국의 의사들에게 주어지던 면책권에서 발견했다. 고대 로마의 정황은 그 자체로 불확실한 성격을 지녔지만 이러한 불확실성은 로마에서 활동하던 의사들의 상당히 복합적인 사회적 위치에서 기인한다. 무엇보다 놀라운 것은, 로마시대의 의사들이 실제로 높은 수익을 올리며 상당한 권력을 행사했던 것과는 대조적으로 대부분의 의사들에 대한 사회적인 인식이 몇몇 경우를 제외하면—특히 상당수의 의사들이 하층민 출신이었다는 점을 감안할 때—그다지 좋지 않았다는 사실이다. 문헌들이 제시하는 통계 자료에 따르면, 로마시민권을 지닌 의사는 극소수에 불과했고 그렇지 않은 의사들은 외지에서 이주해온 이방인이나 노예 출신이 대부분이었다.[4]

이처럼 '사회퍼즐'[5]이라 불릴 만큼 해석하기가 쉽지 않은 사회 구도 속에서, 임무니타스는 또 다른 해석적 문제를 제기한다. 원래 로마 고유의 문화도 아니었을 뿐더러 탐욕과 심지어는 부정직함이 특징이었기 때문에 빈번히—예를 들어 플리니우스 같은 인물이—경멸의 대상으로 간주하던 의술이라는 범주에 특권을 부여하는 관례는 과연 어떻게 설명하고 어떻게 이해해야 하는가?

의사들에게 면책권을 부여하는 관행 자체는 사실 순조로움과는 거리가 먼 것이었다.[6] 먼저 울피아누스Ulpianus(로마법 대전, 50.13.1.2-3)와 무엇보다도 모데스티누스Modestinus(로마법 대전, 27.1.6.8-11)의 기록에서 확인할 수 있듯이—일찍이 기원전 46년부터 로마에서 의료 활동을 하던 이들에게 카이사르가 시민권을 주기 시작한 후로—베스파시아누스가 시민권을 발급하거나 서기 117년을 전후로 히드리아누스가 특정 세납과 봉사의 의무를 면제해주는 관행과 관련하여 인가했던 법령은 단순히 의사들에게만 국한된 것이 아니라 다양한 분야의 지식인들, 예를 들어 철학자, 웅변가, 문법학자 등에게도 동일하게 적용되는 것이었다. 더 나아가서 이 법령에는 보다 구체적인 조건이, 예를 들어 출신 도시에서 활동해야 한다는 조건과 당연히 도덕적으로 청렴해야(probitas morum) 하고 전문 기술(peritia artis)을 갖추어야 한다는 조항이 포함되어 있었다. 이처럼 충분히 제한적인 조건에도 불구하고—코모두스의 법령과 관련된 한 문헌에서 확인할 수 있듯이—히드리아누스의 아들 안토니누스 피우스는 의사들의 숫자마저도 소도시의 경우 5명, 중간 규모의 경우 7명, 로마를 제외한 대도시의 경우 10명으로 규정하며 임무니타스를 더욱더 제한하기에 이른다.

이후에도 임무니타스의 확장과 관련된 모든 정책은 언제나 분쟁과 철회로 점철되는 양상을 보였다.[7]

그렇다면 사실은 그다지 중요하지도 않은 문제를 두고 이처럼 갈팡질팡하는 모습을 보였던 이유는 과연 무엇인가? 바우어속Bowersock은 그 이유가 면책정책과 이 정책이 적용되어야 할 지방의 경제발전 과정이 양립하기 힘든 정황에서 비롯되었다고 보았다.[8] 하지만 너튼Nutton이 주목한 것처럼, 실질적인 정황은 비교적 모호한 상태로 남아 있다.[9] 10명도 되지 않는 의사들에게 허용되던 특권이 어떻게 한 지방 경제 전체를 위기에 빠트릴 수 있단 말인가? 나는 이 질문에 대한 답변을 다른 곳에서, 이를테면 임무니타스의 그 자체로 모호하고 변화무쌍한 위상에서 찾아야 한다고 믿는다. 한편으로는 마리오 베제티Mario Vegetti의 연구도 이러한 방향으로 전개된 듯이 보인다. 베제티에 따르면 "임무니타스가 사회적으로 모호한 의미를 지니는 이유는 '영예honores'와 '[봉사나 선사의] 의무munera'를 취하는 이들, 따라서 책임 못지않게 수많은 특권을 누리는 이들을 결과적으로 이질화하기 때문이다."[10] 임무니타스가 의사들에게 허용하던 면제사항들 가운데 몇몇이 '하찮은 의무sordida munera' 외에도 건축이나 종교의 의무 혹은 고아와 과부들을 보호할 의무처럼 사회적으로 중요한 '사회문화적 의무munera civilia'였다는 점을 고려하면, 왜 의사들의 특권이 다름 아닌 부정적인 유형의 특권이며 구축적인 차원에서 모호한 성격을 지녔는지 어렵지 않게 이해할 수 있다. 의사들에게 주어지던 특권의 본질은 의무munus를 제거하는데. 다시 말해 임무onus의 무게는 물론, 공공의 영역과 직결되는 만큼 '특권적인' 업무officium의 존엄성까지 취득하도록 만드는 '무누스'를 제거하는 데 있다. 보상은 받지만 무의미한 조건에서 실행되던 의술 활동의 모순은 결과적으로 '무누스'의 제거라는 관점에서 해석되어야 한다. 로마시대의 의사들에게 허용되던 임무니타스가 의료 활동의 순수하게 사적인(privata) 차원에서—아울러 무언가가 제외(priva)되었다는 의미에서—실행되는 관례였다는 것은 결코 우연이 아니다. 바로 이것이—베제티가 주목했던 것처럼—법적으로 면제 혜택을 받은 의사들의 특성이자, 반대로 국가에서 봉급을 수령하던 헬레니즘 시대의 의사들에게서는 찾아볼 수 없는 특징이다. 헬레니즘 시대의 의사들이 모든 시민을 무상으로 치료해 주어야 할 의무를—무누스를—지녔던 반면 로마시대의 의사들은 이 의무에서 면제되는 특권을 누렸다.[11] 이들은 어떤 공적 차원의 봉급도 수령하지 않았지만 실제로는 잠재적으로 무궁무진한 사적 보상을 받을 수 있었다. 예를 들어 386년, 발렌티니아누스의 통치 하에 로마에서 14명의 관할지역 수석의사로 구성된 공공 의료단이 설립되었을 때 이들은 국가로부터 봉급을 받는 대신 자연산물로—식량혜택commoda annonaria으로—보상을 받았지만 이러한 형태의 보상에는 사실상 사적인 차원의 수익이 허락되어 있었다. 바로 이러한 정황이 로마에서 활동하던 의사들의 본질적으로 이중적인 위상을 설명해준다. 이들은 자신들의 보상 요구를 제한하는 어떤 조항도 사실상 존재하지 않았기 때문에 경제적인 차원에서 특권을 누렸지만 사회적인 차원에서는 별다른 존중을 받지 못했다. 왜냐하면 보상은 받았지만 나머지 자유 시민들이 공유하던 의무와 명예에서 제외된 상태였기 때문이다.

주

1. “Immunis dicitur, qui civitatis, seu societatis officia non praestat; qui vacat ab iis societatis officiis, quae omnibus communia sunt.”
2. “Jus quo loca, res vel personae ecclesiasticae a communi onere seu obligatione liberae sunt et exemptae.”
3. “immunes ingratos significat, quemadmodum munificos dicebant eos qui grati et liberales exstitissent.”
4. Jukka Korpela, *Das Medizinalpersonal im antiken Rom. Eine Sozialgeschichtliche Untersuchung*, in «Annales Academiae Scientiarum Fennicae, Humanae Litterae», XLV (1987), pp. 35 이하 참조.
5. John Scarborough, *Roman Medicine*, Thames & Hudson, London 1969, p. 113.
6. 이 관행 일반에 대해서는 Karl-Heinz Below, *Der Arzt im römischen Recht*, in «Münchener Beiträge zur Papyrusforschung und antiken Rechtsgeschichte», XXXVII (1953), pp. 22 이하 참조.
7. Jacques André, *Être médecin à Rome*, Payot & Rivages, Paris 1995, pp. 140-43.
8. Glen Warren Bowersock, *Greek Sophists in the Roman Empire*, The Clarendon Press, Oxford 1969, p. 31.
9. Vivian Nutton, *Two Notes on Immunities: Digest 27, 1, 6, 10 and 11*, in *From Democedes to Harvey*, Variorum Reprints, London 1988, p. 62.
10. Mario Vegetti, Paola Manuli, *La medicina e l'igiene*, in Storia di Roma, Einaudi, Torino 1989, VI, p. 395.
11. 같은 책 pp. 396-97.

I. 고유화

1. 고유의 권리

법적 권리가 공동체를 위해 면역 기능을 수행한다는 점은 그 자체로 명백할 뿐 아니라 법률을 다루는 학문의 영역 바깥에서도 보편적으로 인정되는 사실이다. 태동기부터 법적 권리는 파괴적인 성격의 분쟁에 노출된 인간들의 공존 관계를 보호할 목적으로 정립되었고 형식을 갖추며 체계화되기 이전부터 공동체의 삶 자체와 필연적인 관계에 놓여 있었다. 권리의 면역 기능은 권리가 지니는 이처럼 근원적이고 일차적인 의미의 차원에서 이해할 필요가 있다. 인간의 유기적인 신체를 다루는 생물-의학 분야에서 전개되는 것과 마찬가지로, 법적 권리의 영역에서도 면역 기능은 어떤 치명적인 위험 상황을 상대로 공동체의 생존을 보장하며 그런 식으로 임박한 죽음의 위협에서 생명을 구하고 보호하거나 연장한다. 다름 아닌 의학적 차원의 면역과 비교될 때, 법적 면역화는 훨씬 더 복잡하고 끔찍한 고유의 의미를 드러낸다. 신체적 차원의 면역과 마찬가지로 법적 권리에 의해 생성되는 면역성 역시 고유의 목적을 직접적인 방식으로는, 다시 말해 긍정의 형태로는 달성하지 못한다. 면역은 고유의 목표에 대해 간접적이거나 굴절된 방식 혹은 말 그대로 퇴폐적인 방식을 취할 수밖에 없다. 면역은 보호하기 위해 멀리해야 할 위험 물질 자체의 어떤 요소를 끌어안기 때문에 부분적으로든 일시적으로든 면역의 목표에 역행하는 방식을 취한다.

어떻게 보면 관건은 우리가 출발선에서 제시했던 전제 자체에 함축되어 있는 모순이기도 하다. 다시 말해 법적 권리의 우선적인 목적이 공동체의 면역화에 있다고 주장하는 순간 우리는 권리의 부정적인 성격을 전제로 내세우는 셈이다. 코무니타스와 임무니타스라는 두 용어의 대립적 상호연관성에서 드러나듯이, 법적 권리의 목표는 공동체 외부에 존재하는 위험으로부터 공동체를 보호하는 것이 아니라 원래부터 공동체의 일부를 차지하는 무언가로부터, 아니, 공동체를 오히려 공동체답게 존재하도록 만드는 무언가로부터 보호하는 데 있다. 이러한 특징은 '공동체communitas'의 의미론적 어원 '무누스munus'의 보다 근원적인 뜻을 살펴보면 어렵지 않게 확인할 수 있다.[1] 법적 권리가 공동의 삶을 보호하기 위해 막아야 할 위험의 지표는 공동의 삶 자체를 가능하게 하는 관계성과 일치한다. 사실은 개개인의 정체를 구축하는 경계를 무너뜨리면서 이들을 타자에 의한 변화에, 결과적으로 잠재적인 분쟁에 노출시키는 것이 바로 공동의 삶이다. 달리 말하자면, 필연적 상호의존 관계를 공통분모로 구성원들의 결속을 꾀하면서 개인에게 고유한 것과 모두의 것, 따라서 그 누구의 것도 아닌 것의 경계를 혼동하도록 만드는 것이 공동의 삶이다.

이처럼 무분별한 오염에 맞서 대응하며, 무누스[의무 관계]의 결속으로 인해 모호해진 경계를 재구축하는 것이 바로 법적 권리다. 하지만 바로 여기에 앞서 언급한 모순적인 요소가 있다. 구성원들 간의 관계와 상호변화는 어떤 병리학적 현상이 아니라 오히려 공동체를 구축하는 기본적인 형식이다. 그렇다면 이는 법적 권리가 공동체를 면역화하면서 동시에 정반대되는 형태로 전복시킨다는 것을 의미한다. 이러한 관점에서 볼 때 분명해지는 것은 공동체와 법적 권리를 연결하는 고리의 부정적인 성격이다. 공동체의 생존에 절대적으로 필요한 요소임에도 불구하고, 법적 권리는 공통성이 전복된 측면에서 공동체에 관여한다. 법적 권리는 공동체의 생명을 보존하기 위해 공동체를 그것의 의미가 집약되는 곳에서 도려낸다. 다시 말해 공동체가 가장 내재적인 소명으로 간직하는 탈-사유화의 실질적인 위험으로부터 공동체 자체를 보호하기 위해 공동체의 가장 핵심적인 의미를 무의미하게 만든다. 결과적으로 법적 권리는 공동체의 해체를 통해 공동체의 보존을 꾀할 뿐 아니라 공동체를 해체함으로써 구축한다고 볼 수 있다. 왜냐하면 정확하게―지독히도 모순적인 형태로―공동체의 공통성이 아닌 정체성을 강화하고 주도권을 보장하며―'고유성'의 정반대가 '공통성'이라는 전제 하에―공동체를 그것의 가장 '고유한' 영역으로 인도하려 하기 때문이다. 공동체를 가장 '고유한' 것으로 만들려고 애쓰기 때문에 어쩔 수 없이 더욱더 '비공통적인' 것으로 만드는 것이 바로 법적 권리다.

법률에 내재하는 이러한 '공통'과 '고유'의 모순적인 변증관계에 각별한 관심을 기울였던 철학자는 시몬 베유다. 권리의 의미론에 의무의 의미론을 대립시키면서 베유가 제안하는 것은 사실 '공통의 법'이라는 공동체의 일차적 의미에 완전히 부합하는 공동체 개념이다. 베유가 말하는 의무는 정확하게 '코무니타스'의 구성원들이 내부에서 외부로, 누군가에서 타자로, '고유한' 것에서 '공통적인' 것으로 나아가는 방향을 유지하며 공유하는 '무누스'와 일치한다. 물론 그렇다고 해서 권리의 개념을 활용할 수 있는 가능성이 사라지는 것은 아니다. 하지만 여기서 권리의 개념은 각자가 지닌 의무의 수혜자, 즉 '피의무자'와 직결되는 의무의 개념에 보조적이고 종속적인 형태로 활용될 뿐이다. "한 인간은—즉자적인 관점에서—의무만을 지닌다. 그 중 하나가 자기 자신에 대한 의무다. 그의 관점에서 볼 때 타자들은 권리만을 지닌다. 그에게도 권리가 있지만, 이는 그에 대한 의무를 인정하는 타자들의 관점에서 볼 때에만 지닐 수 있는 권리다. 우주에 홀로 남는다면, 인간은 어떤 권리도 지닐 수 없고 오히려 의무만을 지니게 될 것이다."[2] 뭐랄까, 베유가 전제하는 것은—즉 '정의giustizia'라는 말이 베유에게 의미하는 바는—'주체'와 '권리' 사이에 성립되는 무분별한 관계의 단절이다. 간단히 말하자면, 어느 누구도 권리의 직접적인 주체가 아니며 스스로 권리의 주체가 되지 못한다. 반대로 인간은 의무의 주체다. 그리고 이 의무는 오로지 간접적인 방식으로만—상대적으로 이익을 취하는 수혜자의 입장에서—객관적인 차원의 권리로 변한다. 우리가 어떤 의무의 주체라는 말은—좀 더 정확하게, 어떤 의무에 예속되어 있다는 말은—곧 우리가 고유성의 탈고유화 외에는 어떤 무엇의 주체도 아니라는 것을 의미한다. 즉 우리는 우리에게 고유한 것을—우리의 본질적인 주체성 자체를 기점으로—더 이상 고유하지 않은 것으로 만드는 주체다. 주체성의 탈고유화야말로 고유한 의무의 이행, 즉 의무가 공동의 혜택으로 변환되는 과정과 일치한다.

공동체가 고유한 의무munus의 의미를 깊이 인식할 때 전개되는 이 탈고유화의 역동성에 대응하는 것이 바로 법적 면역화다. 의무의 능선이 갈라놓은 권리와 주체 사이의 직접적인 통로가 이 법적 면역화를 통해 재구성된다. 여기서 중요한 것은 더 이상 '내가 의무를 지닌 만큼, 타자들이 권리를 지니는' 차원이 아니라 '내가 권리를 지닌 만큼, 타자들이 의무를 지니는' 차원이다. 이러한 전이는 '법적 개인'이라는 개념을 매개로 이루어진다. 공동체가 필연적으로 '비개인적'인 무언가에, 혹은 베유가 말하는 '익명'의 무언가에 의존하는 반면 법적 권리의 면역 원리는 권리의 유일무이한 소유자 '개인'을 구도의 중심으로 복귀시킨다. "당연히 권리의 개념은 그 자체의 통속적인 성격 때문에, 개인의 개념을 끌고 다닌다. 이는 권리가 개인적인 것과 직결되어 있기 때문이다. 권리는 이 수준에 머문다."[3] 베유가 『인간에 대한 의무 선언의 서곡Prélude à une déclaration des devoirs envers l'être humain』을 집필하고 있던 바로 그 시기에 마리탱Jacques Maritain이 뉴욕에서 『인간의 권리 선언Déclaration des Droits de l'homme』을 출간했고 무니에Emmanuel Mounier가 『개인과 공동체의 권리 선언Déclaration des Droits des personnes et des communautés』을 준비하고 있었다는 사실을 감안하면, '비개인적' 영역과 '개인적' 영역을 설명하는 입장의 대립 현상은 극명하게 드러난다. 한편에는 절대적인 비개인성과 주체의 익명성, 아울러 모든 유한한 존재의 무한한 의무가 추구하는 '인간 존재'의 본질적인 비고유성이 있다. 베유에 따르면, "인간적인 사물들의 영역에서 의무의 대상은 언제나 인간 그 자체다. 끌어들여야 할 어떤 조건도 없고, 단순히 인간이라는 이유 하나만으로 모든 인간 존재에 대한 의무가 주어진다."[4] 그리고 다른 한편에는 특정 권리를 누릴 자격이나 소유권만이 중요한 주체, 예를 들어 사람, 개인, 공동체의 개별성이 있다. 이는 법적 권리가—공동체**의**, 공동체**로부터의**—면역 기능을 발휘할 때 '소유권proprium'과 동일한 형상을 취하기 때문이다. 이는 사실 어떤 권리가 사권인가 공권인가라는 문제와도 무관하다. 어떤 경우에든 권리는 공적 혹은 사적 주체에 '속할' 뿐 아니라 주체가 소유권을 천명한다는 의미에서 '고유한' 무엇이다.

여기서 관건이 되는 것은 법률 형식의 정립을 생성단계에서부터 특징짓는 일종의 자명한 이치, 즉 보편적인 경우에도, 혹은 보편화가 요구되는 경우에도 권리는 본질적인 차원에서 언제나 특수한 것으로, 심지어는 개인적인 것으로도 남는다는 이치다. 권리는 다름 아닌 법적 페르소나에 관여한다. 페르소나는 개인처럼 특정한 경우에서 출발해 국가의 방대한 제도적 영역에 이르기까지 다양한 형태로 확장될 수 있지만, 페르소나가 또 다른 페르소나에 관여하는 방식만큼은 변하지 않는다. 그것은 언제나 비교, 계약, 청구의 형태를 취한다. 바로 그런 이유에서 권리는 상업적인 색채를 지닐 뿐 아니라 원칙적으로 공동체의 공통성과 대조되는 성격을 지닌다. 권리는 '일부'의 권리일 뿐이며 결코 '모두'의 권리가 되지 못한다. 모두는—무無와 마찬가지로—정의의 범주에 속한다. 어떤 권리를 모두에게 적용한다는 것은 권리로서의 의미를 지워버리지 않는 이상 논리적으로 불가능하다. 권리로서의 의미가 없다면 모두의 것이라 하더라도, 권리는 더 이상 권리로 인식되지 않을 것이다. 사실상 어느 누구의 것도 아니기 때문에, 권리는 더 이상 권리라고 볼 수 없을 뿐 아니라 오히려 '사실'로만 인지될 것이다. 다시 말해, 권리가 없는 자들이 처한 상황에서 권리를 지닌 사람은 다르다는 것을 보여주는 특징이나 권리의 다름 아닌 면역적인 의미, 즉 특권 또는 사적인 성격을 잃게 될 것이다. 어떻게 해야 본질적으로 사적인 것을 공통적인 것으로 만들 수 있는가, 혹은 어떤 식으로 특권을 잃지 않은 상태에서 공유할 수 있는가? 베유는 이렇게 토로한다. "지적으로 어두워진 이 시대에 사람들은 아무렇지도 않게 모두의 입장에서 특권을 누릴 수 있는 동등한 권리, 본질적으로 특권적인 것들에 대한 권리를 요구한다. 이는 일종의 부조리하고 저속한 청구다. 부조리한 이유는 특권이 원래 불평등한 것이기 때문이고, 저속한 이유는 그것을 바랄만한 가치가 없기 때문이다."[5]

그럼에도 불구하고 권리는 바로 이러한 모순적인 요구, 즉 특별한 것을 보편화해야 한다는 요구 속에서 고유의 면역 기능을 발휘한다. 법률은, 다른 어떤 누구도 간섭할 수 없는 법적 소유권을 지닌 자가 그의 소유물을 절대적인 방식으로 활용하고 소모하거나 파손할 수도 있다는 근본적인 차원의 계율을 바탕으로 공동체를 분쟁의 위험으로부터 보호하며 안전을 보장한다. 하지만 그런 식으로 법률은 공통의 의무가 지니는 긍정적인 결속력을 개인 각자의 순수하게 부정적인 권리로, 다시 말해 그에게만 고유한 것을 활용할 수 있는 가능성에서 다른 모두를 제외시킬 수 있는 권리로 전복시킨다. 이는 곧 법률이 규정하는 사회가 다름 아닌 공통된 '분리 원칙'에 의해 통합된다는 것을 의미한다. 여기서 공통적인 것은 개인적인 것의 소유권 주장뿐이며, 이와 동일한 맥락에서 사적인 것의 보호 요구가 공권의 대상 자체를 이룬다.[6]

하지만 사적 권리의 내용을 공적 권리의 형식이 보장해야 하는 상황 자체는, 공통적인 것을 고유한 것으로 환원하는 보편적 형식으로서의 법적 면역화에 앞서 충족되어야 할—지금까지 묵인되어 온—선행 조건이 존재한다는 것을 보여준다. 일찍이 니체가 주목했던 것처럼, 법적 면역화는 두 가지 조건 가운데 하나가 충족될 때에만 본연의 기능을 발휘할 수 있다. 첫째, 공통적인 것의 분배가 '권력의 실질적인 균형'을 토대로 이루어질 때 가능하다. 물론 사회는 원칙적으로 권력의 불균형에 의존하며 존립한다는 점을 감안할 필요가 있다. 둘째, 다른 모두에게 불평등한 교환을 강요할 수 있을 만큼 현격한 우위를 점하는 권력이 실재할 때 가능해진다. 니체에 따르면, "정의란 기본적으로 거의 대등한 권력을 지닌 사람들이 '합의'에 도달하려는, 즉 타협을 통해 재차 서로를 이해하고 힘없는 사람들을 상대로 이들 역시 서로 타협하도록 강요하려는 건전한 의지를 말한다."[7] 앞서 말한 선행 조건이란 바로 권리에서 권력으로 이어지는 과정, 좀 더 정확히 말해 권력을 권리의 논리적인 동시에 역사적인 전제로 만드는 과정이다. 베유는 이 문제를 완벽하게 파악하고 있었다. 베유는 권리가 분배에 지나지 않는 만큼 권력에 의존할 수밖에 없다고 보았다. "권리의 개념은 구분, 교환, 물량의 개념과 직결되며 상업적인 성격을 지닌다. 권리라는 말과 함께 떠오르는 것은 재판과 변론이다. 요구의 어조가 아니면 주장하지 않는 것이 바로 권리다. 이런 어조를 취하는 순간 권리를 보증하기 위해 그리 멀지 않은 곳에, 아니 바로 뒤에 와 있는 것이 바로 권력이다... 권리는 본질적으로 권력에 의존한다."[8] 바로 이 지점에서, 법적 면역화의 어떤 내부적인 전이가 면역화 자체를 배가하는 듯이 보인다. 다시 말해 공동체를 다름 아닌 공동체의 자기-파괴적인 성향으로부터 면역화하기 위해, 법적 권리는 무엇보다 스스로를 보호해야 한다. 하지만 우리가 살펴보고 이해한 면역화의 변증관계에 따라, 법적 권리는 면역을 통해 제어하려는 것과 동일한 원칙, 혹은 제압하려는 것과 동일한 힘에 의존할 때에만 스스로를 보호할 수 있다.

베유는 로마제국에서 근대의 절대국가와 20세기의 전체주의에 이르는 인류의 역사 전체를 권리와 권력 사이에 실재하는 이 냉혹한 변증관계의 비극적인 근거로 제시한다. 이러한 상황은 개인들 사이에서 뿐만 아니라 개인 각자와 공동체 사이에서도 발견된다. 왜냐하면 권리가 권력에 예속되는 것은 개인이 그의 공동체에 예속되는 것과 조금도 다르지 않기 때문이다. 자신에게 '고유한' 것을 타자로부터 보호하기 원하면 원할수록 개인은 그의 보호 취지를 '숙명적으로' 지지해야 할 공동체 '고유의' 구성원이 되어야 한다. 이 고유화의 형이상학은 서양 법치주의 문명의 심장 한가운데에 각인되어 있다. 우선적으로는 사물의 고유화가, 이어서 사물의 소유를 주장하는 사람 자체의 고유화가 이루어진다. 실제로 로마인들이 유대인의 신을 다름 아닌 노예들의 소유주로 간주하고 이 신과 경쟁하며 쟁취하려 했던 것이 바로 '소유물로서의 인간' 아니었나? 베유에 따르면, "우리에게 법적 권리의 개념을 물려주었다는 이유로 고대 로마를 칭송하는 것은 특별히 수치스러운 일이다. 왜냐하면 이 개념의 종specie을 확인할 목적으로 원래 무엇이었는지 살펴보는 순간, 소유권이란 사실 무언가를 '사용'하거나 '남용'할 권리에 의해 정의된다는 것이 드러나기 때문이다. 실제로 로마시대의 소유주가 '남용'할 권리를 지닌 것은 대부분 사람들이었다."[9] 한편으로는 주권적 권리의 경우 역시—이것의 근대적 기원을 감안하면—생명/삶에 관여하며 결정을 내리는 주권의 형식을 지배하는 것은 다름 아닌 폭력적 고유화의 원리다. "주권자의 권리는 바로 로마인들이 생각했던 소유권 혹은 이와 동일한 모든 유형의 권리와 일치한다."[10] 여기서 법ius과 공동체communitas는 전적으로 이율배반적인 관계에 놓인다. 어떻게 보면 법적 권리가 공동의 삶을 보장하기 위해 어쩔 수 없이 공동체 내부로 무언가를 끌어들여 그것이 공동체를 틀에서 벗어나지 못하도록 만든다고도 할 수 있다. 법적 권리는 공동체를 덜 공통적이거나 전혀 공통적이지 않도록, 즉 면역체적으로 만들 수밖에 없는 상황에 놓인다. 하지만 공동체를 동일한 공동체로부터 면역화하기 때문에, 법적 권리는 생명/삶을 보존하기 위해 그것의 강렬함을 희생시키기에 이른다.

***

고대 로마의 패러다임에 대한 시몬 베유의 해석이 편파적이고 심지어 당파적인 성격을 지녔다는 이야기가 오가는 이유는 베유가 이 패러다임이 20세기 전체주의의 출범에 일조했다고 보았기 때문이다. 베유는 당대의 유럽 문화에 만연했던 '반로마적 정서antirömische Affekt'를 의미의 과잉 단계, 혹은 이제껏 도달한 적이 없는 절정으로 끌어올리는 듯이 보인다. 하지만 베유가 로마적인 질서의 뿌리에서 발견한 소유권과 폭력의 긴밀한 결속 관계는 로마와 로마의 권리법이 지니는 심오한 특징이 무엇인지, 다시 말해 각별히 로마적인 언어로서의 법적 권리가 무엇인지 보여준다. 하이데거 역시 '반로마적 정서'에 동조했던 철학자다. 하지만 하이데거는 Ius[법]를 Iubeo[명령하다]의 강제적인 힘과 관련지어 사유하고 로마의 Iustitia[정의]를 그리스 Dike[정의][11]와는 거리가 먼, 상반된 의미의 영역으로 몰아넣으면서 문제의 한 측면에만 주목한다. 반면에 이 문제를 모든 측면에서 포괄적으로 고찰한 인물은 루돌프 폰 예링Rudolf von Jhering이다. 로마법의 견고하고 영속적인 위대함에 대한 진정한 기념비라고 보아야 할 그의 저서 『로마법의 정신Geist des römischen Rechts』에서 예링은 로마의 법적 권리를 종교 이후가 아닌 이전에 위치시킴으로써, 더할 나위 없이 독창적인 방식으로 법적 권리의 지배적인 성격을 포착해낸다. 로마가 고유의 뜨거운 생성 경로에 이미 포함되어 있지 않은 어떤 것에도 의존하지 않고 모든 것을 고유의 문화에서 뽑아내고 파냈듯이, 로마법의 정립 배경에도 로마 특유의 제도화 노력과 그대로 일치하지 않는 것은 아무 것도 없다. 예링의 단도직입적인 설명에 따르면, 타민족들이 그들의 법률사적 기원에 응고되어 있는 피와 땀을 신화, 종교, 윤리의 망토로 뒤덮으며 은폐했던 반면, 로마는 이를 고스란히 있는 그대로 보여준다. 로마의 역사에서 법적 질서의 기원이 되는 것은, 법을 수용할 수밖에 없는 처지에 놓인 사람들과 폭력적인 형태로 대립하며 법을 강요한 사람의 '힘'뿐이다. 예링에 따르면, "개인적인 힘에 '소속'되는 것이 세계다. 개인은 고유한 권리의 기반을 자신 안에 보유하며 이를 스스로 보존해야 한다. 이것이 바로 고대 로마인들이 삶을 이해하던 방식의 본질이다."[12]

이러한 힘이 '개인적'이라는 점, 다시 말해 국가의 객관적인 체제를 기반으로 행사되지 않고 어떤 능력을 지닌 개인의 주관적인 의지에서 직접적으로 표출된다는 점은 베유가 이와는 정반대되는 관점에서 관찰한 문제의 핵심, 즉 권리는 근본적으로 '소속'의 원천적 형식이라는 점과 다시 연결된다. 권리는 언제나 누군가의 것이다. 즉 어떤 소유의 대상인 동시에 방식이고, 내용인 동시에 형식이다. 원천적인 단계에서 권리는 무언가 '이다'가 아니라 누군가의 '소유다'라는 식으로 정립된다. 여하튼 권리는 주관적이다. 엄밀하게, 구체적으로 말하자면, 권리는 남에게서 빼앗아 자기 것으로 만드는 힘을 지닌 자의 것이다. 이는 권리가 주관적인 소유물의 형태를 취하는 반면, 소유물은 언제나 고유화의 산물이기 때문이다. 이러한 소유물은 이전되거나 전달되지 않으며 물려주거나 양도할 수 없고 단지 '취할' 수 있을 뿐이다. 실제로 고대 로마법에 소유권 양도의 개념이—즉, 후세에 상속권이라고 불리게 될 것이—아예 없었던 것은 결코 우연이 아니다. 소유권은 무언가에서 유래하는 것이 아니다. 왜냐하면 그 자체가 기원이고, 소유의 배후에 고유화의 폭력적 행동 외에는 아무 것도 없기 때문이다. 이는 로마인들이 다른 부족의 여인들을 칼의 힘으로 강탈했던 것과 동일한 행동이다. 예링은 이러한 폭력성의 흔적을 라틴어 동사 'capere[포획하다]', 'emere[취득하다]', 'rapere[강탈하다]'에서 발견했다. 예링에 따르면, 고대 로마에서 절도가 범죄로 성립되지 않았다는 사실은 곧 '포획', '취득', '강탈'이 법적으로 '고유한' 것의 기반이었다는 것을 의미한다. 로마의 법률가 가이우스는 정당한 소유권의 전형적인 형태가 포획의 권리라는 점에 주목하며 이렇게 기록했다. "사람들은 무엇보다도 적에게서 빼앗은 것을 자신의 것이라고 믿었다maxime enim, sua esse credebant, quae hostibus cepissent". 이 문장은 로마인들이 '완력으로 쟁취한 소유물(manu captum, mancipium)'을 고유의 것으로 이해했다는 예링의 해석에 결정적인 근거를 제시한다. 더 나아가 예링은 '포획물'을 뜻하는 praeda와 '사유지'를 뜻하는 praedium[13]이 동일한 어원을 지닌 만큼 부동산도 '소유'의 정적인 상태가 아니라 praedatio, 즉 '강탈'의 역동적인 상태와 직결된다고 주장하면서, 로마법의 기원을 비롯해 법의 로마적인 기원을 은폐하던 모든 베일을 걷어낸다. 가이우스가 직접 주장하지 않았을 뿐, 위의 인용문 앞에서 사용된 '깃대hasta'라는 표현도 약탈과 소유의 밀접한 관계를 증명하는 근거가 된다. '깃대'는 소유를 상징하며 공공 경매(sub hasta vendere)를 가리키는 데 사용되던 단어다. 예링은 베유와 마찬가지로, 하지만 베유보다 더 냉정하게, 로마법적 체계의 기원과 의미를 로마인들의 창끝에서 발견한다.

2. 폭력에 대한 폭력

법적 권리를 어느 누구보다도 삶에 대한 폭력적 제어의 형식으로 사유한 철학자는 발터 벤야민이다. 그에 따르면, "모든 폭력은 수단이며 법적 권리를 정립하거나 보존하는 힘이다."[14] 여기서 벤야민이 말하려는 것은 단순히 법과 힘의 밀접한 연관성이 아니다. 법과 힘의 연관성은 사실 핀다로스에서 시작해 투키디데스, 마키아벨리, 파스칼을 거쳐 니체에 이르는 위대한 사실주의 철학자들에 의해 오랫동안 고찰되어 왔던 주제다. 다시 말해 벤야민의 관심을 끄는 것은 힘이 법을 뒷받침하기 위해 제공하는 권력도, 법이 힘을 정당화하기 위해 제공하는 장치도 아니다. 왜냐하면 어떤 경우에든 관건은 여전히 두 가지 구분된 차원의 제도적 관계, 예를 들어 마키아벨리의 경우 '법'과 '무력'의 관계, 파스칼의 경우 '정의'와 '힘'의 관계이기 때문이다. 반면에 벤야민의 관점이 지니는 근본적인 차이점은 바로 이 두 차원을 어떤 동일한 실체의 형상이나 방식으로 이해한다는 데 있다. 이 유일한 실체, 즉 폭력Gewalt은 정확하게 이 두 형상의 중첩을 기점으로 의미를 취한다. 따라서 벤야민의 관점은 자연법적인giusnaturalistico 관점뿐만 아니라 공법적인giuspubblicistico 관점과도 거리가 멀다. 왜냐하면 법적 권리를 전자의 경우처럼 기원의 관점에서 관찰하거나 후자의 경우처럼 결과의 관점에서 관찰하지 않기 때문이다. 다시 말해 자연적인 관점에서 관찰하지도 않고 역사적인 관점에서 관찰하지도 않는다. 벤야민은 오히려 법적 권리를 정확하게 자연과 역사가 신화-운명적으로 교차되는 지점에서, 즉 역사가 이전의 자연 상태에 덜미를 잡혀 그것의 경계를 끝없이 답습해야만 하는 상황에 놓이는 지점에서 사유한다. 폭력은 법적 권리를 선행하거나 뒤따르는 것으로 그치지 않고 처음부터 끝까지 그것의 궤도를 따라 움직인다. 좀 더 정확히 말하자면, 그런 식으로 법적 권리를 구축하는 것이 폭력이다. 이때 폭력은, 순수한 힘에서 권력으로 발전하며 권력에서 순수한 힘으로 되돌아오는 일종의 진자운동에 의존한다. 이 운동은 개별적인 동시에 서로 결속되어 있는 세 가지 경로를 거쳐 전개된다. 1) 시작 단계에서는 법적인 차원에서 판단할 수 없는 폭력적인 행위가 항상 법적 권리를 정초한다. 2) 그런 식으로 제도화된 법적 권리는 권리의 영역 바깥에 실재하는 모든 폭력을 차단하려는 성향을 나타낸다. 3) 하지만 이를 실제로 차단하려면 반드시 필요한 것이 있다. 그것은 또 다른 형태의 폭력, 더 이상 제도화에 소용되지 않고 제도화된 권력을 보존하는 데 필요한 폭력이다. 바로 이것이 궁극적인 차원의 권리다. 권리는 폭력을 제어하기 위한, 폭력에 대한 폭력이다.

법적 권리가 공동체에 대해 면역의 역할을 수행한다는 것은 너무나 명백한 사실이다. 정당한 법체계에 외재하는 폭력의 차단 역시 폭력을 수단으로—경찰기관이나 심지어는 사형제도를 통해—이루어진다는 것은 곧 법적 장치가 공동체를 보호하기 위해 막아야 할 것과 동일한 실체를 수용함으로써 기능한다는 것을 의미한다. 어떤 외부적인 요인을 제외한다는 것은 그것을 사실상 포함한다는 의미 아닌가? 벤야민은 이 점에 대해 아주 분명히 말한다. 법적 권리가 '외부의 폭력'에서 제거하려는 것은 폭력이 아니라 다름 아닌 외부다. 즉 외부를 내부로 전환하기 원하는 것이다.[15]

> 고려해보아야 할 것은 놀랍게도, 법적 권리가 개인을 상대로 폭력을 독점하는 데 기울이는 관심이 법의 목적을 보존하기보다는 오히려 법적 권리 자체를 보존하려는 의도에서 비롯된다고 볼 수 있다는 점과, 아울러 폭력이 법적 권리의 테두리 안에서 제어될 수 없을 때 위협으로 간주되는 본질적인 이유가 폭력의 목적 때문이라기보다는 폭력이 법적 권리의 바깥에 머문다는 단순한 사실 때문이라는 점이다.[16]

법적 권리를 위협하는 것은 여하튼 폭력이 아니라 권리의 '바깥'이다. 즉 '법적 권리의 바깥ausserhalb des Rechts' 같은 무언가가 실재한다는 사실, 법적 권리가 모든 것을 포괄하지 않으며 권리의 손아귀에서 벗어나는 무언가가 존재한다는 사실 자체가 위협인 것이다. 이러한 관점에서, 폭력이 '법 바깥fuorilegge'에 있다는 통상적인 표현은 문자 그대로 이해할 필요가 있다.[17] 폭력은 고유의 정당성을 폭력의 내용이 아니라 위치에서 취한다. 폭력은 법 바깥에 '머무는 이유가 있어서' 법적 권리와 충돌하는 것이 아니라, 법 바깥에 '머무는 한' 충돌한다. 바깥에서 안으로 도입되는 순간, 폭력은 법적 권리와의 대립을 포기할 뿐 아니라 심지어는 법적 권리와 다를 바 없는 것으로 변한다. 하지만 이는 '바깥' 또는 폭력의 원천적인 외재성이나 근본적으로 무법적인 성격이 감소된다는 뜻은 아니다. 만약 그렇다면 법의 강제적 실행력 또는 실행에 필요한 주권의 무력도 동시에 줄어들 것이다. 이 '바깥'은 '안'에 위치할 뿐 바깥의 정체성을 그대로 유지한다. 바깥의 자격으로 안에 들어와야 하기 때문에, 바깥을 끌어들이며 없애는 동시에 그것이 내재하는 영역의 외부에 남겨둔 채 유지하는 방식을 취한다. 그런 의미에서, 법적 권리는 '외부'로 남아 있는 것의 내면화 과정, 즉 '외부의 내면화'로 정의될 수 있다. 아울러 법적 권리는, 홉스가 주권자를 모두와 다른 존재로 정의하면서도 그의 자연적 권리를 인정할 때 간파했던 것처럼, 외부와 내부가 무분별해지는 지점으로 정의될 수 있을 뿐 아니라 외부와 내부가 중첩되는 구간으로도 이해될 수 있다. 이와 마찬가지로, 폭력은 법적 권리에 내재하는 하나의 경로 또는 권리의 블랙박스에 지나지 않으며, 법적 권리는 폭력에 내재하는 경로 또는 폭력의 이성화에 지나지 않는다고 볼 수 있다. 벤야민에 따르면 이 두 관점은 하나로 수렴되기 마련이다. 두 종류의 이야기가 있는 것이 아니라 하나의 이야기가, 그러니까 법 이야기가 있고 폭력 이야기가 있는 것이 아니라 폭력적인 법과 법적인 폭력을 동시에 다루는 이야기가 있을 뿐이다. 아감벤이 주목했던 것처럼, 외재성의 내재화 혹은 '내부화'를 바탕으로 정립되는 '주권자적 법nómos basileús'[18]의 고질적인 대립구조는 이른바 '예외상태'에서 아주 분명하게 드러난다. 카를 슈미트는 이 '예외상태'를 법의 '가장 외부적인 영역'[19]에 위치시켰지만, 이러한 대립구조는 사실상 법이 보편적인 차원에서 적용되는 모든 경우에 재생된다. 법은 일어날 수 있는 모든 사건을 예방하고 법을 초월할 지도 모를 사건마저 예방할 수 있어야 법이라고 할 수 있다. 오직 그런 식으로만, 즉 법적 제어 능력을 벗어나는 일에 대해서도, 아니 무엇보다 이 일에 대해 법적 장치를 마련할 때에만 법은 미래에 일어날지도 모를 일에 대한 면역화를 예방 차원에서 추진할 수 있다. 바로 그런 이유에서 법은 이미 일어난 것으로 간주해야 할 '상태', '범례', '결과'를 만들어 낸다. 그런 식으로 모든 '아마도'를 '이미', '여전히', '항상 그렇게', '그렇게 영원히'의 틀 안으로 몰아넣는다.

바로 이 반복적인 순환 과정에서 벤야민은 법적 권리의 핵심이 지니는 신화적인 성격을 발견했다. 이 과정의 본질은 역사적 발전의 모든 순간을 그것의 시작 단계로 무작정 환원하는 데 있다. 다시 말해, 역사 전체를 고유의 비역사적 기원이라는 틀에 억지로 끼워 맞추는 데 있다. 오로지 과거의 지속적인 회귀만이 현재를 위협하는 미래의 불확실성으로부터 현재의 안전을 보장할 수 있다. 안전의 보장이야말로 법적-면역화의 가장 의미심장한 효과다. 면역이란 무엇인가? 다가올 위험을 예상하고 예방하기 위해, 동일한 위험을 감당할 수 있을 만큼 수용하는 대가를 치르면서 안전을 확보하는 것이 아니라면 또 무엇이겠는가? 하지만 이 면역의 의미론은 법이 강압적으로 고유의 제어 능력을 행사하는 구체적인 대상 '삶'에도 적용된다. 삶이야말로 본연의 자리에서 벗어나려는 성향을 지닌 사건이나 상황으로 정의될 수 있다. 고유의 한계를 부수고 자기 바깥으로 환골탈태를 꾀하는 것이 삶이다. 이러한 난류로부터 삶을 면역화해야 하는 것이 바로 법이다. 다시 말해 법은 삶의 본능적인 자기 극복 욕구, 또는 단순한 삶 이상이 되려는 욕구로부터, 혹은 '옳은 삶', '공동의 삶' 같은 어떤 '삶의 형태' 안에서 벤야민이 말하는 '벌거벗은 삶das blosse Leben'의 자연적 지평을 뛰어넘으려는 욕구로부터 삶 자체를 면역화해야 한다. 이처럼 삶에 내재하는 격차를 줄이기 위해 삶을 고유의 생물학적 영역 안으로 복귀시키는 것이 법의 역할이다. 스스로에게서 떨어져 나가려는 삶의 모든 자기초월을 막을 수 있을 때에만, 법은 일어날 수 있는 모든 경우를 제어할 수 있다. 삶을 온전히 정상화하려면, 법은 모든 위반, 모든 죄를 예방할 수 있는 일종의 판결문에 삶을 종속시켜야 한다.

하지만 이야말로 표면적으로는 불가능해보인다. 아직 일어나지도 않은 일을 어떻게 앞당겨서 처리할 수 있는가? 어떤 종류의 제어도 적용될 수 없는 것을 어떻게 제어할 수 있는가? 아무도 저지르지 않은 범죄를 어떻게 예방할 수 있는가? 이를 실행에 옮길 수 있는 유일한 방법은 실질적인 죄와 아무런 상관없이 유죄판결을 앞당겨 선포하는 것이다. 이는 곧 죄를 짓기도 전에, 그리고 죄의 여부와 무관하게 삶 자체를 유죄로 간주한다는 뜻이며, 아울러 '징계', 또는 속죄할 기회를 부여하는 차원의 '징벌'을 그것이 마땅한가의 여부와 무관하게 가한다는 것을 의미한다. 이런 방식은 판결을 앞당길 뿐 아니라 죄와 심판의 논리적 관계를 전복시킨다. 여기서 죄는 심판의 계기가 아니라 결과다. 삶은 죄 때문에 심판을 받는 것이 아니라 심판 때문에 죄와 떨어질 수 없는 관계에 놓인다. 이것이 바로 법이 법을 선행하는 악마적인 세계, 즉 법의 폭력적인 전개 과정을 결정지은 세계에서 물려받은 기능이다. 삶을 영속적인 죄의식에 가두는 것이 법의 기능이다. 삶은 죄를 지을 때 심판을 받는 것이 아니라 심판을 받을 수 있는 조건을 갖추기 위해 먼저 유죄로 간주된다. 여기서 죄는 의지나 선택과 무관하기 때문에 운명과 조금도 다르지 않다. 삶을 황량한 운명의 벽으로 몰아세우는 것이 법이다. "따라서 삶을 심판받은 것으로 간주하는 순간, 그러니까 먼저 심판을 받고 뒤이어 죄를 지은 삶이 되었다는 식으로 간주하는 순간 고개를 드는 것이 바로 운명이다. (...) 운명의 심판이 주는 것은 형벌이 아니라 죄다. 운명은 살아가는 존재의 죄-중심적 맥락이다."[20]

물론 이러한 신화-운명적인 법 개념을 벤야민만 사용했던 것은 아니다. 여기서 파생된 모든 유형의 관점과 함께, 이 개념은 그리스 비극작가들을 기점으로 카프카에 이르기까지 수많은 단절의 역사를 거쳐 지속된 한 해석적 관점을 완성한다.[21] 그리스의 비극작가에게 운명은 영웅의 주관적 의식을 뛰어넘어 의식의 영역 바깥에서 영웅을 강타하는 힘, 즉 운명의 힘이었다. 반면에 카프카가 주목한 법의 폭력적인 성격은 박해나 다를 바 없는 법 실행 과정의 무의미함과 고스란히 일치한다. 하지만 벤야민의 글에서 이 두 관점은 단일한 형태로 융합된다. 여기서 드러나는 것이 바로 법적 권리의 구체적인 면역 기능이다. 앞서 살펴보았듯이, 법적 권리가 내세우는 목적은 삶의 보존이다. 아울러 삶은 삶의 행위들 하나하나를 개별적으로 평가하기에 앞서 삶 자체를 유죄로 판단하는 냉혹한 선결 행위의 상흔 속에 머물 때에만 보존될 수 있다. 이는 곧 삶의 보존이 고통 없이는 충족되지 않는다는 것을 의미한다. 아니, 오히려, 보존하려는 것의 심판이 예방차원에서 요구된다는 의미다. 이러한 심판으로 연결되는 것이 바로 삶을 순수한 물질로 축약하는 관점 또는 삶을 모든 형식의 '옳은 삶' 혹은 '공동의 삶'에서 이탈시키려는 성향이다. 다름 아닌 삶의 이러한 형식적인 가능성을 희생시켜 생물학적 기반의 재생 혹은 단순한 차원의 생존을 도모하는 것은 이러한 성향의 특징이다. 벤야민은 이러한 희생 메커니즘을 재해석하며 '벌거벗은 삶'의 영역과 '살아가는 자'의 영역을 구분하기에 이른다. '살아가는 자'란 삶의 객관적인 차원에서 떨어져 나와 주체이고자 하는 인간을 말한다. 바로 이 주체에게 가해지는 것이 법적 권리라는 장치의 폭력이다. 사실상 법적 권리의 면역 기능은 '살아가는 자'의 희생을 매개로 삶을 지속시키는 데 있다. 이는 곧 삶을 보존하기 위해 적어도 삶의 어느 한 지점에서 만큼은 삶을 부인하며 심지어 무의미하게 만드는 무언가가 삶 속에 투입되어야 한다는 것을 의미한다.

이 시점에서 다시 부각되는 것은 죽음과의 관계다. 삶은 삶과 정반대되는 죽음과의 관계 속에서만 지속된다. '최초의' 법적 권리는 생사를 결정할 수 있는 주권자의 권한 아니었나? 벤야민에 따르면, "법적 권리는 다른 어떤 법을 집행할 때보다 생사의 결정권을 행사할 때 가장 분명하게 천명된다."[22] 이는 단순히 법적 권리가 삶을 죽음으로부터 분리하는 식으로 삶을 결정짓기 때문이라기보다는 좀 더 깊은 의미에서, 삶과 죽음을 통합하는 식으로 결속 관계를 구축하며 삶을 보존하기 위해 죽음을 도구로 활용하기 때문이다. '생존'이란 사실 죽음의 경계를 뛰어넘어 연장되는 삶 아닌가? 삶이 자연적인 한계를 뛰어넘어 지속될 수 있으려면 죽음이 전제되어야만 한다. 바로 이것이 벤야민의 글에서 법 형식의 기원이자 핵심으로 간주되는 니오베 신화의 의미다. 벤야민은 운명이라는 모호한 영역에서 유래하는 폭력이 "말 그대로 파괴적인 것은 아니다"라는 점을 강조하며 폭력은 "니오베의 자식들에게 피로 물든 죽음을 안겨준 뒤 어머니 니오베의 생명 앞에서 멈춰서지만, 자식들이 죽었기 때문에 니오베를 이전보다 훨씬 더 큰 죄인"[23]으로 만든다고 말한다. 여기서 벤야민이 밝히려는 것은, 니오베의 생명이 자식들의 죽음에도 '불구하고' 보존된 것이 아니라 자식들의 죽음을 '토대로' 보존되었다는 점이다. 다름 아닌 이 연계 속에 니오베의 죄가 숨어 있다. 다시 말해 니오베의 죄는 그녀 대신 죽은 자들의 피에 전염되어, 죽기를 바란다는 그녀의 간청에도 불구하고 구원을 받았다는 데 있다. 바로 이 지점에서 "법의 신화적인 애매모호함"[24]이 지닌 환영적인 의미가 그대로 드러난다. 니오베 주변으로 쏟아지는 화살폭풍은 결국 그녀의 삶을 돌 속에 가두어버리고, 그녀의 삶은 더 이상 끝날 수 없는 상황에 놓인다. 왜냐하면 죽음에서 유래하며 죽음을 안고 있기 때문이다. 돌이 되어버린 삶은 삶과 죽음을 분리하는 동시에 하나로 묶는 지점을 상징한다. 죽음이 삶의 지평에 정착하는 반면, 삶은 죽음과의 근접성에 의해 보존된다.

***

앞서 언급한 것처럼, 마키아벨리의 사상에서 법과 힘의 관계는 분리된 동시에 연계되는 차원의 관계로 나타난다. 이러한 구도 속에 은폐된 상태로 남아 있을 수밖에 없던 법적 힘의 전모는 뒤이어 니체, 베유, 벤야민, 데리다[25] 같은 사상가들에 의해 밝혀진다. 하지만 마키아벨리의 입장을 이러한 한계 안에서만 고찰하는 것은 사실상 어느 시점까지만 가능하다. 토마 베른스[26]가 주목했던 것처럼, 마키아벨리의 글 속에는 어떤 식으로든 이러한 한계를 뛰어넘도록 만드는 의미의 방향성이 실재한다. 이러한 방향성이 부각되는 영역의 핵심주제가 여전히 로마적인 법의 질서, 정확히 말해 법적 질서가 법의 폭력적인 기원과 관계하는 방식이라는 것은 더 이상 놀라운 일이 아니다. 마키아벨리의 관점을 특징짓는 요소는 그가 로마의 건국신화를 장식하는 첫 번째 사건, 즉 로물루스의 형제 살해를 부정적으로 평가하는 이들과 명백하게 거리를 유지한다는 점이다. 마키아벨리에 따르면, 이들은 이 사건이 후세의 공화국 제도에 끼친 긍정적인 영향을 포착하지 못한다. 이들이 틀리는 이유는 형제 살해라는 '사건'을 혐오해서가 아니라 이를 사건의 실질적인 '결과'와 관련지어 생각하지 못하기 때문이다. 마키아벨리에 따르면, "사건을 비판하더라도 결과를 바탕으로 이를 용납할 필요가 있다. 로물루스의 경우처럼 결과만 훌륭하다면, 언제나 용납될 것이다."(로마 역사 논고, 1.9)

마키아벨리의 논제는 전통적으로 윤리에 대한 정치의 자율성을 강조하거나 수단을 목적에 부합하도록 만드는 기술적인 방식,

즉 수단이 목적에 의해 정당화되는 방식을 강조하는 차원에서 해석되어 왔다. 하지만 이 논제는 법의 구도 자체와 직결되는 또 다른 측면, 즉 역설적이게도 법의 소급효과라고 부를 수 있는 것의 차원에서 살펴보아야 한다. 이 소급효과가 역설적인 이유는, 그것이 정확하게 법은 지닐 수 '없거나' 적어도 지니지 '말아야' 하는 요소임에도 불구하고 어떤 식으로든 항상 법의 기능을 결정짓기 때문이다. 달리 말하자면, 법의 효력이 일반적으로 미래에 적용된다는 것은 사실이지만 이 미래가 실제로는 언제나 '완료형' 미래이기 때문이다. 법은 법 자체를 가능하게 만든 과거의 법-외적인 동시에 법-위배적인 사건을 뒤늦게 정당화한다. 바로 그런 이유에서 로물루스의 살해 행위를 유죄로 판결한다는 것은 불가능하다. 이는 로물루스가 살인 행위를 저지를 때 이를 금하는 법체계가 마련되어 있지 않았기 때문이기도 하지만 우선적으로는 바로 이 법체계가 살해 사건을 '뒤늦게야' 법률 자체의 존속 조건으로 내세웠기 때문이다. 바로 여기서 법의 근본적으로 이율배반적인 구조가 드러난다. 법은 아직 일어나지 않은 일은 '이미 일어난 것으로 앞당겨' 전제하는 형식에 의존한다. 관건은 단순히 법을 '제도화하는' 권력이—즉 새로운 제도를 도입하기 위해 역사의 지속적인 맥락에서 일탈하기 때문에 어떤 식으로든 폭력적일 수밖에 없는 권력이—권력에 의해 이미 '제도화된' 법의 영향력에서 벗어나는 정황이 아니라, 오히려 '제도화된' 형태의 권력이 '제도화하는' 권력에 정당성을 부여하는 정황이다. 데리다는 이처럼 과거형에 의존하는 성향이 모든 법제정 과정에서 발견된다는 점에 주목한 바 있다. 데리다가 예로 드는 미국독립선언문이 실현되어야 할 미국의 독립에 독립이 이미 이루어졌다는 식의 전제를 내세우며 정당성을 부여하는 것과 마찬가지로, 제도화를 추진하는 모든 문서의 서명은 과거형 전제를 바탕으로 이루어진다.[27] 하지만 이것이 전제에 의존하는 법의 구조를 전부 설명해주는 것은 아니다. 법적 전제의 구조는, 법이 무언가를 '이미 일어난 것으로 앞당겨' 전제한다는 측면뿐만 아니라 '앞당겨' 전제하는 것을 '이미 일어난 것으로' 간주한다는 또 다른 측면까지 함께 고려해서 관찰해야 한다. 법의 이러한 순환적인 성격을 우리는 마키아벨리의 또 다른 문장에서 확인할 수 있다. "모범이 되는 덕목들을 많이 갖춘 만큼, 이성적으로는 로마를 무질서한 공화국이라고 부르기 힘들다. 왜냐하면 모범적인 사례들은 훌륭한 교육에서 나오고, 훌륭한 교육은 훌륭한 법에서, 훌륭한 법은 많은 이들이 무의식적으로 저주하는 소요사태에서 나오기 때문이다."(로마 역사 논고 I, 4) 익히 알려진 바와 같이, 마키아벨리의 문장이 많은 논쟁을 불러일으키는 이유는 그가 '소요사태'에 대한 대다수의 부정적인 평가를 인정하지 않기 때문이다. 마키아벨리는 바로 이 소요사태에서 탄생한 '훌륭한 법'이 결과적으로는 '제도화된' 체계에 대한 '제도화하는' 힘의 상대적인 필요성을 용인하며 로마 공화국이 장수하는 데 결정적으로 기여했다고 보았다. 하지만 우리가 여기서 주목해야 할 것은 동일한 메달의 뒷면, 즉 이러한 전제 자체의 전제 조건이다. 폭력이 파괴를 일삼는 대신 질서를 정립하는 데 기여하려면, 이 폭력의 구체화가 '모범적인 선례'와 '훌륭한 교육'에서 비롯되어야 하고 이들 역시 다름 아닌 '훌륭한 법'에서 유래해야 한다. 다시 말해, '훌륭한 법'은 사회적 분쟁의 긍정적인 결과일 수 있지만 이는 분쟁이 제도화된 법적 한계 내에서 전개될 수 있도록 '이미' 제한되어 있을 때에만 가능하다. 뭐랄까, 정초적 사건이 정초하고자 하는 것에 실효성을 부여하려면 그 사건 자체가 정초 대상에 의해 정초되어 있어야 한다. 그런 의미에서 정초적 사건은 그 사건이 전제되는 정황 자체를 전제한다. 다시 말해, 정초적 사건은 스스로를 전제로 전제한다. 아마도 이러한 이중적인 성격의 기원에 주목해야만, 마키아벨리가 병든 국가의 유일한 구제 방안으로 제시했던 '원칙으로의 회귀'라는 수수께끼 같은 표현의 의미를 이해할 수 있을 것이다. 이 수수께끼는 헌법의 원천적인 내용을 돌이켜보라는 의미로만 해석할 것이 아니라 오히려 앞당기는 형식 자체와 다를 바 없기 때문에 모든 내용에 선행하는 어떤 지점에 대한 환기로 이해할 필요가 있다. 정확히 말하자면, 바로 이 지점에서 법과 권력이 완료형 미래라는 시간의 사생아에 끊임없이 의존하며 서로 앞을 다투다가 중첩된다.

3. 이중의 피

그렇다면 삶의 모든 지평이 법적 전제의 소급효과라는 상흔 안에 꼼짝없이 갇혀 있다고 보아야 하나, 아니면 이 회로의 활동을 멈추게 할 수 있는 계기나 돌파구 같은 것이 존재한다고 보아야 하나? 공동체가 고유의 숙명적 종착지인 듯 보이는 희생 메커니즘에서 벗어날 수 있는 가능성은 아직 남아 있는가, 아니면 이러한 가능성마저 선입견에 불과한가? 바로 이러한 질문들에 대한 답변을 모색했던 르네 지라르의 해석은 사실 메시아주의적인 관점이나 운명-순환적인 관점으로는 환원되지 않는다. 벤야민의 입장에서는 법체계처럼 "인간 존재의 마성적인 단계의 잔재"[28]에 불과했던 것이 지라르의 입장에서는 역사의 분명하고 결정된 질서에 뿌리를 둔 것으로 나타난다. 결정적인 형태로 세속화를 이끈 '법'의 계절뿐만 아니라 '희생'의 계절 역시 일찍부터 이성의 시대에 속해 있었다고 봐야 한다. 물론 희생 메커니즘의 언어가 신화적인 성격을 지녔다는 것은 사실이다. 실제로 지라르는 공동체가 끊임없이 반복되는 멸절 위기에서 벗어나기 위해 무의식적으로 활용하는 이성적인 방식이 바로 신화라고 보았다. 하지만 그렇다고 해서 희생 메커니즘과 법적 권리가 모두 폭력의 언어를 사용한다는 사실이 무효화되는 것은 아니다. 폭력은 벤야민의 해석에서처럼, 그리고 아마도 벤야민의 경우보다 훨씬 더 광범위하게 지라르의 해석적 구도를 지배한다. 폭력 자체가 지라르의 방법론적 체계를 좌우하기 때문이다. 폭력은 욕망의 대상뿐만 아니라 다름 아닌 욕망의 주체를 구축한다. 바로 그런 의미에서—좀 더 구체적으로 말하자면—욕망의 표적이 폭력을 유발한다기보다는 오히려 폭력 자체가 현기증을 유발하며 욕망을 깨어나게 만든다. 지라르에 따르면, "폭력은 모든 욕망의 도구인 동시에 대상이자 보편적 주체이며... 절대적으로 바랄만한 것의 기표signifiant다."[29] 폭력을 모방의 차원에서 관찰할 때, 예를 들어 A가 B를 욕망하는 이유는 그것을 C도 욕망하기 때문이라는 관점에서 관찰할 때 지라르가 정확하게 포착하는 것은 폭력의 본질적인 '공통성'이다. 각자가 원하는 것이 사실상 모두가 원하는 것이라면, 폭력은 공동체 '바깥에서 위협'하지 않고 공동체 '내부에서 발생'한다고 볼 수 있다. 폭력은 공동체의 가장 내면적인 표현이다. 폭력은 공동체의 내부라고도 말할 수 있다. 이 내부가 자라나 공동체 바깥으로 흘러넘치면서 결국에는 파멸을 가져온다. 이때 공동체는 공통적인 것의 포화상태에, 결과적으로 모든 경계와 방벽이 허물어지는 지경에 이르면서 공동체 고유의 절대성, 다시 말해 한계를 모르고 분리와 차이를 모르는 '절대적인 공통성'에 방치된다. 폭력이 항상 차이의 부재를 표상하는 인물들, 예를 들어 완벽한 조화가 돋보이는 '형제' 또는 **하나**의 형태에서 분열생식을 통해 생산되어 완벽하게 똑같아진 '쌍둥이'와 연관되는 것은 결코 우연이 아니다. 왜냐하면 폭력이란 사실 공동체의 혈관을 흐르면서 폭력을 고유의 '살갗'으로 삼는 일체성 또는 근접성과 조금도 다를 바가 없기 때문이다. 지라르에 따르면, 바로 여기에 폭력의 가장 고유한 특징이 있다. 바로 여기에 폭력의 뿌리와 전제, 폭력의 분신과 그것의 제곱, 분신의 분신이 있다. 폭력의 폭력성은 본질적으로 그것의 독단적인 성격이나 강렬함이 아니라 오히려 전달 가능성, 감염성에 가깝다. "폭력은 처음부터 감염성이 지극히 높은 것으로 드러난다."[30] 폭력은 일격을 가하는 돌덩어리나 찌르는 창끝처럼 단단한 것에 의존하기보다는 물처럼 흐르고 스며드는 액체의 침투성에 의존한다. 대홍수가 그랬듯이, 결국에는 온 세상을 스펀지나 흥건한 진흙으로 만들어버리는 것이 폭력이다. 하지만 폭력은 침투성 못지않게 전염에도 의존한다. 이 폭력적인 전염의 메커니즘에 주목했던 시몬 베유에 따르면, "칼과의 접촉은 칼자루에서 일어나든 칼끝에서 일어나든 전염을 일으킨다."[31] 따라서 폭력은 잿빛의 폭우나 진흙보다는 붉은 피를 연상시킨다. 혈액만큼 폭력의 무한히 '순환적인' 성격을 잘 보여주는 것은 없다. 지라르에 따르면, "평정과 안정이 유지되는 한 피는 보이지 않는다. 폭력이 고개를 드는 순간부터 피가 가시화된다. 그렇게 흐르기 시작한 피를 멈춘다는 것은 불가능하다. 곳곳에 스며들며 무한정 퍼져 나가는 이 피의 유동성이야말로 폭력의 전염성을 구현하는 요소다. 피는 복수를 부른다."[32]

폭력이라는 병균이 먼저 욕망의 대상들, 뒤이어 욕망의 주체들을 빠른 속도로 감염시키면서 일으키는 재난은 "혈우병 환자의 출혈"[33]에 비교된다. 지라르는 폭력의 이러한 혈액-감염적인 성격을 강조하면서 출혈을 방지하거나 필요할 경우 치료에 쓰이는 예방 절차에 주목한다. 우리가 좀 더 가까이서 살펴보아야 하는 것이 바로 이 부분이다. 거듭되는 폭력으로 인해 해체될 위기에 놓인 공동체가 위험에서 벗어나는 데 성공한다면, 이는 파괴적인 효과를 완화할 수 있는 면역장치가 애초에 가동되어 있었기 때문이다. 다시 말해, 폭력을 완전히 제거할 경우 원칙적으로 공동체와 분리될 수 없는 것이 사라지면서 공동체가 더불어 소멸될 위험이 있기 때문에 완전히 제거하는 대신 치명적이지 않은 형태와 분량의 폭력을 오히려 수용하는 방안이 마련되어 있었기 때문이다. "의학적 조치는 '약간의' 병균을 접종하는 데 있다. 이는 희생제의가 사회의 몸에 '약간의' 폭력을 접목시켜 사회가 폭력에 저항할 수 있도록 만들었던 것과 아주 흡사하다."[34] 지라르는 이와 유사한 모든 징후의 선례로 간주될 수 있는 어떤 절대적인 시원을 전염병의 현대적인 어휘로 번역하는 데 주저하지만 그것이 우리의 면역학적 논리에 놀라울 정도로 부합한다는 사실은 외면하지 않는다.

> 유사한 경우들이 너무 정확하고 많아서 현기증을 일으킬 정도다. '여러 회에 걸친 예방접종'은 희생제의의 반복에 상응한다. '희생제의'의 모든 보호 조치에서처럼 파국적인 역전의 가능성 역시 존재한다. 너무 독한 백신, 지나치게 강력한 파르마콘pharmakon은 근절해야 할 전염을 오히려 확산시킬 가능성이 있다.[35]

면역요법의 경우에서처럼 희생제의의 경우에도 핵심은 사용되는 파르마콘의 질과 양을 오차 없이 조절하는 데 있다. 사회 내부에서 확산되는 폭력을 제어하기 위해 파르마콘이 갖추어야 할 조건은 그것이 사회 내부에 있는 동시에 외부에도 있어야 하고 사회와 인접한 동시에 분리되어 있을 뿐 아니라 사회와 비슷한 동시에 달라야 한다는 것이다. 아울러 파르마콘은 무엇보다도 양극화, 방향 전환, 차별화라는 세 종류의 무력화 인자를 동시에 활성화할 수 있어야 한다. 다시 말해 공동체를 위협하는 폭력이 희생양을 향할 수 있도록 폭력의 자성을 양극화해야 하고 그런 식으로 폭력의 자연적인 흐름을 전복시키기 위해, 폭력을 당하는 피해자와 폭력을 조장하는 가해자 '모두의' 상황을 차별화할 수 있어야 한다. "희생양은 사회 구성원 모두의 주도하에 구성원 모두를 대체하며 구성원 모두에게 봉헌된다. 희생제의는 공동체 '전체를' 다름 아닌 공동체 '자체의' 폭력으로부터 보호한다. 공동체의 관심 자체를 고유의 폭력이 아니라 외부의 희생양에게 집중되도록 만드는 것이다."[36] 공동체는 고유의 잠재적 전염성이 지배할 수 없는 불모지가 되기 위해 수술을 감행해야만 하는, 스스로를 절개할 수밖에 없는 처지에 놓인다. 공동체는 집단의 악이 수렴될 수 있는 내부의 어느 한 지점을 도려내 이를 모든 것에서 멀리 떼어놓는다.

이러한 각도에서 관찰하면 공동체는 일종의 차별화된 폭력, 스스로와 차별화되어 분신의 형태로 생성되는 '또 다른' 폭력이라고도 볼 수 있다. 공동체는 폭력의 심장이 뛰는 곳에서 순간적으로 개방되었다가 지정된 희생양을 중심으로 곧장 폐쇄되는 공백, 또는 어떤 형태의 폭력에서 또 다른 형태의 폭력으로, 한 사람만

'빠진' 모두에서 한 사람으로, 혹은 모두의 '자리에 선' 한 사람으로 전환되는 경로에 가깝다. 비폭력의 형식을 취하는 경우에도, 평화만을 간절히 원하는 것처럼 보일 때에도 공동체는 폭력의 감추어진 열매, 폭력의 선물이자 산물이다. "비폭력은 폭력이 주는 무상의 선물인 것처럼 보인다. 여기에는 이유가 있다. 인간들은 제3자의 희생을 통하지 않고서는 서로 화해할 줄을 모른다. 비폭력의 체제 속에서도 인간들은 '한 사람'이 빠져야만, 즉 희생양이 빠져야만 만장일치에 도달한다."[37] 이는 폭력을 끝내 제거할 수 없고 고작해야 교묘하게 은폐할 뿐이기 때문이다. 폭력은 결투장의 경계를 표시하기 위해 원을 그리듯이 울타리를 치는 식으로만 견제하거나 억제할 수 있다. 폭력은 전복될 뿐이다. 폭력은 공통적인 형태에서 면역적인 형태로 전복된다. 폭력은 폭력이 실어 나를 뿐 아니라 구축하는 바이러스 자체에 대해 면역력을 확보하기에 이른다. 이는 폭력을 소독하고 정화하는 제의가 병들거나 죽은 집단의 불순하고 끈적이는 피를 희생양의 깨끗하고 신선한 피로 대체하기 때문이다. 공통성이 면역성으로 전이되는 과정에서 변하지 않는 것이 있다면 그것은 피의 패권이다. 이때 피는 '파괴'하는 동시에 '구제'하는 이중의 힘을 발휘하며 이원론적인 구도를 취한다. 정확히 말하자면, 전형적인 면역 과정에서처럼 부분을 파괴한다는 '전제하에' 전체를 구원한다. 이 피는 깨끗하게 할 수 있는 힘을 지닌 '동시에' 더럽힐 수밖에 없는 운명에 처한다. 삶을 생성하지만 '그건 바로' 죽음을 양산하기 때문이다. "이 피를 통해 깨달을 수 있는 것은 하나의 동일한 물질이 말 그대로 더럽히는 동시에 씻어내고, 불결하게 하는 동시에 순화하고, 인간을 광란과 광기와 죽음으로 몰아넣는 동시에 진정시키고 회복시킨다는 사실이다."[38]

지라르는 바로 이러한 동종요법적인 성격의 '이중구속'이 문명사회의 기원과 성립 조건 자체를, 즉 문명사회가 스스로의 폭력에서 살아남는 데 없어서는 안 될 자기희생적인 성격의 보호막을 구축했을 뿐 아니라 계속해서 문명사회의 발전을 고스란히—'예방' 단계에서 '치료' 단계에 이르는 진화 과정을 거쳐—좌우한다고 보았다. 물론 현대사회가 이러한 정황을 항상 의식하는 것은 아니다. 아니, 오히려 바로 그런 이유에서 정황이 그대로 유지된다고 보아야 한다. 이는 현대사회 자체가 '이중구속'을 끊임없이 망각하거나 제어하려는 성향을 지녔기 때문이다. 결과적으로, 현대사회가 이를 제어할 수 있는 부분보다는 오히려 제어당하고 지배당하는 부분이 훨씬 더 크다. 그런 식으로 면역화는 서구문명사회의 도구로 그치는 것이 아니라 형식 자체로 정립되기에 이른다. 고대사회와 마찬가지로 현대사회 역시, 아니 현대사회야말로 폭력의 기원이나 주체가 아니라 폭력의 산물이자 폭력이 **강화를 위한 제한**의 형태로 요구하는 면역 메커니즘의 산물이다.

고대인들도 현대인들도 이 폭력이라는 페스트의 병원균이 무엇인지 끝내 밝혀내지 못했다. 더군다나 서구문명사회는 이를 격리하거나 분석할 만한 능력이 터무니없이 부족해서 이 질병에 대해 아주 피상적인 관념들을 양산해왔을 뿐이다. 그만큼 서구문명사회는 오늘날까지 극심한 형태의 폭력에 대해서도 두말할 필요 없이 아주 알쏭달쏭한 형태의 보호와 면역화의 혜택을 누려왔다. 면역화가 서구문명사회의 소산이 아니라는 것은 분명한 반면, 서구문명사회 자

체는 오히려 면역화의 산물일 가능성이 크다.[39]

여기서 지라르가 말하는 면역화의 '보호'는 본질적으로 법을 통해 이루어진다. 희생제의와 동일한 논리를 유지하며 희생제의를 '제거'하지 않고 '대체'하는 것이 바로 법이다. 희생제의와 법이 공유하는 논리는 다름 아닌 보복의 논리다. 법은 이 보복의 논리를 수용하는 것으로 그치지 않고 예방과 치료를 조합하며 완성의 단계로 끌어올린다. "사법제도는 보복을 '합리화하면서' 이를 뜻하는 대로 세분화하고 제한하기에 이른다. 보복을 아무런 위험 없이 조작함으로써 폭력을 굉장히 효과적으로 치유하고 부차적인 차원에서 예방하는 기술을 만든다."[40] 희생제의적인 방법이 보복의 욕구가 충족될 수 없는 희생양을 충족될 수 있는 희생양으로 대체하며 희생을 통해 실질적인 보복을 예방하는 반면, 법제도적인 방법은 보복을 직접 실천하는 식으로 예방한다. 단지 이를 또 다른 보복이 불가능한 지점에서 실행할 뿐이다. 여기서 변하는 것은 더 이상 보복의 대상이 아니라 보복의 주체다. 이 주체는 구체적이고 개별적인 차원에서 벗어나 추상적이고 보편적인 성격, 다름 아닌 제도적인 성격을 취한다. 상황은 마치 보복의 주체가—보복을 실행하자마자—제풀에 쓰러지거나 증발해버리는 것처럼 전개된다. 보복은 그런 식으로 실행되는 동시에 무효화되고 무효화되는 동시에 실행된다. 법적 보복의 이러한 자가면역화 과정에서 다름 아닌 보복의 합리화가 이루어진다. 보복의 표적은 더 이상 희생제의가 요구하던 임의의 무고한 존재가 아니라 실제로 죄를 지은 사람이다. 하지만 보복행위의 주체는 가장 먼저 피해를 입었던 사람이나 집단이 아니라 판사, 법정, 국가 같은 제3의 배우다. 즉 보복의 결과로 벌을 받는 이의 위치와는 비대칭적인 공간에 머무는 존재, 다시 말해 실제로 보복을 원하는 이들의 영역 바깥에 위치한 누군가가 보복행위의 주체로 등장한다.[41]

어떤 의미에서는 법이 폭력을 법체계 내부로 끌어들인 뒤에, 혹은 법 자체가 폭력의 반경 내부로 침투해 들어가서 폭력을 공동체 바깥으로 끌어낸다고 볼 수 있다. 이는 공동체를 위협하는 동시에 면역력을 제공하는 것이 바로 법적 차원의 폭력이기 때문이다. 간단히 말하자면, 지라르가 재구성하는 역학 관계는 이중적이다. 법은 폭력을 내면화하는 한편 동시에, 폭력이 실질적으로 부각되는 영역 바깥의 무대로 이동한다. 법은 외부의 폭력을 내면화하는 것으로 그치지 않고 법의 폭력적인 행사가 이루어지기도 하는 사회공동체적 몸과 완전히 다른 차원에 머문다. 이러한 관점에서, 판결과 처벌에 의존하는 법제도적 '치유'는 내재적인 동시에 초월적인 성격을 지닌다. 다시 말해, 관건은 내재적인 것의 초월성이다. 모든 측면에서 내재적이라고 볼 수밖에 없는 것들의 이동, 이월, 초월 현상이 보여주는 것은 다름 아닌 법제도적 세속화의 궁극적으로 신학적인 성격, 혹은 법의 합리적 '명료화' 과정 자체가 만들어 내는 난해함이다. "이러한 난해함은 불법적, 범죄적 폭력의 내재성 앞에서 드러나는 합법적이고 정당하며 신성한 폭력의 실질적인 초월성과 일치한다. 희생제의의 희생양이 원칙적으로 신에게 봉헌되고 신이 이를 받아들이는 것과 마찬가지로, 법률 제도 역시 법적 정의 실현의 진실을 보장하는 어떤 신학에 의존한다."[42] 물론 이처럼 내부가 외부에 관념적으로 투영되는 이른바 '이데올로기적' 메커니즘은 완벽하지도 않고 영원하지도 않으며, 오히려 멈추거나 와해될 운명에 놓인다. 왜냐하면 바로 이 메커니즘이 지니는 면역화의 충전된 힘이 어느 시점에 이르러 한계를 넘어서면, 메커니즘 내부로 도입되었던 폭력에 정확히 비례하는 자폭적인 힘으로 스스로를 무너트리기 때문이다. 이는 단순히 "원자력 시설의 오염방지조치에서처럼... 사고가 언제든지 일어날 수 있기 때문"[43]이라기보다는 좀 더 심층적인 차원에서, 현대문명사회가 다름 아닌 성스러운 것의 구속에서 벗어날 때—그러니까 면역화의 시원적인 원리로부터 스스로를 면역화할 때—이 원리 자체를 사회가 억제하되 보유해야 하는, 보유하면서 억제하는 잠재력으로 전환시키기 때문이다. 달리 말하자면 과거에 한 시대가 막을 내릴 때마다 일어났던 것과 똑같은 방식으로, 그리고 과거보다 더욱더 강렬한 방식으로 폭력에 폭력으로 대항하며 폭력 자체를 폭력에 대한 폭력으로 만들면서 결국에는 폭력이 폭력을 발판으로 도약해서 원래는 공동체를 보호할 목적으로 막으려 했던 것과 동일한 폭력이 공동체를 향해 쏟아지게 만들기 때문이다.

> 사회를 지배하는 시원적 폭력의 이치, 이 초석적 메커니즘의 부재로 인해 인류는 파국적 사투의 순간을 맞이하는 순간 소름끼치도록 잔인해진 폭력을 경험하게 될 것이다... 이를테면 생생한 활동 영역에서 타격을 입고 힘을 잃은 폭력, 고유의 공격성을 상실한 뒤 쇠퇴의 길로 접어든 폭력은 역설적이게도 때묻지 않은 폭력보다 훨씬 더 끔찍한 모습을 드러낸다. 아마도 이러한 폭력은, 예언자들의

시대가 그랬듯이, 희생제의를 통해 화해의 기량을 회복하려는 인류 전체의 부질없는 노력 속에서 희생자들의 수만 배가시킬 것이다.[44]

***

언제 들이닥칠지 모르는 희생제의적 위기의 위협을 설명하기 위해 지라르는 에우리피데스의 『헤라클레스』와 소포클레스의 『트라키스의 여인들』[45]을 예로 제시한다. 먼저 주목해야 할 것은 두 번째 비극이다. 헤라클레스에게 독화살을 맞은 켄타우로스 네소스는 죽기 전에 헤라클레스의 아내 데이아네이라를 만나 독에 오염된 자신의 피로 얼룩진 튜닉을 선사하며 이를 헤라클레스가 입으면 다시는 외도하지 않을 것이라고 약속한다. 하지만 튜닉을 입은 헤라클레스는 희생번제를 위해 불을 피우다가 불과의 접촉으로 인해 깨어난 독의 희생양이 된다. 헤라클레스는 자신에게 튜닉을 가져다주었던 전령 리카스를 응징한 뒤 쓰러지고, 원하지 않던 남편의 죽음을 초래한 데이아네이라는 결국 스스로 목숨을 끊는다. 지라르는 이러한 역동적인 상황에서 나타나는 파괴적인 전복의 유형이 첫 번째 비극에서 나타나는 것과 동일하다는 점에 주목한다. 에우리피데스의 비극에서 헤라클레스는 자신의 아내와 자식들을 사로잡은 찬탈자 뤼코스를 응징한 뒤 착란에 빠져 자식들을 적으로 오해한 나머지 살해하기에 이른다. 이 경우에도 『트라키스의 여인들』에서처럼 희생의 논리는 '걷잡을 수 없는' 정황을 생산해내고, 그런 식으로 제어가 불가능해진 정황은 결국 희생의 논리를 활성화한 인물 자신을 파멸로 이끈다. 여기서 와해되는 것은 순수한 폭력과 불순한 폭력 사이의 격막이다. 다시 말해 무너지는 것은, 희생의 '정당한' 대상을 상대로 가해지는 순수한 폭력과 무차별하고 불가항력적이며 앞에 끼어드는 모든 것을 가격하는 불순한 폭력 사이의 상징적인 동시에 실질적인 격막이다. 이러한 현상은 사실 희생양과 희생제의가 헌정되는 사회의 구성원들 사이에 실재해야 할 차이점과 연관성의 '위태로운' 균형에서 유래한다. 희생양이 그가 희생을 감수하며 대신해야 할 이들과 너무 다를 경우 공동의 폭력이 그에게 가해지지 않을 위험이 있는 반면, 이들과 너무 비슷할 경우 이들을 그가 맞이할 것과 동일한 파국으로 함께 몰아넣을 위험이 있다. 바로 이것이 소포클레스의 비극에서 일어나는 일이다. 한 명의 희생양과 사람들 사이를 가로막고 있던 벽이 무너지는 순간, 헤라클레스의 폭력은 그가 보호하려고 했던 이들에게까지 뻗어나간다. 바로 이것이 문제의 핵심이다. 정신분석적이거나 사회학적인 유형의 해석을 거부하면서, 혹은 뛰어넘어, 지라르는 폭력이 원래 예정되어 있던 한계를 초과하며 흘러넘치는 현상이라고 주장한다. 이러한 보편적인 사실에 비한다면, 네소스의 튜닉이라는 신화적인 요소는 한마디로 무의미하다. 네소스의 튜닉은 "불행한 헤라클레스의 피부에 문자 그대로 붙어 있는 과거의 폭력과 조금도 다르지 않다."[46]

하지만 이러한 해석을 절대적으로 옳다고 볼 수 있는가? 헤라클레스와 켄타우로스의 적대관계는 사실 코무니타스와 임무니타스의 변증법적 관점에서 의미를 지니는 무언가를 함축하고 있다고 볼 수 있지 않은가? 내가 주목하는 것은 비코Giambattista Vico가 『새로운 학문』에서 제시했던 신화 해석이다. 이 저서에서 지고의 정치영웅 헤라클레스는 과거의 무법세계에서 탈피한 질서와 위계를 상징하는 존재로 간주된다. 히드라를 응징하고 네메아의 숲을 불태우는 정화 행위를 통해 헤라클레스는 대홍수와 괴물들이 만든 형태 없는 혼돈의 지배에 종지부를 찍는다. 세계의 혼돈과 무질서에 맞서 헤라클레스는 무분별한 폭력을 통제할 경계와 장벽을 세운다. 그런 식으로 근원적인 '피의 문란'이—여성의 공유와 씨의 혼돈이—사라지고 정치적 권위를 구축하기 위해 구분의 기준이 마련된다. 젠나로 카릴로Gennaro Carillo는 이처럼 상반되는 의미 영역을 양분하는 빗금이 코무니타스와 임무니타스를 가로지르는 그것과 사실상 일치한다는 점에 주목한 바 있다.[47] 카릴로에 따르면, 비코의 저서에서 코무니타스는 모든—자연적이거나 사회적인—법률에 선행하는 '무법상태'를 가리키기 위해서만 사용되는 반면 임무니타스는 정치 형태의 영역 및 전제를 가리키는 용어로 사용된다. 인간은 '한계 없는 관계'의 전염에 대한 면역력을 취득할 때에만 각자가 지닌 자산의 '분별'에 기초하는 정치적 사회를 실현할 수 있다. 하지만 고유한 것의 정립은 곧 공통성의 종결로 이어진다. 이 순간부터 인류의 역사는 혼돈과 질서, 정체성과 차이점, 공동체와 면역성이라는 상반된 형상들의 해결되지 않은 변증관계를 통해 전개된다. 공화국 시대의 로마나 근대 유럽에서처럼 '민중의 자유'가 우선시될 때마다 위협적인 형태로 되돌아오는 것은 '무법상태'의 공동체가 지녔던 위험 요소들이다. 바로 여기서 요구되는 것이 코무니타스의 파괴적 충동을 억제할 수 있는 종교적, 법적, 사회적 제동의 필요성이다.

비코에 따르면, 헤라클레스는 이러한 저항의 영웅이지만 이 저항이 안고 있는 모순의 영웅이기도 하다. 12가지 과업을 달성하면서, 헤라클레스는 야만적인 세계와 인간적인 세계 사이에 일종의 보호 장벽을 세워 올린다. 그런 식으로 안과 바깥 사이에 울타리를 치고 종들이 뒤섞인 상황에 종지부를 찍으면서 강자들이 지배하는 세계를 만든다. 하지만 바로 그런 이유에서, 이러한 체제 자체를 위기에 빠트릴 수밖에 없는 정치적 투쟁의 시대를 출범시킨다. 켄타우로스와의 분쟁은 바로 이러한 모순이 극단적인 형태로 포착된 상태의 표현이라고 볼 수 있다. 이 신화를 지라르가 주목했던 것과는 다른—그렇다고 대안도 아닌—의미 영역으로 몰아넣는 요소가 바로 비코가 주목했던 대로, 켄타우로스 네소스가 대조의 빗금 맞은편에 위치한다는 사실이다. 헤라클레스가 정치적 임무니타스의 영웅이라면 네소스는 야만적인 상태의 코무니타스를 상징한다. 헤라클레스가 한계와 차이를 상징하는 반면, 켄타우로스는 스스로의 몸 안에 보유하는 본질적으로 상이한 두 실체의 융합, 아니, 혼란을 상징한다. 바로 그런 이유에서, 이들의 만남은 서로에게 치명적일 수밖에 없다. 괴수를 죽음으로 응징하면서 헤라클레스는 접촉을 피하지 못하고 괴수의 나쁜 피에 전염된다. 비코의 표현에 따르면, "헤라클레스는 드디어 켄타우로스 네소스의—즉 리비우스가 전하는 대로, 민중의 두 가지 상이한 본성을 상징하는 바로 그 괴수의—피에 전염되어 광분하기에 이른다. 다시 말해, 헤라클레스는 광분한 사회에서 이 접촉을 민중으로까지 확장함으로써 민중의 피에 전염되어 죽는다."[48] 헤라클레스의 죽음이 지니는 의미는 바로 이러한 대조 속에서—지라르가 주목한 희생제의적 위기의 논제 안과 바깥에서—추적할 필요가 있다. 헤라클레스의 독화살은 공동체적 전염에 종지부를 찍지만, 네소스의 튜닉은 이에 또 다른—마지막—전염으로 대응한다. 네소스의 튜닉은 자신을 응징하는 자에게 면역이 더 이상 불가능한 무누스를 전달한다. 면역이 더 이상 가능하지 않은 이유는 그것이 면역화 자체의 오염된 산물이기 때문이다.

4. 법적 면역화

한 문명사회의 주기 전체가 파국적인 결과로 이어지리라는 지라르의 가정은 이 파국을 특징짓는 면역학적 논리와 관련하여 하나의 근원적인 질문을 남긴다. 지라르가 말년에 제시한 '복음서적인 해결책'을 굳이 언급하지 않더라도, 여전히 열린 상태로 남아 있는 이 질문은 우리가 다루고 있는 내용과 보다 직접적인 연관성을 지닌다. 법이 폭력으로부터 공동체를 보호하기 위해 면역화를 시도하는 과정에서 법 자체가 폭력에 흡수되지 않을 수 있는 가능성은 과연 존재하는가? 그렇다면, 반대로, 공동체를 파고들며 뒤흔드는 파괴적인 힘이 실재하지만 이에 대한 법적 보호 장치를 전혀 갖추지 않은 공동체는 과연 상상할 수 있는가? 이 대답 없는 질문을 피할 수 있는 유일한 방법은 판단에 앞서 질문의 맥락 자체를 거부하는 것이다. 그리고 이는 바로 니클라스 루만이 이 문제의 맥락과 개념적 구도를 파격적으로 변형시킨 뒤에 이를 체계 이론의 기능주의적인 관점에서 관찰했을 때 사용했던 방법이기도 하다. 루만이 의도적으로 무효화한 것은 무엇보다도 법과 공동체의 관계에 대한 질문을 바탕으로 줄곧 지속되어 온 전통적인 해석의 기본 전제, 다시 말해 정말 관건이 되는 것은 서로 의존하는 외부적인 요소들 간의 관계라는 생각이다. 이 전제에 따르면 법은 사회 바깥에 위치하는 셈이다. 바로 그런 이유에서 법은 인과율에 따라 사회에 영향력을 행사하고 또 사회의 영향을 받을 수밖에 없는 입장에 놓인다. 하지만 루만은 바로 여기에 문제가 있다고 지적한다. 루만에 따르면, 원칙적으로는 사회에 영향을 끼칠 수도, 받을 수도 없는 것이 법이다. 왜냐하면 법 자체가 사회적 교류comunicazione의 한 체계일 뿐 아니라, 고유의 특별한 기능을 바탕으로 존속시키고 재생해야 하는 훨씬 더 방대한 체계에서 차별화되며 탄생했기 때문이다.

루만은 법의 이러한 특별한 기능이 무엇인지에 대해, 우리가 지금까지 다룬 담론 전체를 인정하며 완성하는 듯이 보이는 더할 나위 없이 명료한 표현으로 이렇게 설명한다. "여기서 우리가 제시하려는 테제는 법체계가 사회의 면역체계로서 기능한다는 것이다."[49] 하지만 루만은 사실 우리가 앞서 다룬 저자들과 비교할 때 결코 무시할 수 없는 커다란 변화를 가져왔다. 그는 면역이라는 범주를 계속 염두에 두면서도, 아니 그것의 중요성을 더욱더 강조하면서도 이 범주를 사실은 면역의 의미론적 축에 올려놓고 180도 뒤엎는다. 루만이 법의 면역화 기능은 사회적 "교류체계 내부에서 생산되는 혼란을 가능한 한 억제하는 식으로 사회를 보호함으로써 사회를 표상하는 교류체계의 자가생산을 최대한 보장하는 데"[50] 있다고 주장할 때 사실상 드러나는 것은 '면역화immunizzazione’와 ‘교류comunicazione’를 어떻게 상반된 개념으로 볼 수 있냐는 루만의 노골적인 항변이다. 왜냐하면, 면역화가 ‘교류’를 잠재적인 위험으로부터 보호할 뿐 아니라 교류에 중첩되고 결국에는 교류와 사실상 일치하는 단계에 이른다고 보는 것이 루만의 입장이기 때문이다. 이러한 유형의 결론에 도달하기 전에, 루만은 기존의 사회법학적 견해와 모든 측면에서 거리를 두기 위한 전략적인 조치를 취한다. 무엇보다 루만은 교류의 영역을 확장한 뒤 교류가 체계의 지평 전체를 감당하도록 만든다. 루만이 특유의 명료한 문체에서 벗어나 이례적인 방식으로 강조했던 것처럼, “체계 내부에 존재하는 온갖 정치적 경계에도 불구하고, 이제는 단 하나의 세계적인 사회가 존재할 뿐이다. 왜냐하면 범세계적인 교류가 현실화되었고, 우리에게 공통된 세계가 존재한다는 사실과 모두의 경험이 동시적이며 모두가 함께 죽을 가능성도 존재한다는 사실을 이제는 우리가 의식하기 때문이다.”[51] 루만은 그의 담론을 줄곧 이러한 방향으로 이끌어가다가 끝내는 “오로지 교류만이 필연적으로, 그리고 내재적으로 사회적인 반면 행동은 사회적이지 않다고”[52] 혹은 교류가 전제될 때에만 사회적이라고 주장하기에 이른다.

루만이 사회체계를 위한 교류의 중요성을 강조한다고 해서, 이러한 관점을 계기로 그의 사유가 하버마스Jurgen Habermas의 의사소통행위 이론과 동일한 방향으로 나아갔다고 보기는 힘들다. 왜냐하면 루만의 체계 이론적인 관점에서, 교류하는 것은 교류의 주체들이 아니라 오히려 교류 자체이기 때문이다. 이는 곧 사회체계가 오로지 고유의 한계 안에서만 교류한다는 뜻이며, 더 나아가 교류의 내용도 오히려 이러한 '한계'뿐이라는 것을 의미한다. "사회는 스스로를 관찰할 때, 다시 말해 사회 자체를 내용으로 교류할 때 관찰 체계를 또 다른 무언가와 차별화하기 위한 일련의 구분법에 의존할 수밖에 없다. 사회의 교류체계는 고유의 세계 내부에서 스스로를 관찰하며 고유의 '한계'를 서술한다. 교류는 결코 자기초월적으로 변하지 않는다."[53] 이는 앞서 교류가 면역장치와 다를 바 없다는 점에 주목하며 언급했던 것과 정확하게 같은 내용의 이야기다. 면역은 교류와 정반대되는 범주가 아니라 오히려 교류의 '조건'과 '결과'를 함께 결정짓는 요소다.[54] 공동체 혹은 교류체계가 먼저 존재했기 때문에 뒤이어 면역화가 이루어지는 것도 아니지만 공동체가 외부에서 침투하는 무언가로부터, 혹은 내부에서 자라나는 무언가 공통적인 것으로부터 스스로를 보호하기 위해 면역력을 키우는 것도 아니다. 루만이 비판적인 차원에서 지적하는 것도 바로 이러한 부분이다. 루만의 관점에서 '교류'는 **이미 그 자체로** '면역화'다. 바꾸어 말하자면, '면역화'는 '교류' 자체의 형식이다. 교류 외에는 아무 것도 교류하지 **않는** 교류의 형식이 바로 면역화다. 이와 동일한 개념적 전이가 다름 아닌 '개방'과 '폐쇄'의 중첩 과정에서도 일어난다. 루만의 과감한 시도를 시작 단계에서부터 뒷받침하던 계획은 닫힌 체계들의 이론을 열린 체계들의 이론으로 대체하는 것이었다. 루만에 따르면, 체계는 고유한 환경과의 관계 속에서만 명맥을 유지하지만 환경이 제공하는 계기를 토대로 지속적인 복합화를 추구하며 스스로를 점점 더 세분화된 형태로 재생한다. 하지만 체계와 환경의 관계를 특징짓는 것은 다름 아닌 폐쇄적인 성격이다. 이는 체계적인 교류가 환경 자체를 상대로는 원칙적으로 불가능하고 고유의 외부적인 요인들을 점진적으로 내부화하는 형식 속에서만 가능하기 때문이다. 이는 곧 체계가 다름 아닌 고유의 폐쇄상태에 대해서만 개방되어 있다는 것을 의미한다. 다시 말하자면, 폐쇄는 모든 체계적 개방의 전제다. "... '자가생산적인 폐쇄'의 개념은 어떤 개방된 체계가 유지하는 주기적인 폐쇄 구조로 이해되어야 한다... 이러한 관점에 따르면, '폐쇄'는 '개방'의 조건이다."[55]

물론 체계적인 교류가 어떤 원시적인 형태의 무차별한 상황과 대별되는 것은 아니다. 체계적인 교류는 정확하게, 그리고 예외적으로, 체계에 속하지 않는 것에 대한 차별화를 기반으로 소통한다. "따라서 교류체계는 필연적으로 차별화를 통해 분리를 조장한다... 교류체계가 소통하는 내용은 선택될 뿐 아니라 소통의 내용 자체가 이미 선택이며 소통이 이루어지는 것도 바로 그런 이유에서다."[56] 체계는 "모든 예외를 포함"[57]한다는 말도 이러한 차원에서 이해할 필요가 있다. 이는 포함이 예외를 결정짓는다는 뜻도, 혹은 예외가 포괄적이지 않은 포함의 결과 내지 잔여물이라는 뜻도 아니다. 후자의 관점을 취할 경우, 교류와 면역화의 관계는 여전히 반목관계나 변증관계로밖에는 설명되지 않는다. 반대로, 체계가 모든 예외를 포함한다는 말은 포함이 예외와 다를 바 없는 방식이며 예외도 포함과 다르지 않다는 것을 의미한다. 체계 '속에서'는 체계에 '대해' 누구든 제외를 통해 포함되고 포함을 통해 제외된다. 체계적인 차원에서, 사회는 제외하면서 포함하고 분리하면서 통합하고 차별화하면서 관계한다. 사회체계가 항상 고유의 체계 외부에 관여하는 것은 사실이다. 하지만 이 외부란 '주체',

'삶', '공동체'처럼 다름 아닌 '환경'으로 간주되는 것들이다. 다시 말해 '체계가 아닌' 것, '체계와 다른' 것으로 간주되는 것이다. 바로 그런 의미에서 환경은 포함되는 동시에 제외되며, 내부의 형태로 제외되는 동시에 외부의 형태로 포함된다.

여기서 주목하지 않을 수 없는 것은, 결과적으로 면역학적 패러다임 내부에서 일어나는 질적 향상이다. 면역학적 패러다임은 더 이상 어떤 '것'으로 이해되지 않는다. 다시 말해 더 이상 사회를 무언가로부터 또는 사회 자체로부터 보호하기 위해 사회체계에 적용해야 할 어떤 장치나 전략으로 간주되지 않는다. 면역학적 패러다임은 오히려, 고유의 환경을 포함하는 식으로 제외하고 제외하는 식으로 포함하는 방식과 전혀 다를 바 없는 체계의 유일한 존재방식에 가깝다. 여기서 법의 역할도 좀 더 분명해진다. 법은 사회체계의 이러한 존속 방식을 보장하는 '자리' 혹은 '하부 체계'다. 법의 기능은 결코 인간을 자연이 하사한 질서의 세계로 인도하는 것도, 아울러—자연법주의적인 해석이나 실증주의적인 해석에서 기대하는 것처럼—가능한 한 많은 수의 정당한 행위를 정립하는 것도 아니다. 법은 불분명한 기대치들에 대해 확실한 기준을 제시해야 하는 과제 또한 안고 있지만, 바로 이러한 역할이 법을 사회의 면역체계로 기능하도록 만든다. 왜냐하면 법적인 차원에서 확실한 기준을 만드는 일은 '긍정하는' 것이 아니라 '부정하는' 방식으로, 다시 말해 '그렇다'가 아니라 '아니다'를 활용하며 이루어지기 때문이다. "체계는 '아니다'에 **맞서** 스스로를 면역하는 것이 아니라 오히려 '아니다'에 **힘입어** 면역한다... 오랜 구분법에 따르면, 체계는 '부정'을 통해 절멸로부터 스스로를 보호한다."[58]

사실 루만의 입장을 고려하면, 생물체계와 사회체계의 신경생리학적 유사성은 절대적이지 않으며 특정 한계를 넘어서지 못한다. 이는 생물체계가 생화학적 선택 과정을 바탕으로 전개되는 반면 사회체계는 의미의 선택 과정을 바탕으로 전개되기 때문이다.[59] 하지만 의미는 가능한 모든 것에 관여한다. 심지어는 의미 자체의 부정 가능성까지 포괄하는 것이 의미다. 다시 말하자면 의미는 또 다른 의미가, 혹은 무의미가 동시에 가능하지 않은 곳에서는 결코 주어지지 않는다. 법의 기능은 바로 이러한 이분법적 규칙을 토대로 '의식'적인 차원의 특정 기대치들을 '법률'적인 차원의 기대치로 전환하는 데 있다. 다시 말해 법의 입장은 구체적으로 기대했던 바의 실망스러운 결과를 받아들이는 것으로 그치지 않고 이러한 상황에 적극적으로 대처하며 처벌 규정이라는 위협적인 조치를 취함으로써 기대하는 바의 성취를 꾀하는 입장이다. 사실상 실망스러운 부분을 예상할 수 있을 때에만 그것을 연구할 수 있고, 결과적으로 예방조치를 취할 수 있다. 법은 정확하게 이와 같은 방식으로 총체적인 차원에서 사회체계의 면역화를 추진하며 불확실한 기대치를 문제적이지만 확실한 기대치로 대체한다. 다시 말해, 불확실성을 제거하는 대신 오히려 불확실성과 안정적인 관계를 도모하며 이를 제도화한다. 불안한 확실성보다는 예상할 수 있는 불확실성이 더 낫기 때문이다.

바로 이러한 논리를 전제로, 가장 전통적인 법적 면역화 개념과의 결정적이고 보다 근본적인 단절이 이루어진다. 기대했던 바의 실망스러운 결과를 확실하게 피할 수 있는 유일한 방식이 기대하는 바에 부정적인 자세로 접근하는 것뿐이라면, 이는 곧 법적 면역체계의 과제가 더 이상 공동체를 분쟁**으로부터** 보호하는 것이 아니라 오히려 분쟁을 **통해** 보호하는 데 있다는 것을 의미한다. 바로 그런 차원에서, "법은 분쟁을 해결하는 것으로 그치지 않는다. 법은 분쟁이 가능하도록 만들고 심지어 분쟁을 생산해낸다."[60] 이러한 관점에서, 루만은 '질서'와 '분쟁'의 대립에 주목하는 고전적 이분법에서—즉 분쟁은 질서를 방해하는 요인으로, 질서는 분쟁을 제거하는 요인으로 보는 관점에서—벗어나지만, 파슨스Talcott Parsons는 여전히 이러한 이분법을 바탕으로 홉스의 '질서' 패러다임을 이해한다.[61] 파슨스가 사회적 체계의 가장 우선적인 숙제는 사회적 모순의 과잉 현상이 야기하는 불안한 상황에서 균형을 유지하는 데 있다고 보았던 반면 루만은 효율적인 면역장치를 형성하기 위해 필요한 만큼의 모순들을 오히려 생산하는 데 있다고 보았다. "모순들은 체계 내부에서 순환하며 구체적인 정황에서 어디서든 활성화될 수 있는 위험 신호들이다."[62] 이는 곧 사회적 모순들이 체계를 보완하는 요소이며, 체계가 고유의 자가-재생을 목표로 이 모순들을 직접 생산해낸다는 것을 의미한다. 여기서 주목할 것은 체계의 자기반영성 이론, 즉 '체계를' 구축하는 것은 '체계가' 구축하는 것과 동일한 요소들이라는 이론이 특이하게도 현대세포면역학과 다를 바 없어 보인다는 점이다. 모순들의 구체적인 기능, 다시 말해 제어가 가능한 분쟁들의 기능은 외부적인 요인의 자극에 의존하지 않고 체계를 보호할 수 있는 선별 기억을 창출하는 데 있다.

모순은 '무의식적인 반응'을 허용하는 하나의 형식이다... 바로 그런 이유에서 우리는 '면역체계'라는 말을 사용할 수 있고 모순들의 학문을 면역학의 한 분야로 간주할 수 있다. 왜냐하면 면역체계 역시 무의식적으로 작동하며 환경에 대한 인식이나 혼란의 요인들에 대한 분석 없이, 단순히 체계에 '속하지 않는' 것의 식별을 기준으로만 기능하기 때문이다.[63]

생체의학적인 차원에서 말하자면, 사회체계는 항체를 생산하기 위해 외부의 항원을 필요로 하지 않는다. 다시 말해, 사회체계의 경우 항체는 보호해야 할 신체와 고스란히 일치한다. 왜냐하면 동일한 신체가 스스로를 자신과 차별화하고 내부에서 외부로 움직이는 동시에 외부에서 내부로 움직이며 보다 확실한 정체성의 확보를 도모하기 때문이다. 어떻게 보면 예방차원에서 외부와 내부의 구분 자체를 무시하고 외부를 내부의 재생에 필요한 원동력으로, 내부를 외부의 흡수에 필요한 여과기로 만든다고 할 수 있다.

분명한 것은 이러한 메커니즘이 법적 면역화의 기능을 강화하거나 배가하는 결과로 이어진다는 점이다. 법적 면역장치는—그것의 고전적 형식과 달리—고유의 동종요법적인 방식 속에 내재하는 폭력 자체를 상대로 면역된다. 루만에 따르면, 법적 면역장치는 벤야민이 말하는 공동체의 폭력적인 억압도, 지라르가 말하는 희생양의 희생도 수반하지 않는다. 면역장치는 더 이상 피를 뿌리지도 묻히지도 않는다. 왜냐하면 면역장치 바깥에는 면역의 대상이 전혀 존재하지 않고, '체계'는 오로지 고유의 구성 요소들하고만—이들을 면역화하며—소통할 수 있기 때문이다. 결과적으로 법적 면역장치의 관점에서, 외부는 내부와 다르지 않으며 분쟁도 질서와, 코무니타스도 임무니타스와 다르지 않다. 사회체계 안의 모든 것이 소통이라면 모든 것은 면역이기도 하다. 이는 면역장치가 앞서 주어진 무언가를 보호하는 장벽일 뿐 아니라 그 자체로 보호의—자기보호의—대상이라는 것을, 따라서 면역은 주체인 동시에 객체, 형식인 동시에 내용, 부분인 동시에 전체라는 것을 의미한다. 루만에 따르면, "일련의 역사적 성향을 기준으로 관찰하면 근대가 시작될 무렵부터, 특히 18세기를 기점으로 사회 면역의 시도가 증가하는 추세를 엿볼 수 있다."[64] 면역화는 서서히 법적 권리의 영역에서 정치, 경제, 문화의 영역으로 확장되고 결국에는 '체계들의 체계'라는 역할을 수행하면서 근대의 보편적인 패러다임으로 정립되기에 이른다.

그렇다면—이러한 관점을 수용하면—면역체계는 더 이상 법적 권리의 기능으로 간주될 수 없고 오히려 법적 권리가 면역체계의 기능으로 이해되어야 한다. 그리고 바로 그런 이유에서, 면역체계는 더 이상 폭력을 필요로 하지 않는다. 폭력을 잠재우기 위한 폭력은 더 이상 필요 없다. 왜냐하면 보편화된 면역체계에서는, 다시 말해 소통의 모든 영역으로 확장되어 결국 소통 자체와 다를 바 없을 정도로 보편화된 면역체계에서는 더 이상 폭력이 설 자리가 남아 있지 않기 때문이다. 하지만 소통과 면역의 이러한 일치 현상에 더 큰 폭력이 숨어 있다고도 볼 수 있다. 이 폭력은 공동체 내부의 폭력을 제거한다는 명분하에 공동체를 예방차원의 면역체계와 다를 바 없는 것으로 간주함으로써 공동체 자체를 무의미하게 만든다. 한편으로는 법적 면역화가 처음부터 항상 시도했던 것이 바로 이러한 '공통성의 점유'다. 그런 의미에서 루만의 작업은 일찍이 시몬 베유와 벤야민, 지라르가 면역의 부정적 잠재력에서 발견했던 논리를 결정적인 완성의 단계로 이끌 뿐이다. 루만의 관점이 지니는 특징은 이러한 부정성에 긍정적인—혹은 중립적인—기호를 부여했다는 데 있다. 그러나 부정성의—중립적인—긍정은 이중의 부정에 지나지 않는다. 루만의 세계에서 공동체가 질병이 침해할 수 없는 난공불락의 요새인 이유는, 질병의 위협을 느끼는 유형의 공동체가 더 이상 존재하지 않기—혹은 존재한적조차 없기—때문이다. 여기서 공동체는 고유의 면역체계가 지니는 일종의 접속 장치에 지나지 않는다. 공동체는 면역체계가 자가-성찰적인 방식으로 스스로에게 접어드는 경로 혹은 얇은 테두리에 불과하다.

주

1 로베르토 에스포지토,『코무니타스. 공동체의 기원과 운명』, 크리티카, 2022.
2 Simone Weil, *L'énracinement. Prélude à une déclaration des devoirs envers l'être humain*, Gallimard, Paris 1949 [trad. it. *La prima radice*, Comunità, Milano 1980, p. 9].
3 Simone Weil, *La personne et le sacré, in Ecrits de Londres et dernières lettres*, Gallimard, Paris 1957 [trad. it. *La persona e il sacro, in Oltre la politica. Antologia del pensiero impolitico*, B. Mondadori, Milano 1996, p. 78].
4 Simone Weil, *La prima radice*, p. 10.
5 Simone Weil, *La persona e il sacro*, p. 78.
6 이 점에 관해서는, '고유한 것'의 계보를 추적한 이하의 저서가 여전히 유용하다. Pietro Barcellona, *L'individualismo proprietario*, Boringhieri, Torino 198.
7 Friedrich Nietzsche, *Zur Genealogie der Moral*, in Sämtliche Werke, De Gruyter, Berlin 1967 sgg., VI/2 [trad. it. *Genealogia della morale*, in Opere, Adelphi, Milano 1967 sgg., VI/2, p. 269].
8 Simone Weil, *La persona e il sacro*, p. 75. 베유의 이러한 해석적 관점에 대해서는 나의 *Categorie dell'impolitico*(『비정치적 카테고리』), il Mulino, Bologna 1988, pp. 189-244 참조.
9 같은 책, p. 76.
10 Simone Weil, *La prima radice*, p. 238.
11 Martin Heidegger, *Parmenides*, in *Gesamtausgabe*, Klostermann, Frankfurt am Main 1982, LIV, pp. 58-59.
12 Rudolf von Jhering, *Geist des römischen Rechts auf den verschiedenen Stufen seiner Entwicklung*, Scientia, Aalen 1993 (Leipzig 1866), I, p. 109. 아울러 *Das Schuldmoment in römischen Privatrecht*(1867)의 이탈리아어 번역본에 실린 F. Fusillo 의 서문 참조. *Il momento della colpa nel diritto privato romano,* Jovene, Napoli 1990, pp. xxiii.
13 같은 책, pp. 112-13.
14 Walter Benjamin, *Zur Kritik der Gewalt,* in *Gesammelte Schriften*, Suhrkamp, Frankfurt am Main 1972 sgg., II/1 [trad. it. *Per la critica della violenza*, in *Angelus Novus*, Einaudi, Torino 1962, p. 15].
15 Emanuele Castrucci, *La forma e la decisione*, Giuffré, Milano 1985, pp. 67-89.
16 Walter Benjamin, *Per la critica della violenza*, p. 9.
17 Francesco Garritano, *Aporie comunitarie*, Jaca Book, Milano 1999, p. 26.
18 Giorgio Agamben, *Homo sacer*, Einaudi, Torino 1995, pp. 36 이하.
19 Carl Schmitt, *Politische Theologie. Vier Kapitel zur Lehre von der Souveränität*, Duncker & Humblot, München-Leipzig 1922 [trad. it. *Teologia politica. Quattro capitoli sulla dottrina della sovranità*, in Le categorie del 'politico', il Mulino, Bologna 1972, p. 33].

20 Walter Benjamin, *Schicksal und Charakter*, in Gesammelte Schriften, II/3 [trad. it. *Destino e carattere*, in Angelus novus, pp. 32-33].

21 카프카의 이러한 관점에 대해서는 이를 집중적으로 조명한 마시모 카차리Massimo Cacciari의 *Icone della legge*(『법의 아이콘』), Adelphi, Milano 1985, pp. 56-137 참조. 법적 권리의 신학적인 성격 일반에 대해서는 카차리의 *Diritto e Giustizia*(『법과 정의』), in «il Centauro», 1981, n. 2, pp. 58-81 참조. 벤야민, 카프카, 슈미트 간의 관계에 대해서는 Fabrizio Desideri, *La porta della giustizia*, Pendragon, Bologna 1995, pp. 23 이하 참조.

22 Walter Benjamin, *Per la critica della violenza*, p. 14.

23 같은 책, pp. 22-23.

24 같은 책, p. 23.

25 Jacques Derrida, *Force de loi,* Galilée, Paris 1994 참조.

26 Thomas Berns, *Violence de la loi à la Renaissance*, Kimé, Paris 2000 참조.

27 Jacques Derrida, *Otobiographies. L'enseignement de Nietzsche et la politique du nom propre*, Galilée, Paris 1984 참조.

28 Walter Benjamin, *Destino e carattere,* p. 32.

29 Rene Girard, *La violence et le sacré*, Grasset, Paris 1972 [trad. it. *La violenza e il sacro*, Adelphi, Milano 1980, pp. 203, 208].

30 같은 책, p. 51.

31 Simone Weil, *Cahiers*, III, Plon, Paris 1974 [trad. it. *Quaderni*, III, Adelphi, Milano 1988, pp. 195, 266]. 지라르와 베유의 관계에 대해서는 Wanda Tommasi, *Simone Weil*, Liguori, Napoli 1997, pp. 95-117 참조.

32 Rene Girard, *La violenza e il sacro*, p. 56.

33 같은 책, p. 35.

34 같은 책, p. 402.

35 같은 곳.

36 같은 책, p. 22.

37 같은 책, p. 359.

38 같은 책, p. 60.

39 같은 책, p. 55.

40 같은 책, pp. 40-41.

41 이에 관해서는 Luigi Alfieri, *Dal conflitto dei doppi alla trascendenza giudiziaria. Il problema giuridico e politico in René Girard*, in *L'immaginario e il potere*, Giappichelli, Torino 1992 참조. 포괄적인 관점에 대해서는 Roberto Escobar, *Metamorfosi della paura*, il Mulino, Bologna 1997, pp. 169 이하 참조.

42 Rene Girard, *La violenza e il sacro*, p. 42.

43 같은 책, p. 65.

44 Rene Girard, *Des choses cachées depuis la fondation du monde*, Grasset, Paris 1978 [trad.

it. *Delle cose nascoste sin dalla fondazione del mondo*, Adelphi, Milano 1983, p. 253].

45 Rene Girard, *La violenza e il sacro*, pp. 63 이하.

46 같은 책, p. 67.

47 Gennaro Carillo, *Vico. Origine e genealogia dell'ordine*, Editoriale Scientifica, Napoli 2000.

48 Giambattista Vico, *Principî di Scienza Nuova*, Olschki, Firenze 1994, p. 315.

49 Niklas Luhmann, *Soziale Systeme. Grundriß einer allgemeinen Theorie*, Suhrkamp, Frankfurt am Main 1984 [trad. it. *Sistemi sociali. Fondamenti di una teoria generale*, il Mulino, Bologna 1990, p. 578].

50 같은 책, p. 581.

51 Niklas Luhmann, *Ausdifferenzierung des Rechts: Beiträge zur Rechtssoziologie und Rechtstheorie*, Suhrkamp, Frankfurt am Main 1981 [trad. it. *La differenziazione del diritto. Contributi alla sociologia e alla teoria del diritto*, il Mulino, Bologna 1990, p. 58].

52 Niklas Luhmann, *The Autopoiesis of Social Systems, in Sociocybernetic Paradoxes: Observation, Control and Evolution of Selfsteering Systems*, London - Beverly Hills - New Delhi 1986 [trad. it. *L'autopoiesi dei sistemi sociali*, in *Modi di attribuzione*, Liguori, Napoli 1989, p. 247].

53 같은 책, pp. 248-9.

54 법적 권리의 면역학적 의미론에 대해서는, 이를 집중적으로 다룬 Bruno Romano, *Filosofia e diritto dopo Luhmann*, Bulzoni, Roma 1996. 참조.

55 Niklas Luhmann, *L'autopoiesi dei sistemi sociali*, p. 255.

56 Niklas Luhmann, *Sistemi sociali*, pp. 259, 254.

57 Niklas Luhmann, *L'autopoiesi dei sistemi sociali*, p. 248.

58 Niklas Luhmann, *Sistemi sociali*, p. 576.

59 루만이 생명체계적인 자가생산과 사회체계적인 자가생산의 복잡한 관계에 대해서는 *State, Law, Economy as Autopoietic Systems: Regulation and Autonomy in a New Perspective*, Giuffrè, Milano 1991과 Gunther Teubner, *Recht als Autopoietisches System*, Suhrkamp, Frankfurt am Main 1989 참조.

60 Niklas Luhmann, *Conflitto e diritto*, in «Laboratorio Politico», 1982, n. 1, p. 14.

61 이에 대해서는 Eligio Resta, *L'ambiguo diritto*, Angeli, Milano 1984, pp. 34 이하 참조. 파슨스와 루만의 관계에 대해서는 Giacomo Marramao, *L'ordine disincantato*, Editori Riuniti, Roma 1985, pp. 30 이하 참조.

62 Niklas Luhmann, *Sistemi sociali*, p. 575.

63 같은 책, p. 574.

64 같은 책, p. 588.

II. 카테콘

1. '사케르'와 '상투스'

자크 데리다는 구체적으로 '종교'를 다루는 한 논문의 도입부에서부터 '면역'을 동기로 제시한다.[1] 물론 '면역'은 종교적 의미론의 영역으로 환원될 수 있는 다양한 의미들—예를 들어 '신성한', '성스러운', '온전한', '안전한' 것과 '무사한' 것, 다름 아닌 '면역성'—가운데 하나일 뿐이지만, 데리다는 '면역'에 좀 더 특별한 역할을 부여하는 듯이 보인다. 실제로 '면역'은 데리다의 글에서 여러 번 언급될 뿐 아니라 그가 종교와 과학기술의 관계를 다루는 곳에서 중요한 해석의 열쇠로 활용된다. 데리다에 따르면, 종교의 영역과 과학기술의 영역 사이에는—일반적인 추론으로는 판단하기 힘든—수용과 거부, 병합과 배척의 변증적 관계로 표출되는 상호수반의 연계성이 존재한다. 한편으로는 종교, 특히 그리스도교가 새로운 소통기술의 일환인 미디어와 스펙터클의 형식을 수용하면서 보편화되고 있는 것이 사실이지만, 다른 한편으로는 종교가 기술이 조장하는 보다 위협적인 상황으로부터 고유의 원리 원칙을 보호하기 위해 '기술적 이성'에 대해 명백한 거부 의사만 표하지 않을 뿐 상대적으로 신중한 태도를 취한다는 것 또한 사실이다.

> 종교와 전파기술과학적인 이성의 분리를 불가능하게 만드는 동일한 움직임이 가장 취약한 지점에서 필연적으로 스스로를 거스르며 스스로의 해독제를 분비할 뿐 아니라 자가면역의 힘까지 발산한다. 이러한 현상이 벌어지는 곳에서는 모든 유형의 자기보호, 예를 들어 무사한 것, 온전하고 안전한 것, 신성한 것(heilig, holy)의 자기보호가 고유의 자기보호 장치, 고유의 치안체계, 고유의 거부 반응, 한마디로 고유한 것으로부터, 다시 말해 고유의 자가면역성으로부터 스스로를 보호해야 하는 상황이 전개된다. 이처럼 '무사한 것의 자가면역성'이 지니는 끔찍하면서도 숙명적인 논리가 언제나 과학과 종교를 연결시킬 것이다.[2]

이러한 차원에서, 종교적 근본주의의 부활 또한 사실은 종교가 일찍부터 동맹관계를 유지해온 세계화 물결 자체에 대한 반항이자 청산을 요구하는 형식으로 이해할 필요가 있다. 종교적 근본주의는 과학기술적 패러다임의 보편화가 조장하는 뿌리의 말살 과정과 결코 무관하지 않을 뿐 아니라 오히려 과학기술적 패러다임의 부메랑 효과 내지는 정반대의 결과에 가깝다. 되돌아오는 파도처럼, 종교적 근본주의는 보편화된 면역화 과정으로부터 자기만의 공동체를 면역화하기 위해 애쓰면서 "죽음의 씨를 뿌리고 자기 몸의 피로 한을 푸는 절망스러운—자가면역적인—몸짓으로 스스로의 파괴를 조장한다."[3]

물론 종교적 면역이 안고 있는 문제들이 이런 식으로 모두 해결된다고 말하기는 어렵다. 방금 살펴본 엔트로피적인 변증관계 자체는 사실 훨씬 더 오래된 역사의 최종적인 결과이며 이 역사의 시원은 종교 현상이 지니는 의미들의 원천적인 성층 단계에 보존되어 있는 듯이 보인다. 이러한 관점에서 좀 더 자세히 살펴봐야 할 것은 에밀 뱅베니스트Émile Benvenist가 분석한 '신성sacro'이라는 용어의 어원과 개념이다. 데리다 역시 그의 저서에서 뱅베니스트의 분석 내용을 언급하지만 이와 관련된 가능성을 모두 검토하는 것은 아니다.[4] 뱅베니스트에 따르면, 인도유럽어군에서는 '종교'를 가리키는 하나의 공통된 어근이 존재하지 않는다. 물론 이는 종교가 종교와 역사적으로 은밀한 관계를 유지해온 다양한 유형의 사회 활동과 분리되는 현상이 비교적 뒤늦게 일어났기 때문이기도 하지만, 뱅베니스트는 하나 이상의 언어에서 '종교'의 의미가 양분되는 양상을 보이며 의미론적으로는 가깝지만 서로 중첩될 수 없는 방향으로 발전했다는 점에 주목한다. 아니, 그런 식으로 형성된 용어 쌍들의 의미는 한 언어에서 또 다른 언어로 정확하게 직역될 수 없을 뿐 아니라 각각의 언어권 내부에서도 동일한 의미론적 영역에서 정립되지 않는다. 이러한 현상은 각각 '신성함'과 '성스러움'을 뜻하는 그리스어 hierós와 hágios, 라틴어 sacer와 sanctus, 아베스타어 spənta와 yaoždāta에서 찾아볼 수 있다.

그러나 이러한 기본적인 전제에도 불구하고, 뱅베니스트의 분석에는 이 용어 쌍들을 모두 단일하고 근원적인 이분법으로 환원하는 해석학적 관점이 함축되어 있다. 먼저 '신성한 것'은, 신성이 개입하며 관여하는 개인적이거나 집단적인 삶의 '충만함' 또는 '번성'을 비롯해 신령한 기원을 지닌 모든 종류의 번영, 풍요로움, 권력의 증대와 직결된다. '신성'이 지니는 이러한 유형의 의미와 은밀하게 결속되어 있는 것이 바로 생물학적이고 신체적인 차원의 건강, 위생, 기력, 궁극적으로는 모든 질병으로부터의 보호 혹은 치유와 어우러져 있는 '구원'에 관한 생각이다. 바로 여기서 종교 현상의 첫 번째 면역학적 특징이 분명하게 나타난다. 다시 말해, 구제하는 동시에 회복하고 죽음의 위협으로부터 벗어날 수 있는 가능성을 보증하는 동시에 보장하는 것이 바로 종교다. 한편으로는 신주 붓기를 뜻하는 그리스어 spéndo와 이 용어에서 유래하는 단어들을 살펴보아도 보호와 보장의 요소가 보다 중요한 역할을 한다는 것이 드러난다. 호메로스의 작품에서든 헤로도토스의 저술에서든, "신주 붓기는 안전을 보장받으려는 기도" 혹은 "중대한 일에 뛰어든 사람의 보호를 기원하는 기도와 함께 이루어진다."[5] 인간은 신에게 무사함을 기원하며 자신의 삶을 지키고 힘을 달라고 요청한다. "신성한 존재는 본래 온전함, 건강, 행운이라는 선물을 지니고 있으며 이 선물을 인간에게 신체적 건강과 예고된 행운의 형태로 배분한다."[6]

이처럼 번영을 중시하는 '신성함'의 긍정적 의미는 그리스어의 hierós뿐만 아니라 독일어의 heilig, 영어의 holy, 슬라브어의 cĕlŭ, 발트어족의 kails에서도 발견된다. 하지만 이러한 긍정적인 측면의 맞은편에, 표면적으로는 상반되는 형태로 부정적인 유형의 또 다른 의미사슬이 대두된다. '성스러움'을 뜻하는 그리스어의 hágios를 비롯해 라틴어 sanctus와 아베스타어 yaoždāta

가—서로 상응하는 용어들이 아님에도 불구하고—암시하는 것은 인간과의 접촉이 금지되어 있는 무언가를 두고 제기되는 금기사항, 혹은 좀 더 넓은 차원에서, 이러한 격리를 천명하는 법률이다. 『로마법대전Digesta』(1.8.8)에 실린 sanctum의 정의에 따르면, "인간들의 부당한 행위에 맞서 수호되고 보호되는 것"을 성스럽다고 말한다. 다시 말하자면 위협적인 제재나 형벌의 규정을 통해, 인간의 불경한 행위로부터 수호되고 보호되는 모든 것이 성스러운 것으로 간주된다. "법령을 승인하다는 뜻의 라틴어 표현 legem sancire에 내포되어 있는 sanctio는 다름 아닌 법을 위반하는 자에게 가해질 형벌을 규정하는 부분이다. Sanctio는 빈번히 형벌을 뜻하는 poena와 직결된다. 뒤이어 sancire는 poena afficere, 즉 형벌을 가한다는 의미로 쓰이게 된다."[7] 바로 여기서 '신성함'의 생동적이고 긍정적인 측면과 형태만 상이할 뿐 아니라 의미론적으로도 상반되는 부정적인 요소, 즉 저지하고 금지하고 배제하는 부정적인 힘의 윤곽이 드러난다. 이러한 차이점에 주목했던 뱅베니스트의 견해에 따르면, "'신성함' 혹은 '신령함'을 뜻하는 sacer와 hieros는 신에게 봉헌된 인물이나 사물을 가리키는 반면 hagios는 sanctus의 경우처럼 대상이 모든 침해로부터 보호된다는 점을 가리킨다. 이는 부정적인 개념이며, hieros가 구체적으로 의미하는 신성함의 충만함을 긍정적으로는 가리키지 않는다."[8] 실제로 sanctum의 성스러움은 sacro의 신성함과는 다르다. 하지만 그렇다고 세속적인 것도 아니다. 정확히 말하자면, 오히려 신성한 것과 세속적인 것을 분리시키고 이들 사이에 뛰어넘을 수 없는 경계를 구축하는 것이 sanctum이다. 아니, sanctum

은 경계 그 자체라고도 볼 수 있다. 다시 말해 접근할 수 없거나 접근해서는 안 되는 것을 분리시키고 고립시키는 울타리의 선 또는 울타리 그 자체가 sanctum이다. "Santus, 즉 성스러운 것은 일종의 울타리다. 하지만 이 울타리가 에워싸는 영지는 성스러운 것이 아니라 sacer, 즉 신성한 것이라고 불린다. 반면에, 제재 조치를 통해 금기시되는 것은 '성스럽다'. (...) 성스러운 것 sanctum은 신성한 것 sacrum의 외곽에 머문다고도 볼 수 있다. Sacrum을 모든 접촉으로부터 차단하는 것이 sanctum이다."[9] 여기서 강조되는 것은 전적으로 부정적인 힘, 즉 신에게 봉헌된 사물이나 인물에게 접근하는 것을 가로막는 힘이다. 이와 유사한 의미, 유사하게 부정적이며 방어적이고 배제적인 의미를 hágios와 yaoždāta 역시 가지고 있다. 이 두 용어 모두 신성한 무언가를 잠재적 침해 행위나 불법적인 접근 행위로부터 보호하는 일종의 엄격한 계율을 가리키는 데 사용된다.

그렇다면 이제 지금까지 언급한 복잡한 내용의 실타래를 풀어보기로 하자. 관건은 '신성'의 개념이 두 종류의 의미 지평으로 양분되는 현상이다. 한편에는 기본적으로 생물학적인 유형의 의미가 있는 반면 다른 한편에는 근본적으로 법적인 유형의 의미가 있다. 이들은 서로를 배제하거나 적어도 상당히 문제적인 형태로 공존하는 듯 보인다. 하지만 사실은 완전체의 구축에 일조하는 방식으로, 혹은 상호보완적인 방식으로 공존할 가능성도 빼놓을 수 없다. 왜냐하면, 데리다가 언급만 했을 뿐이라고도 볼 수 있고 또 다른 방향으로 풀어나갔다고도 볼 수 있는 '면역화'의 범주가 바로 이런 방식으로, 새로운 각도에서, 전면으로 부각되기 때문이다. 다시 말하자면, 종교에 내재하는 면역화의 성격은 정확하게 신성한(Sacro) 것과 성스러운(Santo) 것의 기능적인 중첩 과정에서 발견된다. 이와 유사한 관점에서, 뱅베니스트도 hierós와 hágios가 동일한 메달의 앞면과 뒷면이라는 점에 주목한 바 있다. "한편에는 신성한 자극과 힘에 의해 활성화되는 측면이 있고, 다른 한편에는 금기시될 뿐 아니라 접촉해서는 안 되는 측면이 있다. 정확하게 이런 방식으로, 동일한 개념의 양면을 보여주는 두 가지 특징이 각 언어의 어휘에 배분되고, 한편으로는 신령한 힘이 가득하다는 의미로, 다른 한편으로는 인간의 접촉이 금지된다는 의미로 간주된다."[10] 종교적 면역화의 효과는 생물-의학적 패러다임과 법적 패러다임의 교차지점에, 좀 더 정확히 말하자면 이 두 패러다임이 서로의 도구로 기능하는 방식 속에 등재되어 있다. 이러한 특징은 라틴어 ius에 상응하는 인도이란어족의 두 용어, 베다 산스크리트어 yoḥ와 아베스타어 yaŏs의 관계에서 분명하게 드러난다. 이 경우에도 전자가 '번영', '행복', '건강'과 직결되는 반면 후자는 계율에 의한 '정화', 예를 들어 봉헌 제물을 숭배의 형식이 요구하는 규정에 적합하도록 만드는 절차를 암시한다. 어떤 측면에서는 법률적이라고 볼 수 있는 이러한 조건이 충족되어야만 희생제의의 유익함이 실효성을 발휘할 수 있다. 여기서 뱅베니스트는 다음과 같은 '면역학적' 결론을 이끌어 낸다. "그렇다면 베다 산스크리트어 yoḥ의 의미를 보다 분명하게 이해할 수 있다. 즉 yoḥ는 향락 차원의 '행복'이 아니라 재난이나 병이 침범할 수 없다는 차원의 온전한 상태, 신체적으로 완전한 상태를 가리킨다."[11] 여기서 관건이 되는 것은 내재적인, 충만

하고 절대적인 성격의 건강이 아니라 뚫을 수 없는 장벽을 설치하며 병/악을 저지하는 면역화다. 이는 곧 부정성, 예를 들어 제재, 금지, 법령의 부정성이 단순히 생동하는 것, 번창하는 것, 긍정적인 것의 정반대라기보다는 오히려 긍정적인 것의 존재 조건과 다르지 않다는 것을 의미한다. 이 부정성은 일종의 저항선, 다시 말해 삶이 삶을 보호하는 것에 종속되는 한 존속을 허용하는 저항선에 가깝다. 삶은 한계, 질서, 법에 의존할 때에만, 즉 삶 자체를 초월하는 힘에 종속될 때에만 스스로를 보전할 수 있다.

뭐랄까, 극단적인 절멸의 위기에서 벗어나기 위해, 삶은 외부에서 위협하는 허무의 파편을 삶의 내부에 수용해야 한다. 삶을 부정하는 것의 일부를 예방차원에서 받아들이는 것이다. 뱅베니스트도 이러한 결론에 접근하는 듯 보인다. 왜냐하면 그가 '종교적 감성'을 가리키는 라틴어 religio의 두 어원에 관한 오랜 논쟁의 내용을 분석하면서 religio의 의미를 '재차 고르다', '조합하다'는 뜻의 relegere에서 발견한 키케로의 해석과 religio를 '연결하다', '조합하다'는 뜻의 religare와 연결시킨 락탄티우스와 테르툴리아누스의 해석 가운데 전자를 지지하며 다음과 같은 결론을 내리기 때문이다. "Religio는 행위에 '제동'을 거는 망설임, 일종의 염려이지 어떤 행위로 인도하거나 예배의 실천을 종용하는 감정이 아니다."[12] 물론 그렇다고 해서 '구원'의 긍정적인 의미가 감소되는 것은 아니다. '구원'은 단지 일종의 제동장치, 차단장치, 폐쇄장치가 있을 때에만 구현되는 구도 속에 놓여 있을 뿐이다. '구원'은 폐쇄 장치의 내부화를 통해 유지되는 개방 상태, 혹은 초월성에 의해 봉합되는 내재성에 가깝다. 데리다가 주목했던 것처럼[13], 근본적인 차원에서는 다름 아닌 're', 즉 '반복', '재현', '되풀이'가 religio의 두 어원 relegere와 religare를 구분하기는커녕 차라리 은밀하게 결속시키는 요소다. 그런 의미에서 종교는 '새로운 것'의 실천 불가능성이라고도 볼 수 있다. 종교는 인간이 스스로의 시발점이 될 수 없다는 사실, 아울러 인간은 모든 출발을 재출발로 만드는 예정된 구도 속으로 끊임없이 등재된다는 사실의 표현이자 무언가의 재개, 다시 말해 그것을 선행하며 예정하는 것 안에서 '언제나', '이미' 전개되고 있는 것의 재개에 가깝다. 종교는 끊임없이 뒤를 바라보는 시선 혹은 고유의 메아리와 함께 중복되는 목소리라고도 볼 수 있다. 물론 그렇다고 해서 생명의 잠재력이 감소되는 것은 아니다. 생명은 단지 적대적인 것의 압박에 굴복할 때에만 유지될 수 있다는 구도 속에 놓여 있을 뿐이다. 이러한 관점을, 뱅베니스트가 시도했던 것처럼 희생제의에 내재하는 사망의 의미론에 적용하면, 종교는 삶을 구원하거나 치유하기 위해 삶을 그것과 정반대되는 것에 결속시키는 무언가를 수용한다고, 다시 말해 죽음에서 생명을 유도해내거나 죽음을 삶 속에 품는다고 추론할 수 있다. 뱅베니스트는 이렇게 묻는다. "희생번제를 가리키는 sacrificare라는 용어는 문자 그대로 '신성하게 하다'는 뜻인데 왜 실제로는 '죽이다'를 뜻하게 되었는가? 왜 희생번제는 필연적으로 사망 선고를 수반하는가?"[14] 이 질문에 대한 답변은 이미 마련되어 있다고 볼 수 있다. 희생제의에 관한 모든 연구 결과를 비롯해 고대의 법적 개념 '호모 사케르'가 보여주듯이, 답변은 '신성화'가 다름 아닌 생명의 보존과 죽음의 생산이 무분별해지는 지점을 통과해야만 가능해진다는 사실과 직결된다. “짐승을 ‘신성화’하려면 그것을 살아 있는 자들의 세계에서 격리시킬 필요가 있다. 짐승은 이세상과 저세상의 경계를 넘어서야 한다. 그것이 바로 희생양 살해의 목적이다.”[15]

2. 제동

이처럼 삶과 죽음을 하나로, 도약과 제동, 해방과 구속을 하나로 묶는 매듭의 모순은 모든 종교와 직결될 뿐 아니라 종교 자체의 필연적인 전제이기도 하다. 이는 종교에 대한 모든 사회학적, 철학적 탐구의 고전적 해석을 통해 분명히 인지되어 왔던 부분이다. 막스 베버는 예언과 성직, 축복과 계율, 신비주의와 교리주의 사이를 오가는 진자에서 다름 아닌 종교적 현상의 작동 원리를 발견했고[16], 우리의 관심사와 좀 더 가까운 방향으로 나아간 베르그송은 이러한 역학의 본질적으로 법률적인 성격을 본래의 생물학적 근원으로 환원하는 데 주목했다. 베르그송의 고찰을 통해 결과적으로 드러나는 것은 '발전'과 '무력화'의 평형 운동, 좀 더 정확히 말하자면 무력화를 통해 발전의 균형을 꾀하는 움직임이다. 이러한 과정은 명백하게 면역학적 논리로 환원된다.

죽음에 대한 확신은, 살아가는 것 외에 아무 것도 생각하지 않는 것이 본성인 생명체들의 세계 안에서 성찰을 거쳐 형성되는 만큼 자연의 흐름에 역행하는 생각이다. 결국 자연은 본연의 경로에 끼어든 장애물에 걸려 넘어질 수밖에 없는 운명에 처한다. 하지만 자연은 곧장 다시 일어서서, 피할 길이 없는 죽음의 관념에 사후에도 지속되는 삶의 이미지를 대립시킨다. 그런 식으로, 죽음의 관념이 정립되는 지성의 영역에 자연이 도입하는 바로 이 이미지가 사태를 수습한다. 이처럼 이미지에 의한 관념의 무력화가 보여주는 것은, 넘어지는 순간 몸을 가눌 줄 아는 자연의 균형성이다.[17]

베르그송에 따르면, 인간의 지성이 삶의 흐름을 관찰하며 죽음은 피할 수 없다는 결론에 도달할 때 발생하는 정신적 고갈 현상을 막는 것이 바로 종교의 역할이다. 생명의 숙명적 유한성에 대한 인식에서 비롯되는 상처를 치유하고 불멸을 약속하며 삶이 스스로를 초월하도록 종용할 뿐 아니라 생명의 자연적인 경계를 뛰어넘어 생존을 위한 구원의 공간을 열어젖히는 것이 바로 종교다. 하지만 결정적인 요인은—면역학적인 차원에서—이러한 열림이 종교가 부수려고 시도하는 것과 동일한 고리 안에 내재되어 있다는 사실이다. 종교는 삶을 보호하기 위해 제거해야 하는 것과 동일한 독을 활용한다. 이것이 바로 지성의 독이다. "어떤 본능적인 활동에 뒤이어 지성이 두각을 드러내며 혼란을 야기한다고 상정할 때, 실제로 질서를 회복하는 것은, 혼란을 야기한 지성의 영역 내부에서 본능이 불러일으키는 표상들이다. 이러한 표상들이 바로—실재한다면—기초적인 종교적 관념들이다."[18] 사활이 걸린 지성과의 투쟁은 지성의 울타리 안에서 벌어진다. 지성과의 투쟁은 지성이 스스로와 벌이는 투쟁이다. 지성이 내부에서 생산되는 잠재적 파괴력을 무력화하기 위해 활용하는 일종의 해독제가 바로 종교다. 따라서 종교는 능동적인 행위가 아니라 수동적인 반응, 삶을 붙들고 놓아주지 않는 두려움에 대한 삶의 반응이다. 따라서 종교 자체도 붙드는 형식을 취한다. 종교는 우리를 "붙들고, 따돌리고, 되돌아오도록 만드는 감정"[19]이다. 종교는 생명의 약진에 참여하지만 부정적인 방식으로, 즉 붙들기를 붙들고, 제동을 제동하고, 중단을 중단하는 식으로 참여한다.

종교적 경험을 기능주의적 관점에서 분석한 루만도—얼핏 베르그송의 생철학과 정반대되는 관점에서 접근하는 것처럼 보이지만—사실은 베르그송의 주장과 크게 다르지 않은 결론에 도달한다. 루만은 "외부[환경]를 기준으로든 내부[체계]를 기준으로든 경계를 설정할 수 없기 때문에 '확정지을 수 없는' 세계를 오히려 '확정지을 수 있는' 세계로"[20] 변형시키는 것이 종교의 특수성이라는 점에 주목하면서 사실상 베르그송이 제시했던 것과 동일한 차원의 무력화 기능을 인정한다. 아울러 루만은 이러한 기능이 그대로 반영된 상태에서, 베르그송이 '정적인 종교'와 '동적인 종교' 사이에서 발견한 것과 동일한 변증적 관계가 재현되었다고 보았다. 루만에 따르면, 원시사회에서 종교의 과제는 인간의 심리적 안정을 도모하며 불안감을 완화하는 식으로 불확실성을 흡수하는 데 있었지만, 세분화되고 계층화된 사회체계에서 종교의 과제는 오히려 새로운 형태의 우발적인 상황을 통제가 가능한 한도 내에서 활성화하는 데 있다. 사실상 신이 세상을 창조했다는 것보다 더 우발적인 상황이 또 어디 있겠는가? 간단히 말하자면, 이 경우에도 종교는 삶을 보호하기 위해 멀리해야 하는 것을 오히려 생산함으로써 본래의 기능을 발휘한다. 달리 말하자면, 종교는 스스로가 만들어내는 것으로부터 삶을 보호한다. 월터 버케트에 따르면, "종교적 제의는 고통을 생산해야만 이를 제어할 수 있다."[21] 루만은 모든 종교가 스스로의 보존과 전승을 위해 필연적으로 발전시키는 교리의 형성 과정 역시 동일한 논리를 따른다고 보았다. 여기서 관건이 되는 것은, 종교가 외부의 우발적인 상황에 대해 취하는 선택적 정립 기능을 고유의 종교 공동체에게 천명하는 방식이 사실은 종교가 고유의 정체를 스스로 확립하는 방식과 다르지 않다는 점이다. 종교는 '고유의' 불확정성에 대한 면역력을 갖추지 않고서는 '외부적인' 불확정성의 위협에 맞서 면역화를 추진하지 못한다. 다시 말해, 종교 자체의 원천적인 도약에 제동을 거는 듯 보이지만 상대적으로 존속을 허락하는 형식 속에 확고히 정립되어 있어야만, 종교는 면역화를 추진할 수 있다.

바로 그런 이유에서 종교적 경험의 이러한 두 측면을 대립시키려는 모든 시도는 해석의 관점에서든 역사적 변천 과정의 관점에서든, 방법론적인 구도의 차원에서 설득력이 떨어질 뿐 아니라 해석적인 차원에서도 빈번히 미심쩍은 결과를 낳는다. 종교는 고유의 이중적인 기원을 뛰어넘어 존재하지 않는다. 역동적인 동시에 정적이고, 보편적인 동시에 특별하고, 공통적인 동시에 면역적인 기원의 이중적인 영역 바깥에서는 존재하지 않으며, 적어도 그런 식으로 존재한다고 생각하는 것은 불가능하다. 종교는 언제나 이 두 측면의 공존상태와 일치한다. 아니, 이 두 측면은 공존할 뿐 아니라 오히려 서로에게 속하고 의존하는 방식을 취한다. 바로 그런 이유에서, 레비나스의 종교적 이원론은 어느 정도 과장된 것으로 드러난다. 레비나스는 신성함(Sacré)을 중심으로 하는 그리스-로마적인 자연 종교와 성스러움(Saint)을 중심으로 하는 정신적인 차원의 유대교적 종교[22]를 완전히 분리시켰지만, 이러한 양자택일적 이분법이 작위적인 이유는 전자가 후자의 정반대라기보다는 또 다른 측면이며 보완적인 성격을 지녔기 때문이다. 동일한 차원에서, '복음'의 개방적이고 유동적인 형성 과정과 교리의 제도화 사이에 결정적인 계기를 마련한 시점이 존재했다고 보는—그리스도교 내부의—관점 역시 심각한 문제로 드러난다. 이 시점이 점점 더 과거로, 예를 들어 스콜라 학파에서 정치적 아우구스티누스주의, 아우구스티누스, 사도 바울, 끝내는 그리스도의 설교로까지 거슬러 올라간다는 점은 사실상 어떤 시기도 존재하지 않았고, 여명기라고 부를 수 있을 만한 단계조차 존재하지 않았다는 것을 보여준다. 다시 말해 그리스도교의 교훈이, 교리의 정립을 목적으로 표현되던 교훈과 무관하게 그리스도교의 순수한 내면적 진리와 일치했던 시기는 존재하지 않았다.[23] 프란츠 오버베크Franz Overbeck가 무슨 생각을 가지고 있었든지 간에, 역사적 그리스도교와 다른 그리스도교는 존재하지 않는다. 왜냐하면, 그리스도교의 역사 자체가—사건으로서, 기간으로서, 사건**의** 기간으로서—그리스도교적 언어 전체에 고유한 원천적인 의미의 지평이기 때문이다.

'세속화secolarizzazione'는, '세기secolo'와의 관계라는 문자 그대로의 의미에서, 그리스도교에 전적으로 내재적인 과정이다. 그렇지 않다면, 과감하게 영지주의적인 유형의 관점을 수용해야 할 텐데, 이러한 관점은 구원의 대상 자체를 배제하기 때문에 결국에는 그리스도교를 부정하는 결과로 이어질 수밖에 없다. 예수 그리스도도 세상이 끝나도록 내버려두겠다거나 세상을 구원하지 '않겠다고' 생각한 적이 없다. 그런 생각을 가지고 있었다면, 베드로를 자신의 후계자로 임명하지 않았을 뿐더러 그 반석[베드로]을 토대로 '그의' 교회가 설립되는 것을 허락하지도, 요구하지도 않았을 것이다. 그를 추종하는 사람들이 그의 이름으로 모이도록 하지도 않고, 심지어는 이름조차 원하지 않았을 것이다. 하지만 정황은 그렇게 흘러가지 않았다. 그의 이전이나 이후에 온 모든 '구원자'와 근본적으로 다른 존재였음에도 불구하고, 아울러 영원과 시간 사이를 깊이 파고드는 쐐기였음에도 불구하고 그리스도는 세계-초월적인 것을 향해 세계를 닫는 대신 열어젖히기를 원했다. 그가 세상에 온 것은 우리를 갈라놓을 뿐 아니라 불러모으기 위해서였고 갈증을 줄 뿐 아니라 해결하기 위해서였다. 상처를 줄 뿐 아니라 치유하기 위해서였고, 인간의 주체를 고유의 타자성에 노출시키면서 중심에서 벗어나도록 만들었음에도 불구하고 그의 의도는 인간을 지키고 보호하는 것이었다. 구원의 약속에서 벗어난 그리스도교는 존재하지 않는다. 그리스도교를 언젠가는 소멸되고 말 어떤 학파가 아니라 종교로 이해하려면, 구원의 약속은 간과할 수 없는 요소다. 만약에 학파였다면, 정말 그런 식으로 돌이킬 수 없는 길을 걸었다면 그리스도교는 이미 흔적도 없이 사라졌을 것이다. 아마도 마르키온의 교리나 마니교적인 경향의 몇몇 이단 종파와 크게 다르지 않은 방식으로 소멸되었을 것이다. 마르틴 부버에 따르면, "교회가 마르키온을 따르지 않은 것은, 창조와 구원이 서로 무관해질 경우 세상의 질서에 대한 교회의 영향력이 기반을 잃고 쇠약해지리라는 것을 알고 있었기 때문이다."[24]

이러한 관점에서 바울은 정확하게—물론 그에게 고유한 특징들까지 함께 고려해서—그리스도가 열어젖힌 모순 안에 머문다. 바울은 그리스도가 육화하며 묶어놓은 매듭을 선택하지도, 잘라내지도 않는다. 그는 베드로도, 요한도 아니다. 바울은 이율배반의 화신이다. '상극의 조합complexio oppositorum'*이라는 해결이 불가능한 형태로, '하나-안의-둘'과 '이것도-저것도-아닌-셋'의 비극적인 무게를 어깨에 짊어진 존재가 바로 바울이다. 그는 자신보다 먼저 온 무언가 유일무이하고 결정적인 것을 중재자적인 입장에서 왜곡하지도 않고 배반하지도 않는다. 왜냐하면 그리스도교 공동체의 자기보존 요구는 그리스도교가 단순히 역사를 지녀야 한다거나 심지어 정치적이어야 한다는 요구에만 부응하는 것이 아니라 그 자체로 그리스도적이어야 한다는 요구에 부응하기 때문이다. 달리 말하자면, 그리스도교 공동체는 모든 공동체를—사랑을 통해서도, 전쟁을 통해서도—정복하겠다는 야망을 지녔지만, 많은 공동체들 가운데 **하나**일 뿐이다. 바로 그런 이유에서, 율법에 반대하는 바울의 입장은 여전히 율법의 이름으로 표명된다. 달리 말하자면, 다름 아닌 율법 자체가 스스로에게서 고유의 타자로, 사랑으로 분리되며 결과적으로 분리된 것과

* 카를 슈미트는 로마 가톨릭 교회의 특징을 '상극의 조합complexio oppositorum'이라는 표현으로 설명한 바 있다. 슈미트에 따르면, 로마 가톨릭 교회의 본질적인 특징 가운데 하나는 지상과 천상, 자연적인 것과 초자연적인 것, 구약과 신약, 육체와 영혼 같은 상반되는 요소들의 탁월한 균형과 공존, 다름 아닌 '상극의 조합'이다.

결속력을 유지한다. 또 그런 이유에서 바울은 유대교 회당의 제한적인 경계를 무너트렸음에도 불구하고 하나의 교회ekklesía를 구축한다. 바울의 교회는 모든 '특수성'을 통합하고 체화할 때에만 '보편성'을 획득할 수 있다. 그리스인이 유대인과 다를 바 없고 유대인이 이방인과 다를 바 없는 것도 바로 이 때문이다.[25] 바울은 아테네, 예루살렘, 로마를 차별하는 대신 연결시킨다. 물론 칼 바르트의 주장대로, 바울이 모든 유형의 '실정적인' 정치신학, 즉 이 세상에 존재하는 모든 유형의 체계 또는 권력과 결별한다는 것은 사실이다.[26] 하지만 타우베스의 주장대로, 이러한 결별 자체가 다른 어떤 신학 못지않게 효율적인 일종의 '부정적인' 정치신학으로 전복된다는 것 또한 사실이다. 다시 말하자면 기존의 법체계들, 즉 유대적인 유형의 민족적이고 자연적인 법은 물론 로마적인 유형의 법률적이고 제국적인 법까지도 전복시키는 것이 바울의 정치신학이다.[27] 바울이 정초하는 것은 지상이 아닌 천상에 뿌리를 두었을 뿐 시간이 흐르면서 지속되도록 만들어진 체제, 종말을 늦추도록, 단 하나의 몸 안에서 구성원들의 연합을 꾀하도록 만들어진 체제다. "우리가 한 몸에 많은 지체를 지녔으나 모든 지체가 같은 기능을 지니지 않듯이, 우리도 수가 많을 뿐 그리스도 안에서 한 몸입니다."(로마서, 12. 4~5)

그리스도교의 몸을 개인의 몸에 비유하는 바울의 관점은 우리의 핵심 논제와 직결된다. 그리스도가 우리를 위해 '살'이 되었듯이 우리도 교회를 통해 그의 '몸'에 참여한다. 여기서 주목해야 할 것은 움직임의 방향이 다양성에서 통일성으로, 산란하고 불분명한 상태에서 뚜렷한 정체성을 지닌 상태로 나아간다는 것이다.

그런 식으로 우리는 서로 다른 다수의 존재였던 단계에서 단 하나의 몸으로 변화한다. 이 몸은 당연히 그리스도의 몸이지만, 결국에는 '하나의 몸'이다. 다시 말해 '하나'인 동시에 '몸'이다. 이른바 유기적 신체란 언제나 하나이며, 이는 생물학, 제의, 정치 등의 영역에서 이 개념에 의존하는 모든 형태의 문구들이 분명하게 보여주는 특징이다. 이처럼 몸의 개념 자체에 전제되어 있는 통일성이 다름 아닌 육화의 원천적 의미론에서 불확정적이고 열린 상태로 남아 있던 것을 다시 빈틈없이 틀어막는다. 타우베스에 따르면, "바울은 신의 민족을 신정정치의 차원이 아니라 그가 '그리스도 안에서의 몸'으로 이해하는 신체적 사회의 구축이라는 차원에서 생각했다. (...) 신에 대한 앎의 매체가 바로 그리스도의 몸과 다를 바 없는 공동체, '체화'로서의 동맹이다."[28] 결정적인 요인은 바로 이것이다. 바울은 '함께'를 뜻하는 '쿰cum'을 보편적인 차원에서 일종의 '선사', '탈고유화', 모든 특별한 정체의 '붕괴'로 간주하지만 이를 유기주의적인 관점에서 '신체'와 '체화'의 비유를 바탕으로 해석하기 때문에 자신의 관점을 어쩔 수 없이 면역학적 논리로 환원시킨다. 달리 말하자면, 바울은 '쿰'을 그것의 보존 논리에 종속시키면서 면역의 규칙들, 즉 '악'의 원천적인 요소를 수용하고 체화하는 방식으로 '악'으로부터의 보호를 꾀하는 생물학적이고 법적인 차원의 규칙들을 적용한다. 바울은 율법과 죄의 관조적 변증법뿐만 아니라, 인류가 상속받은 죄는 한 무고한 존재의 희생을 통해 법적인 차원에서 상쇄될 수 있고 또 그래야만 한다는 일종의 항상성homeostasis 메커니즘을 함께 적용한다. 여기서도 우리는 삶이 죽음을 토대로 지속되고 죽음이 삶 속에서 지속되는 것을 보게

된다. 바울은 이 점에 대해, 율법과 죄의 관계를 다루는 로마서의 한 유명한 구절(7.7~25)에서 아주 분명하게 말한다. 바울에 따르면, 죄를 바로잡는 방식과 함께 죄마저 생산하는 것이 바로 율법이다. 죄와 대척하면서 어쩔 수 없이 죄를 활성화하기 때문이다. 율법은 죄가 삶 속으로 끌어들이는 죽음을 스스로의 내부에 투입함으로써 죽음에는 삶을, 삶에는 죽음을 부여한다. 바울은 이렇게 말한다. "율법에 비추어 보지 않았다면, 나는 죄가 무엇인지 알지 못했을 것입니다. 율법이 탐내지 말라고 하지 않았다면, 나는 탐심이 무엇인지 몰랐을 것입니다. 그러나 죄는 이 계명에서 기회를 얻어 내 안의 온갖 탐욕을 불러일으킵니다. 율법이 없으면 죄는 죽은 것입니다. 전에는 내가 율법이 없어서 살아 있었지만, 계명이 주어지니 죄가 살아나고 나는 죽었습니다. 나를 생명으로 인도해야 할 율법이 오히려 내게 죽음의 계기가 된 것입니다."(로마서 7.7~10)

이러한 면역학적 논리를 바울의 다른 어떤 문구보다도 잘 표현하는 용어는 데살로니가후서의 한 수수께끼 같은 문장에 나오는 '카테콘katéchon'이다. "아시다시피 적그리스도는 어떤 힘에 붙들려(katéchon) 있지만 때가 되면 나타날 것입니다. 불법의 세력(anomia)은 이미 은연중에 활동하고 있습니다. 하지만 그를 붙들고(katéchon) 있는 자는 언젠가 물러나게 될 것입니다."(데살로니가후서 2.6~7) 이 카테콘이 정확하게 무엇을 뜻하는지는 분명하지 않다. 아우구스티누스도 바울이 무슨 말을 하는지가 분명하지 않다는 점을 인정한 바 있다.(『신국론』, 20.19) 몇몇 해석자들은 카테콘을 일종의 정치-역사적 힘으로, 예를 들어 예루살렘 성전을 장악하려는 칼리굴라의 시도에 맞서 대항하는 유대민족으로, 또는 세계의 파국을 가로막는 데 앞장서는 로마제국으로 간주하는 반면 또 다른 해석자들은 카테콘을 정신적이거나 신성한 힘으로 간주하며 이 힘이 악의 도래를 막는다고 믿는다. 하지만 이 상이한 입장들이 의견을 달리하지 않고 공유하는 요소는 카테콘의 제동 기능, 즉 악을 틀어막는 역할이다. 카테콘은 'qui tenet', 즉 '멈추게 하는' 힘이다. 카를 슈미트가 『대지의 노모스』[29]에서 한 문단의 제목으로 제시한 '저지하는 힘으로서의 그리스도교 제국'이라는 표현은 '그리스도교 공화국'의 시대에 카테콘이 맡았던 다름 아닌 방어벽의 역할을 암시한다. 이와 동일한 차원에서, 본회퍼도 "심연으로 추락할 위기에 몰린 이들을 멈춰 세울 정도로 큰 물리적 힘을 지닌 질서의 위력"[30]이라는 표현을 사용한 바 있다. 카테콘은 아노모스ánomos, 즉 무질서와 반란의 발단을 억제할 뿐 아니라 법의 구속력을 파괴하는 단절의 발생을 가로막는다. 하지만 카테콘이 종교의 면역학적 패러다임에 완벽히 부응한다는 차원에서 무엇보다 중요한 것은 이러한 현상이 전개되는 방식, 즉 악이 저지되는 방식이다. 카테콘은 악을 멈춰 세우기 위해 그것을 스스로의 내부에 수용하며 보유하고 점유한다. 악에 맞서지만 그 과정은 내부에서 전개된다. 카테콘은 악을 받아들이고 환대하며 악의 실재에서 고유의 필요성을 발견한다. 악을 억제하고 차별화하지만 악을 완전히 타파하지는 않는다. 이는 악의 소멸이 카테콘 자체를 파멸로 이끌 수도 있기 때문이다.[31] 아울러 법제도의 구축 원리로도 기능하는 카테콘은 심지어 법이 부재하는 상황에 대처하며 부재 상황을 고유의 내부에 수용하기까지 한다. 그런 식으로 어떻게든 법에 형식과 규칙과 법칙을 부여한다. 카테콘은 이처럼 이율배반적인 방식으로 무법지대(anomia)에 법(nomos)을 부여하며 상황이 파국으로 치닫는 것을 가로막는다. 하지만 그렇게 함으로써 '악'의 폭발을 억제하는 동시에 '선'의 최종 승리마저 뒤로 미루는 결과를 가져온다. 이러한 여파에 대한 인식은 슈미트의 저서에서뿐만 아니라 초기 그리스도교 사회의 그리스도교 옹호론 전반에 걸쳐 분명하게 드러난다. 악의 승리를 가로막지만, 악을 제어하는 동일한 카테콘이 그리스도의 재림parousía마저 방해하는 셈이다. 카테콘의 기능은 긍정적이지만 방식은 부정적이다. 정확히 말하자면, 카테콘은 부정적인 것이 지닌 긍정성이다. 그리스도교의 신체를 파멸의 위협으로 보호하는 일종의 항체가 카테콘이다. 악의 세력을 오히려 수용함으로써 파멸을 방지하고 이 세력이 최후의 혈투를 벌이지 못하도록 멈춰세우는 카테콘은 악의 세력을 보존하며 이 세력에서 필요한 양분을 취한다. 인간의 신체가 스스로의 생존을 위해 필요한 백신을 취하듯이.

***

카테콘의 의미에 관한 학자들의 논쟁에서 가장 인상적인 것은 논의되는 내용의 불확실성이다. 이는 해석자들 간의 대립을 조장할 뿐 아니라 개별적인 해석을 특징짓는 요소이기도 하다. 전형적인 예는 슈미트의 연구 과정에서 드러나는 해석의 망설임이다. 1940년대 초반에 이 용어를 명백하게 부정적인 의미로 사용했던 슈미트는 동일한 용어에 뒤이어 점점 더 긍정적인 의미를 부여했고, 카테콘의 긍정성은 그런 식으로 1950년대의 저서 『대지의 노모스』에서 완전한 형태로 정립되기에 이른다.[32] 그렇다면 이러한 망설임의 원인은 무엇인가? 카테콘의 제동력에 대한 판단을 불확실하게 만드는 요인은 과연 무엇인가? 아우구스티누스를 비롯한 다수의 저자들이 카테콘을 정의하면서 취해온 조심스럽고 신중한 태도는 어떻게 설명해야 하는가? 이러한 태도는 분명히 이 용어가 외견상 실제와 반대되는 조건을 제시하기 때문에, 다시 말해 무언가의 '보존'을 전제로 '대적'하거나 '체화'를 전제로 '상대'한다는 의미를 지녔기 때문에 발생했다고 볼 수 있다. 하지만 학자들의 신중함은 카테콘의 영향력을 받는 대상의 본질적인 특징과도 연관된다. 바울이 이 대상을 가리키기 위해 사용한 용어는 '아노미아anomia'다. 이 단어는 '법의 부재' 혹은 '무법지대'를 뜻하지만, 우리는 일반적으로 통용되는 번역어를 선호하며 여전히 '악의 세력'이나 '불법의 세력' 같은 단순한 표현을 사용한다. 하지만 정말 바울 같은 지성인이 '법'을 가리키는 '노모스nomos'의 의미에 대해 복잡하기 이를 데 없는 비판적 분석을 시도한 뒤 '법의 부재'를 가리키는 '아노미아anomia' 또는 '아노모스anomos'같은 용어들을 이처럼 통속적인 차원에서 부정적인 의미로만 사용했을까? 조르조 아감벤Giorgio Agamben은 바울의 서신을 근본적으로 메시아주의적인 차원에서 해석하며 카테콘과 관련된 문제 전체를 새롭게 조명하는 상당히 흥미로운 관점을 제시한 바 있다.[33] 바울의 서신에서 '법nomos'이 등장하는 모든 문장을 비교한 뒤, 아감벤은 바울이 '법'에 '믿음pístis' 또는 '약속epaggelía'을 대립시키는 것으로 그치기보다는 이 용어들을 기준으로 '법'의 의미를 이원화했다는 결론에 도달한다. 다시 말해 바울이 '계율' 차원의 법과 '약속' 차원의 법을 구분해서 생각했다고 본 것이다. 행위와 직결되는 '계율' 차원의 법은 로마서 3장 27절에 적혀 있는 '행위의 법nómos ton érgon'과 일치하며 부정적으로 평가되어 거부되는 반면, 본질적인 차원에서 행위와 거리가 먼 '약속' 차원의 법은 바울이 혁명적인 그리스도교의 힘이 담겨 있다고 보는 '믿음의 법'과 일치한다.

그렇다면 행위의 원리에서 벗어난 법은 어떻게 정의할 수 있으며 무엇으로 이루어져 있는가? 아감벤이 중점적으로 분석하는 용어들 가운데 하나는 동사 '카타르게인(katargeín)'이다. 이 용어를 구성하는 argós는 부정 접두사 a와 érgos의 합성어이며 '실행되지 않는', '무위의', '비활동적'이란 뜻을 지닌다. '카타르게인'은 간략히 말해 '비활성화하다', '무효화하다'라는 뜻이며 궁극적으로는 에네르게이아(enérgeia), 즉 잠재적 행위의 영역에서 벗어나 있음을 가리킨다. 이 동사는 바울의 서신에서처럼, 법에 적용될 경우 법의 제거가 아니라 법의 내부적인 전복을 의미한다. 결과적으로 법의 완성은 더 이상 행위의 형식이 아닌 잠재력의 차원에서 이루어지며 그 방향도 '힘'이 아니라 '약함', 즉 절제asthéneia를 향한다. 행위의 법에서는 규범의 실천을 기준으로 결과를 가늠할 수 있는 반면, 믿음의 법에서는 법의 무위 속에서 결과가 나타난다. 바로 여기에 다름 아닌 메시아적 언어의 '약한' 힘이 있다. 법의 실천 불가능성이야말로 법의 완성을 가늠하는 척도이자 단서다.

카테콘으로 돌아가보자. 이 용어를 정의하기 위해 지금까지 시도한 해석의 여정에서 확인할 수 있는 것은 무엇인가? 우선, 카테콘이 대적함으로써 보유하고 보유함으로써 대적하는 것은 통속적인 의미의 '부당성'도, 단순한 '법의 부재' 상황도 아니다. 정확히 말하자면 관건은 특이하게도 메시아주의적인 방식으로 전개되는 '법의 비활성화' 현상이다. 이러한 본질적으로 이율배반적인 성격 때문에, 카테콘은 대적하는 것을 수용하고 수용하는 것에 대적한다. 어떻게 보면 카테콘은 아노미아, 즉 '법의 부재' 상황을 가로막으며 미루는 것으로 그치지 않고 두 종류의 잠재적인 표현, 즉 법의 의미를 행위로 풀어내는 표현과 법을 행동의 의무에서 면제하는 표현이 뒤엉킨 상태를 유지한다고 말할 수 있다. 이러한 양자택일적 이분법을 코무니타스와 임무니타스, 공통성과 면역성의 관점으로 풀어보면 카테콘의 의미론과 면역학적 논리의 결은 동질이라는 점이 분명하게 드러난다. 카테콘은 사탄의 무법상태를 메시아적인 무법상태에 중첩시킴으로써, 다시 말해 이들이 서로의 완벽한 분신으로 기능하도록 만들면서 공동체를 어떤 법의 힘에 예속시킨다. 바로 이 법이 공동체의 재생과 복종을 주도한다. 이 법이 행위의 법이라는 관점은 '무위의 공동체'가 어떤 의미를 지닐 수 있는지에 대해, 불확실한 방식으로나마 조명할 수 있는 지평을 열어준다. 행위의 법이 아니라 이 법의 비활성화라는 메시아주의적인 원리가 지배하는 공동체란 과연 무엇이며 어떤 체제를 지닐 수 있는가? 그러나 이 질문에 대한 답변은 또 다른 기초적인 질문을 전제로 요구한다. 메시아주의라는 범주를 토대로 우리 시대에 대한 정치적인 차원의 의문을 제기하는 것은 과연 가능한가? 달리 말하자면, 메시아주의가 다름 아닌 고유의 비활성화 방식을 바탕으로 활용하는 것은 비정치적인 침묵의 언어인가?

3. 정치신학

하지만 이것이 카테콘의 객관적인 기능이라면, 이를 주관하는 것은 누구인가? 여전히 우리의 것인 이 시대에 이를 체현하는 자는 누구인가? 누가 이 시대의 카테콘인가? 한편에는 질서를 보장하는 정치제도, 즉 모든 형태의 국가를 카테콘으로 보는 입장이 있고 다른 한편에는 언제나 위협적인 적대세력으로부터 신의 세계와 인간 세계의 노모스nómos를 수호하는 데 주력해온 교회가 카테콘이라고 보는 입장이 있다. 하지만 위의 질문에 대한 가장 설득력 있는 답변은 아마도 카테콘의 범주적 진원지가 정확하게 정치와 종교가 교차되는 지점, 다시 말해 이른바 '정치신학'이라는 이름으로 정의되는 지평이라는 점에 있을 것이다.[34] 매번 상이한 차원에서 사용되는 이 용어의 변화무쌍한 의미들을 상세히 언급하지 않더라도, 일반적인 차원에서 '정치신학'이라는 용어는 신학적인 영역과 법률-정치적인 영역의 상관관계를 가리킨다고 볼 수 있다. 이 상관관계를 한편에서는 구조적인 유사성의 관계로, 여하튼 전적으로 해석학적인 차원의 관계로 이해하는 반면 다른 한편에서는 좀 더 도구적인 관점에서 정권의 종교적 정당화라는 기능 차원의 관계로 이해한다.

그러나 이러한 기본적인 구분에도 불구하고 사실은 '정치신학' 개념을 활용하는 이 두 방식 사이의 경계가, 해석적 오해의 가능성이나 객관적으로 중첩되는 요소들을 완전히 배제할 수 있을 정도로 분명한 것은 아니라는 점에 주목할 필요가 있다. 이는 예를 들어, 1920년대를 기점으로 카를 슈미트가 옹호론적인 입장에서 제시해온 정치신학의 상당히 중립적인 정의가 문제시되었을 때 이러한 정황을 계기로 에릭 페터존Erik Peterson이 "어떤 정치적 상황을 정당화하기 위해 그리스도교의 메시지를 남용하는 모든 정치신학"[35]을 신랄하게 비판했던 사실만 살펴보아도 충분히 이해할 수 있는 부분이다. 페터존은 이러한 남용의 기원이 카이사레아의 에우세비우스 주교가 '신도 하나 왕도 하나unus deus, unus rex'라는 상칭의 원칙을 기반으로 제정한 그리스도교적 일신론과 로마제국의 기능적 병행관계에 있다고 전제한 뒤, 정치신학의 구조적 정립이 불가능해진 원인은 먼저 나지안조스의 그레고리우스가, 뒤이어 아우구스티누스가 결정적인 형태로 정립한 삼위일체 신학에 있다고 주장했다. 하지만 카를 슈미트는 뒤이어 페터존의 비판에 문제점을 제기하며 삼위일체 교리 역시 그 자체로는 몇몇 정치형태, 예를 들어 삼두정치Triumviratus나 혼합형 정부와 비슷한 형태로 간주될 가능성에서 제외될 수 없으며 이는 정치신학을 부정하는 입장 자체가 궁극적으로는 정치적인 특징을 지녔기 때문이라고 답변했다.[36] 슈미트가 이런 답변을 제시할 수 있었다는 사실은 종교적 어휘와 정치적 어휘의 관계라는 문제가 여전히 해결되었다고 보기 어렵다는 것을 의미한다. 달리 말하자면, 이 관계 자체가 결코 어떤 입장을 정당화하려는 의도로 환원될 수 없을 뿐 아니라 서구문명사회의 법률-정치적인 동시에 신학적인 구축 방식 속에 헤아릴 수 없을 정도로 복잡하게 뒤엉켜 있다는 것을 의미한다.

역사적 그리스도교, 보다 구체적으로 로마가톨릭이 지닌 근본적으로 법률적인 성격은 긴 해설이 필요 없을 만큼 널리 알려져 있고, 카를 슈미트의 설명대로 가톨릭의 외형적인 체제뿐만 아니라 교리 자체가 법률의 영향이—예를 들어 고소-자백-보상의 형식에서처럼—뚜렷하게 남아 있는 의미론을 바탕으로 정립된다. 신학은 일련의 사건을 통제하는 데 필요한 과정에 삶을 예속시킴으로써 삶의 정상화와 표준화를 추구한다. 이 사건들 가운데 하나가 그리스도의 말씀이라는 사건이다. 다시 말해, 이 사건 역시 처음부터 기준과 규칙을 지닌 하나의 교리적 해석을 거쳐야만 했다. 슈미트에 따르면, "... 가톨릭적인 논술에는 어떤 특별한 사고방식이 배어 있다. 이는 인간의 사회적 삶을 규율에 따라 인도하는 데 관심을 기울이며 고유의 논증 과정에서 법률적인 논리를 구체적으로 활용할 줄 아는 사고방식이다."[37] 그러나 여기서—관건이 카테콘의 면역화 원리가 고스란히 신학-정치적 언어로 번역된 경우인 만큼—주목해야 할 것은 사실상 앞서 살펴본 것과 정반대되는 현상, 다시 말해 '종교의 법률-정치적 결과'라기보다는 오히려 '정치적 주권의 종교적 기반'이다. 이 종교적 기반은 그리스도의 육화와 병행선상에서 진행되는 신성한 핵심 요소의 복잡한 체화 과정을 거쳐 형성된다. 다시 말해 원래는 바울의 표현이었고 뒤이어 교부학과 스콜라철학 전체가 물려받은 '신비로운 몸corpus mysticum'의 교리에 따라 그리스도 안에서 자신의 정체성을 발견하는 신도들의 연합을 주재하는 존재가 바로 그리스도인 것처럼, 군주 역시 자신의 물리적인 차원이나 제도적인 차원의 페르소나를 정치공동체적 몸의 통일 원리로 내세우며 체제의 와해와 폭연을 방지한다.

물론 이러한 종교적 기반이 형성되는 과정은 어휘의 관점에서든 역사와 제도의 관점에서든 굉장히 장구하고 복잡하다. 여전히 필독서로 간주해야 할 앙리 드 뤼박Henry de Lubac의 논문에 따르면, '신비로운 몸corpus mysticum'이라는 표현이 원래 가리키던 것은 단순히 '봉헌된 성체'였을 뿐이며 당시에 사용되던 표현은 '그리스도의 몸corpus Christi'[38]이다. 뒤늦게 신성로마제국 시대에 이르러서야—특히 성찬의 의미를 두고 라드베르 드 코르비Radbert de Corbie와 라트람느 드 코르비Ratramne de Corbie가 논쟁*을 벌이던 정황을 배경으로—일종의 의미론적 교환 현상이 발생하면서 성체가 '그리스도의 몸'으로, 그리스도교 전체가 '신비로운 몸'으로 정의되기에 이른다. 이러한 변화는 상이하면서도 독특한 방식으로 얽혀 있는 두 가지 유형의 요구를 기반으로 일어났다. 한편으로는 투르의 베랑제Bérenger de Tours**와 몇몇 이단교파의 영성

* 라드베르는 성찬에 쓰이는 빵과 포도주가 곧 그리스도의 몸과 피라는 점을 사실이자 기적으로 해석한 반면 라트람느는 여기에 오로지 상징적인 의미가 있을 뿐이라고 보았다.

** 베랑제는 성찬의 신비를 상징적이고 영적인 차원에서 이해해야 하며 따라서 빵과 포도주가 실질적으로 그리스도의 몸과 피로 변하는 것은 아니라고 보았다.

주의 이론에 맞서 그리스도의 인성과 신성 모두의 사실적인 성격을 유지해야 할 필요가 있었던 반면, 다른 한편으로는 교회가 고유의 관리-제도적인 성격을 강화하며 추진하던 교회의 세계화 과정을 교회의 역할에 대한 신비주의적인 해석으로 보완하며 균형을 유지하는 것이 필요했다. 이러한 논리-의미론적 변형이 아마도 그리스도의 몸과 교회의 몸이 일치한다는 전제하에 가능해졌으리라는 점은 사실 여부를 떠나 나름의 의미를 지닌다. 이 전제에 따르면 그리스도는 교회의 수장이며, 이는 교황 보니파키우스 8세가 교황칙서 『하나의 거룩한 교회Unam Sanctam Ecclesiam』(1302년)에서 공식적으로 선언했던 내용이다. 결과적으로 그리스도의 살은 부활 후에, 오로지 교회를 통해서만 그리스도교의 모든 구성원을 품 안에 끌어안을 수 있는 집단적 몸의 의미를 지니게 된다. 여기서 주목해야 할 것은 정치 체제 역시 바로 이러한 형태의 체화를 모형으로 구축된다는 점이다. 그 과정이 결코 평화롭지 못했을 뿐 아니라 먼저 신성로마제국과 교회 사이에서, 뒤이어 민족 국가들과 교회 사이에서 벌어진 격렬한 분쟁의 직접적인 원인이었다는 사실은 정치적 신체와 종교적 신체를 함께 지탱하는 기반의 구조적인 동질성을 '무효화'하기보다는 오히려 '증명'한다. 이 두 신체가 경쟁을 일삼는 것도 바로 그런 이유에서다. 이는 하나의 몸에 두 개의 머리가 있을 수 없기 때문이다. 부인할 수 없는 것은 교회와 마찬가지로 국가 역시 신성한 요소를 필요로 한다는 사실이다. 국가는 이 신성한 요소를 중심으로 스스로의 정당성을 구축하며 그런 식으로 고유의 역사적 기원을 초월하는 동시에 수명을 연장한다.

여기서 다시 한 번 종교적 면역화의 두 가지 방향, 즉 생물학적 방향과 법제도적 방향이 서로 교차하며 하나의 이중적인 보존 전략을 구축한다. 즉, 한편에서는 공동체가 생물학적 신체라는 유기적인 형태를 취하도록 유도하고, 다른 한편에서는 체제의 영속성을 보장할 수 있는 어떤 초월적 원리에 공동체를 법적인 방식으로 예속시킨다. 전자와 관련되는 '정치공동체적 몸'이라는 비유가 그것의 그리스도교적인 형태보다 훨씬 더 오래되었다는 사실은 널리 알려져 있다. 하지만 이 비유가 본질적으로 면역학적인 의미를 확보하게 되는 것은 그리스도교 내부에서 일어나는 일이다. 오로지 '동일한 살' 안에서 그리스도의 이중적 본성, 즉 인성과 신성을 모두 표상할 때에만 주권자는 국가의 몸을 파멸로부터 구해낼 수 있다. 바로 여기서 왕의 몸을 분리되지 않는 두 종류의 몸으로 구분해서 바라보는 관점이 등장한다. 에른스트 칸토로비치 Ernst Kantorowicz의 예리하고 탁월한 해석에 따르면, 한편에는 오류와 질병과 죽음에서 벗어날 수 없는 왕의 자연적 신체가 있고 다른 한편에는 자연적 신체가 사라진 후에도 계속해서 왕조를 유지하며 숙명적으로 존속하는 불멸의 신성한 신체가 있다.[39] 물론 왕의 이러한 위상이 16세기 엘리자베스 시대의 법학자들에 의해 이론화된 형태로 정립되기까지—예를 들어 칸토로비치가 해석의 기반을 마련하기 위해 분석한 에드먼드 플라우든Edmund Plowden의 보고서 형태로 정립되기까지—단지 고대의 유기논리학적 비유와 그리스도교 전례의 만남만이 주요 요인으로 작용했던 것은 아니다. 이 만남에서 물론 '크리스토미메테스christomimetés'라는 왕의 이미지, 즉 그리스도에게 자연적으로 주어졌던 '이중의 본성'을 왕이 신의 은혜로 받아들이면서 그리스도의 역할을 하게 된다고 보는 관점이 유래했을 수도 있고, 또 개인적인 몸과 집단적인 몸의 구분을 바탕으로 왕과 백성을 각각 어떤 유기체의 머리와 지체로 간주하는 관점이 유래했을 수도 있지만, 왕의 이중적 신체라는 구체적인 비유를 제시하기에 앞서 이 변천사는 또 다른 결정적인 과정을 거쳐야만 했다. 필수적이었던 것은, 인격적인 동시에 초인격적인 전체, 즉 '우니베르시타스universitas'의 개념 속에 함축되어 있는 '제도의 영속성'이라는 법적 원리와 '신체'를 설명하는 생물학적 어휘가 중첩되는 과정이다. 오로지 제국 또는 왕국의 불멸성에 대한 요구가 있었기 때문에, 우선적으로는 "왕이 백성들과 함께, 백성들 역시 왕과 함께 단 하나의 몸을"[40] 형성하며 왕과 백성들 간의 상호일체화가 이루어질 수 있었고 뒤이어, 이를테면 수평적인 형태로 이미 구축된 것을 수직적인 형태로 재단하는 과정을 통해, 동일한 일체화가 다름 아닌 왕의 신체 내부로 전이되는 현상이 일어날 수 있었다. 칸토로비치의 설명에 따르면, "구성원들이 서로의 위아래를 차지하며 수직적으로 배치되고, 그런 식으로 모든 개별적인 측면이 다수가 아닌 한 명에 의해 대변되도록 하나의 법-공동체적 신체가 구축된다. 영속적으로 계승되는 이 신비로운 인격체가 사실상 죽을 수밖에 없는 일시적 존재라는 점은 그가 대변하는 불멸의 법-공동체적 신체에 비해 상대적으로 덜 중요하다."[41] 결과적으로 일어나는 것은 백성들을 상대로 이미 실행된 일체화가 내면화를 통해 배가되는 현상이다. 왕은 왕국의 수장으로서 스스로의 죽음을 뛰어넘어 존속해야 하기 때문에 스스로와 하나의 몸으로 일체화된다. 프란시스 베이컨이 인용한 바 있는 플라우든의 표현대로, "이 두 신체는 한 인격체 안에서 일체화되며 여럿이 아닌 하나의 몸을 형성한다. '일체화된 신체가 자연적 신체 안에, 자연적 신체가 일체화된 신체 안에 corpus corporatum in corpore naturali, et corpus naturale in corpore corporato' 존재하는 것이다."[42]

우리가 주목해야 할 것은 이처럼 굉장히 강력한 신학-정치적 면역화의 절차다. 왕의 두 몸 사이에서 정립되는 것은 상호기능적인 관계다. 다시 말해, 개인의 몸은 신비로운 몸에 살의 실질적인 성격을 부여하고 신비로운 몸은 개인의 몸에 안정성과 지속성을 부여한다. 그런 식으로, 부활과 동일한 방식으로 기능하는 일종의 유전적 사슬을 통해 죽음을 불멸로 만들고 왕의 면역화를 위해 왕을 왕 자신과 분리시키면서 그의 자연적 죽음을 그의 제도적 생존에 필요한 도구로 활용한다. 왕의 제도적 생존이 요구되는 것은, 일찍이 발도Baldo degli Ubaldi가 천명했던 것처럼, "공화국은 죽을 수 없기 non enim potest respublica mori" 때문이다. 칸토로비치도 '결코 죽지 않는 왕 rex qui nunquam moritur'의 개념은 세 가지 요인, 즉 '왕조의 영속성', '왕좌의 신체적인 성격', '왕의 불멸하는 존엄성'이 조합되는 지점에서 정립되었다고 보았다. 하지만 우리의 관심사를 고려할 때 좀 더 의미 있게 다가오는 것은 베르나르도 다 파르마Bernardo da Parma가 '존엄성은 불멸한다dignitas non moritur'는 원칙과 '불사조'의 상징성 사이에서 발견한 비유적인 차원의 유사성이다. 불사조는 실제로 '세대aevum'와 '영속성perpetuitas'만 상징하는 것이 아니라 무엇보다 스스로의 재에서 끊임없이 부활하는 존재를 상징한다. 바로 이러한 관점에서, 불사조는 사멸해야 할 '개인'과 불멸해야 할 '종種'을 스스로의 몸으로 통합하는 존재, 락탄티우스와 테르툴리아누스의 표현에 따르면 "자신과 똑같으면서도 다른eadem sed non eadem... ipsa nec ipsa" 존재다. 암브로시우스의 표현에 따르면 불사조는 "스스로의 후손"이기도 하다. 다시 말해 불사조는 스스로의 죽음**에서** 스스로의 죽음을 **계기로** 태어난다. 그런 의미에서 불사조는 죽기 위해 살고 살기 위해 죽는다. '죽음은 삶의 눈을 연다.Mortus aperit oculos viventis.' 프랑스의 법학자 앙드레 티라퀴André Tiraqueau는 이 격언을 사용해서 고대 상속법의 '죽은 자는 산자를 취한다Le mort saisit le vif'*는 유명한 문구의 의미를 설명한 바 있다. 더 나아가, 생-드니의 수도원에서 왕이 땅에 묻히는 동안 울려 퍼졌던 '왕이 죽었다. 왕 만세!'[43]라는 외침은 주권이 죽음을 통해서만 스스로에게서 살아남는다는 의미가 아니라면 또 무엇을 뜻하겠는가?

이러한 관점에서, 우리는 신학-정치적 메커니즘의 구체적인 기능을 보다 근원적인 차원에서 살펴볼 수 있다. 마르셀 고셰Marcel Gauchet의 표현대로, 이 메커니즘은 "인간들 사이에서 발생하는 분리의 육화"[44]와, 좀 더 정확히 말해 "기존의 법체계를 수용하게 만들고 유지하는 데 유리하도록 우회되는 부정성의 에너지"[45]와 일치한다. 여기서 중요한 것은 기존의 질서가 지니는 부정성과 지속성의 연결 고리, 다시 말해 정치적인 것의 종교적 착종이 지닌 치명적인 동시에 구제적인 잠재력이다. 정치신학은 본질

* 죽은 자는 산자를 취한다.' 여기서 '산자'는 상속자를 가리키며, 이 문구에는 죽은 자가 살아 있는 친족 가운데 가장 가까운 인물을 모든 권리의 상속자로 지정한다는 뜻이 함축되어 있다.

적으로 '내재성'이나 '초월성' 어느 한 편에 머물지 않으며 '통합'이나 '분리' 어느 한 편으로 기울어지지도 않고 '생명'이나 '사망' 어느 한 편에 서지도 않는다. 정치신학은 '생과 사'를 좌우하는 주권처럼, 정확히 '생과 사'가 조합되는 지점에 위치한다. 달리 말하자면, 정치신학은 초월성을 기반으로 구축된 내재성—몸—안에, 아울러 분리를 기반으로 구축된 통일성 안에 머문다. 그리스도와 주권자 사이, 주권자와 왕국 사이, 주권자와 그의 자아 사이에, 따라서 '육체와 정신'이라는 원천적인 중복의 무한한 증식 속에 머무는 것이 정치신학이다. 주권자는 전부인 동시에 일부, 몸인 동시에 몸의 머리, '자신의 몸'인 동시에 '지체의 형태로 참여하는 몸들의 총합'이다. 이러한 특징을 우리는 『리바이어던』의 초판본 표지에 인쇄되었던 이미지, 즉 하나의 거대한 몸이 마치 갑옷의 비늘처럼 끼워 맞춘 무수한 몸들의 사슬로 형성되어 있는 모습에서 찾아볼 수 있다. 이처럼, 죽을 운명에 놓인 수많은 몸의 총합이 하나의 몸을 불멸의 존재로 만들고, 자율적인 동시에 복종적인 주체 모두의 희생이 하나의 체제를 영속적으로 만든다. 다름 아닌 이런 방식으로 카테콘의 오랜 기능을 수행하고 완성하는 것이 정치신학이다. 다시 말해 정치신학은 제외의 원칙을 포용하고 예외적인 것을 보편화한다. 바로 이것이 주권과 법률 사이의 관계가 아니었나? 바로 이것이 법률을 창출하는 주권, 즉 법률의 불법적이고 불합리한 원천으로서의 주권과 이 주권의 불법성을 뒤늦게 정당화하며 예외의 법칙을 제시하는 법률 사이의 관계가 아닌가? 근대정치의 어떤 요소도—절대주의뿐만 아니라 민주주의도—이 정치신학적인 모형의 지평을 벗어나 이해한다는 것은 불가능하다.

왜냐하면 이 모형이 그것의 수많은 전복적 형태에도 불구하고 여전히 우리 사회의 뿌리 깊은 기반으로 남아 있기 때문이다.[46] 흔히 말하는 '신성의 회귀'[47] 현상보다는 오히려 정치신학의 범주적 지속성이, 다시 말해 우리의 개념적 어휘 영역을 구축하는 이 범주가 바로 우리를 종교의 시간 안에 머물도록 만드는 요인이다. 이 시간 안에서 그리스도교는 양가적인 역할을 해왔고 여전히 유지하고 있다. 왜냐하면 그리스도교는 "종교에서 벗어나는 종교"[48]이며 세속화의 종교이기 때문이다. 여하튼, 종교가 **더 이상 아니면서 여전히** 종교인 것, 종교로 남기 위해 변증적인 방식으로 스스로에게서 벗어나는 종교가 바로 그리스도교다. 모든 종교와 마찬가지로 공동체의 면역을 시도하지만, 그리스도교는 무엇보다 스스로를 면역화하며 이를 위해 그리스도교와 오랫동안 정반대였던 것을 수용한다.

***

정치의 현상학적 계보학을 다룬 한 연구서에서, 마크 리시르Marc Richir는 육화incarnazione[살]의 의미론과 체화incorporazione[몸]의 의미론을 엄밀히 구분해야 한다고 주장한 바 있다. 리시르는 이 두 의미론이 야기한 혼돈 속에서 다름 아닌 철학과 정치학 전통 전체에 영향을 끼친 일련의 명백한 오해와 모순들을 추적했다.[49] 칸토로비치의 저서도 사실은 이러한 영향에서 완전히 벗어나 있다고 보기 힘들다. 왜냐하면 왕의 두 신체, 즉 왕권의 상징적 영속성이라는 개념과 육화라는 그리스도교의 문제 사이에 필연적인 연관성이 있다고 전제할 뿐 이 두 차원을 갈라놓는 범주적 차이에는 주목하지 못하기 때문이다. 물론 두 어휘 영역 모두, 즉 살의 의미론과 몸의 의미론 모두 그리스도교가 열어젖힌 지평에 뿌리를 두고 있지만, 둘 사이에는 그리스도교가 고유의 공동체에 대해 제시하는 해석의 차원에서 결코 소홀히 할 수 없는 차이점이 존재한다. 육화의 비유가 전제하는 것은 육화 자체가 위계적 질서의 구속으로부터 여전히 자유로운 상황, 다시 말해 육화가 기존의 권력체계를 상대로 오히려 무정부적이거나 체제전복적인 요소들을 보여주는 상황인 반면, 체화의 비유를 특징짓는 것은 체화의 점진적인 제도화가 엄격한 규율을 따르는 구체적인 교회의 형태로 변모하는 상황이다. 앞서 언급한 것처럼, 이 두 상황의 절대적인 분리를 상정한다는 것은 연대기적 차원에서든 신학적인 차원에서든 불가능하다. 하지만 그럼에도 불구하고 어떤 이질적인 요소가 잔재한다는 점은 간과하기 힘들다. 그리스도가 이 세상의 모든 살, 모두와 각자의 살을 육화하기 위해 자신의 신성을 **변화**시키는 순간에 주목하는 입장과 모두의 살이 상징적으로 그리스도의 몸에서 **정체성**을 발견하게 되는 역방향의 과정에 주목하는 입장은 다를 수밖에 없다. 전자의 경우 관건은 '다수' 안에서 일어나는 '하나'의 팽출estroflessione 현상이지만 후자의 경우에는 '하나' 안에서 일어나는 '다수'의 재개riassunzione 현상이다. 리시르는 이 역행이 시작되는 결정적인 지점을 부활의 순간과 일치시킨다. 다시 말해, 이 역행은 텅 빈 무덤에서 그리스도의 살이 교회의 '육화되지 않은' 몸에 상징적인 방식으로 옮겨지는 순간 시작된다. 바로 이 순간에, 뒤이어 일어날 구도적 변화의 길이 열리고 앞서 살펴본 것처럼, 교회의 신비로운 몸이 그것을 대변하는 동시에 대체하는 왕좌의 정치적인 몸으로 변화하는 과정이 시작된다. 리시르에 따르면, "역사적 교회가 그리스도의 '살로-이루어진-몸'을 탈-육화disincarnazione하며 상징적으로 제도화되듯... 똑같은 방식으로 정치적 공동체의 살 역시, 몸이나 시신이 없는 만큼, **탈-육화**를 통해 스스로를 체화하거나 공동체의 제도화된 유기적 신체 안에서, 그리고 이 공동체의 수장인 왕 안에서 **일체화**된다."[50] 다름 아닌 이러한 경로를 통해 원천적인 그리스도교 공동체의 살, 즉 떠돌아다니던 다수의 살이 단수의 교회적이고 국가적인 몸에, 그것의 정치신학적인 경계에 스스로를 가두기에 이른다.

지금까지 우리가 어떤 해석의 한계 안에 머물러 있었다면, 이 해석에 대한 문헌학적 근거를 확보할 수 있는 가능성은 남아있는가? 드 뤼박이 그의 『신비로운 몸corpus mysticum』에서 이와 관련하여 제시한 풍부한 자료를 살펴보면, 이 질문에 대한 조심스럽지만 긍정적인 답변을 내놓을 수 있다. 물론 sóma, corpus처럼 몸을 가리키는 용어와 sárx, caro처럼 살을 가리키는 용어들이 무분별하게 조합되는 경우는 당연히 있기 마련이다. 이 용어들은 종종 변증적인 방식으로 조합되며 상호기능적인 역할을 하도록 배치된다. 예를 들어, 아우구스티누스는 "머리인 그리스도 밑에서 그의 지체가 되어 그의 살(caro)을 먹으며 그의 몸(corpus) 안에 거하도록"(『요한복음 강해』 27.1)이라는 표현을 사용했다. 우리가 그리스도의 몸 안에서 다시 태어날 수 있도록 그가 우리의 살이 된 셈이다. 하지만 이처럼 '살'과 '몸'을 조합하는 경향이 반대로 구분하는 경향을 줄어들게 만든 것은 아니다. 이를 구분하는 경우 역시 너무 자주 등장해서 무의미하다고 보기는 힘들다. '몸(corpus)'은 일반적으로 총체적인 차원의 '교회'를 가리키거나 '성체성사'를—하지만 이 경우에도 항상 교회를 지시하는 기능적인 차원에서—가리키던 반면 '살(caro)'은 성찬 자체를 가리킬 뿐 아주 드문 경우를 제외하면 교회를 가리키지 않았다. 교회의 입장에서는 '살'이 교리적인 관점에서 충분한 가치가 없어 보였기 때문이다. 물론 시간이 흐르면서 '살'에 영적인 성격을 부여하는 현상이 일어난 것은 사실이다. 결과적으로 성체를 가리키는 새로운 표현들, 예를 들어 '보이지 않는 살(caro invisibilis)', '지적 살(caro intellegibilis)' '영적 살(caro spiritualis)' 같은 표현들이 등장했다. 하지만 그렇다고 해서 '살'이 지닌 원래의 의미가, 다시 말해 고대의 율법에 따라 희생제의의 제물이 되어야 할 동물의 물질적인 성격과 필연적으로 결속되어 있는 '살'의 의미가 완전히 자취를 감춘 것은 아니다. 바로 여기에 '살'이라는 용어의 활용을 특징짓는 본질적으로 이율배반적인 요소가 숨어 있다. 교부들은 이러한 모순을 분명히 인지하고 있었다. 예를 들어 아우구스티누스는 이 문제를 이렇게 표현했다. "그리스도가 살이라고 부르는 것[빵]을 살은 이해하지 못한다. 그것을 살이라고 부르기 때문에 더 이해하지 못하는 것이다vocatur caro quod non capit caro, et ideo magis non capit caro, quia vocatur caro."(『요한복음 강해』 26.13) 살은 '육화'를—말로는 가리키면서도—이해하지 못한다. 살은 고유의 의미를 초월하거나, 살 자체를 초월하는 의미를 지녔다. 살에는 무언가 포착되지 않는 것이 있다. 일종의 다의성 또는 불투명성이기도 한 이 무언가를 일의적인 교리의 차원으로 환원한다는 것은 불가능하다. 의미론적인 차원에서 '살'의 맞은편에 있는 '몸corpus'은 반대로 교회의 통일성과 단일성을 표상하는 데 적합하기 이를 데 없는 표현이다. 아니, 이 표현에 힘입어 교회는 통일성의 원리 그 자체로 간주된다. 이러한 특징은 예를 들어, "그리스도 안에서 자연스럽게 한 몸이 되었으니in Christo naturaliter unum corpus efficimur"(라드베르 드 코르비), 또는 "그리스도의 신체적 통일성 덕분에, 모든 그리스도인이 한 몸이니Omnes christiani propter unitatem corporis Christi unum corpus sunt"(레미 도세르Remi d'Auxerre) 같은 문장에서 확인할 수 있다. 이러한 통일성이 성체성사를 참조하며 정립되었다는 사실은 당연히 내부적 견고함의 강화라는 결과로 이어졌다. 드 뤼박에 따르면 "교회의 몸이 지닌 통일성은—중재 역할을 하는 희생제의의 통일성에 힘입어—성체의 통일성을 보장하고, 이 성체의 통일성은 상대적으로 교회의 몸에 더욱더 견고한 통일성을 부여한다."[51] 뭐랄까, 여기서 중요한 것은 "유기적인 통일성, 즉 교회를 '교회의 몸corpus Ecclesiae'으로 정의하는 총체성"[52]이다. 몸과 교회는 정확하게 **하나**의 형상 안에서 중첩된다. 몸과 교회는 모두 **하나**이자, 모두의 형태를 지닌 **하나**다. 드 뤼박이 내리는 결론도 앞서 인용한 내용과 크게 다르지 않다. "'몸'은 유기체를 의미하며 상이한 기능과 활동 경로를 지닌 지체들 간의 상호교류를 의미하고, 아울러 충만함을 의미한다."[53] 살이 분해하고 개방하는 것을 몸은 통합하고 폐쇄한다. 몸에 의해 정체성을 확보하는 것은 살에 의해 변형된다. 몸이 고유화의 성향을 지닌 반면 살은 탈고유화의 성향을 지녔다. 그렇다면, 몸이 면역성에 상응하듯 살은 공동체에 상응한다고 볼 수 있지 않은가?

4. 신정론

그리스도교적 면역의 면역화, 즉 그리스도교의 자가면역은 근대 사상사에 기록된 구체적인 이름을 가지고 있다. 그 이름은 다름 아닌 '신정론Théodicée'이다. 널리 알려진 바와 같이, 이 용어는 신이 세상에 '악'을 창조하거나 허용했다는 비난으로부터 신을 변호하는 입장의 논리를 가리킨다. 좀 더 기술적인 차원에서, 신정론은 "세상에 신성한 지혜의 목적과 정반대되는 형태로 실재하는 것들을 근거 삼아 이성이 신에게 제기하는 이의에 맞서 창조주의 지고한 지혜를 변호하는"[54] 논리를 말한다. 신이 선할 뿐 아니라 전지전능한 존재라면 어떻게 무고한 사람들의 고통을 바라만 볼 수 있는가? 이 질문에 대한 답변의 논리적인 가능성은 두 가지다. 신은 인간의 고통을 제거할 수 없거나 제거하기를 원치 않는다. 원하지 않는다면 신이 무한히 선한 존재는 아니라는 결론을, 할 수 없다면 전지전능한 존재는 아니라는 결론을 내려야 한다. 선한 의지가 부족하거나 이를 실천으로 옮길 능력이 없는 신은 과연 무슨 신인가? 물론 이 질문은 전혀 새로운 것이 아니다. 일찍이 욥의 절규에서 울려 퍼진 바 있고, 뒤이어 모든 전통 문화에서 굉장히 다양한 형태로 다시 등장했기 때문이다. 물론 형태만 바뀔 뿐 본질적인 내용은 변하지 않는다. 이 내용의 핵심은 고대의 그리스도교 옹호론자 락탄티우스의 다음과 같은 질문에 집약되어 있다. '신이 존재한다면 악은 어디서 오는가? si Deus est, unde malum?'(『신의 분노De ira Dei』, 13. 20-21)

하지만 라이프니츠가 피에르 벨의 비관론적이고 에피쿠로스적인 비판에 답하면서 제시한 '신정론'이라는 문학적 옹호론에는 전적으로 새롭고 근대적인 요소가 들어 있다. 그것은 그의 답변을 구축하는 표현의 '논리적인' 성격, 정확히 말하자면 비모순율과 충족이유율이 모두 적용되는 이중적 원리의 '존재신론적인 ontoteologico' 성격이다. 라이프니츠는 신이 전지전능한 존재임에도 불구하고, 인간을 자유로운 동시에 악한 행동을 할 줄 모르는 존재로 창조하는 것처럼 논리적으로 불가능한 일은 할 수 없다고 보았다. 라이프니츠에 따르면, 신은 한계효용의 경제적 원리와 유사한 최적화 원리를 수용함으로써 잠재적인 최상의 세계를 다름 아닌 필연적인 세계로 간주하는 존재다. 이러한 관점에서, 신의 창조 행위는 가설적인 세계의 상당히 다양한 표본들 가운데 최소한의 결점이 최대한의 완성도에 상응하는 세계를 선택하는 행위에 가깝다. 왜 그래야 하는지에 대한 논리적 필요성을 우리는 감지하지 못한다. 그 이유는 우리가 어떤 완벽한 전체 안에서 이를 구성하는 부분들 역시 전부 완벽하리라고 상상할 뿐, 신이 주재하는 모든 사건의 배후에 사건 자체가 소멸되지 않는 이상 변하지 않는 요인들의 체계가 실재한다는 사실을 이해하지 못하기 때문이다. 이 체계의 가장 높은 위치를 점하는 것이 '인간의 자유'인 반면 '도덕적 악' 역시 이 요인들 가운데 하나다. 후자가 사라지면 전자도 사라지기 마련이다.

하지만 신정론이 지니는 특별히 근대적인 요소는 사실 신앙이 지니는 내용의 이성화라는 비교적 뚜렷한 특징이라기보다는 오히려 동일한 내용의 체계적인 법률화에 가깝다. 다름 아닌 이 법률화를 기점으로 종교의 오래된 양변적 성격, 즉 사랑과 계율, 선사와 금기, '무누스'와 '임무니타스'의 형태로 표출되던 양면성이 결정적으로 폐기되고, 중심이 두 번째 용어에 유리한 쪽으로 기울어지기 시작한다. 오도 마르크바르트Odo Marquard는 이러한 현상을 "삶과 직결되는 근대적 현실의 법정화"[55]라는 표현으로 설명한 바 있다. 이 '법정화'라는 표현이 의미하는 것은 정당성의 요구가 확대되는 현상, 다시 말해 프랑스 혁명 당시에 특별한 이유가 없는 이상 모두가 모두를 의심하던 사회 내부에서 뿐만 아니라 칸트를 중심으로 인간의 이성 자체를 이성법 재판에 회부하던 철학 내부에서도 일어났던 정당성 요구의 확대 현상이다. 사실 신정론은 인간의 이성이 검사, 변호사, 판사의 역할을 동시에 모두 맡아 진행하는 재판과 다를 바 없다. 실제로 칸트에 따르면, "신정론자의 동의하에, 이 재판은 이성의 법정에서 전개된다. 그는 변호인으로서 원고의 비난에 **형식적으로만** 반론을 제기하며 피고를 변호한다. 그러므로 그는 재판 과정에서 이성의 법정이 신을 판단할 수 없다는 이유만으로 원고의 비난을 반박할 자격이 없다."[56]

현실의 경험을 법률화하려는 성향은 의미론적인 차원에서 역사의 흐름 자체를 일종의 재판 과정으로 간주하며 이 과정의 종국에 판결문[57]이 빠질 수 없다고 보는 관점 속에 함축되어 있다. 하지만 마르크바르트에 따르면 이러한 성향을 보다 직접적으로 설명해주는 것은 근대에 들어와서 정립되는 객관화 성향, 즉 물리적인 차원의 '악'뿐만 아니라 도덕적이거나 형이상학적인 '악'까지도 최대한 먼 거리에서 객관적으로 바라보려는 태도다. 이는 숙명적이라서 피할 길이 없다고 생각하며 겪은 고통의 압박이 느슨해지면 느슨해질수록 고통이 더욱더 참을 수 없는 것으로 변하고, 결과적으로 고통을 야기한 가상의 존재에게 설명과 보상을 요구하는 성향이 증폭하기 때문이다. "부정성을 제거하면 제거할수록 남아 있는 부정성이 줄어든다는 이유에서 점점 더 치명적으로 변한다."[58] 바로 이 "잉여물이 지닌 침투성의 증폭" 원리가 '신정론'과 '면역화'를 단일한 고리 안에서 기능하도록 만든다. 달리 말하자면, 신이 고통받는 공동체를 위해 고유의 면역화 기능을 발휘하려면 먼저 자신이 고통의 원인이라는 의혹과 비난에 대해 면역력을 지녀야 한다. 물론 여기서도 선한 신과 악한 신을 구분하는 영지주의적인 해결책을 피해야 한다. 왜냐하면 앞서 마르키온을 언급하며 살펴본 것처럼, 이러한 구분을 따를 경우 결국에는 그리스도교의 몸 자체가 스스로 분해되는 결과를 받아들일 수밖에 없기 때문이다. '유한한 존재'가 그 자체로 나쁜 것이라면 그냥 소멸을 기다리는 편이 더 나을 것이다. 하지만 이 '몸'은, 앞서 살펴본 것처럼—완전한 치유가 불가능하더라도—예방차원에서 위협을 무력화하며 보호하고 보존할 필요가 있다.

그렇다면 이 '몸'은 어떤 식으로 보호되고 보존되어야 하나?

이 질문에 대한 답변은 어김없이 면역의 패러다임이 전개되는 두 경로, 즉 면역화의 생물학적 경로와 법적 경로가 모이는 지점에서 발견된다. 정확하게 관건은 아우구스티누스가 바울의 담론에 대한 영지주의적인 해석에 반대하며 대안으로, 일종의 견고한 '카테콘'으로 제시했던 해결책이다. 한스 블루멘베르크Hans Blumenberg는 이러한 해결책의 실존적인 뿌리를 아우구스티누스의 신학과 이단으로 간주되던 마니교 사이의 근접성과 여기서 완전히 벗어나야 할 필요를 느꼈던 아우구스티누스의 입장에서 발견했다. "아우구스티누스의 논제에서 나타나는 '생의 불가항력적인 성격'*은 본질적으로 그의 논제가 보편적 원리인 '선'과 '악'의 영지주의적인 이원론을 피할 수 있도록 해준 요소다. 개종한 영지주의자 아우구스티누스는 우주론적 원리인 '악'에 상응하는 원리를 인류의 품 안에서 창출해내야만 했다."[59] 이 원리의 핵심을 원죄사상에서 발견한 아우구스티누스는 원죄가 한편으로는 어떤 법적 형태의 금기사항을 위반하면서 발생했기 때문에 똑같이 법적인 차원의 보완 조치가 요구되는 죄이지만 다른 한편으로는 생물학적인 성격을 지녔기 때문에 죄를 가장 먼저 범한 인물의 모든 후손에게 유전적으로 전이되는 유형의 죄라고 보았다. 바로 이런 차원에서, 신정론은 "'자연적 죄'의 개념에 두 종류의 이질적인 관점, 즉 죄가 세대교체를 거쳐 생물학적으로 전이된다고 보는 관점과 죄는 개인에게 있다고 보는 관점을 모두 적용하고 조합함으로써"[60] 고

* 블루멘베르크가 말하는 '생의 불가항력적인 성격'이란 피조물의 물리적인 결함이 인간의 원천적 자유의지에서 비롯된 악의 정당한 처벌에 기인할 뿐이며 이 자유의지가 세대를 거쳐 상속된다고 본 아우구스티누스의 관점을 요약하는 표현이다.

유의 과제를 달성하며 신의 무고함을 선포하기에 이른다. 하지만 이는 신이 구원의 의무munus 자체가 지닌 보상remunerazione의 논리, 따라서 면역화immunizzazione의 논리에 예속된다는 조건 하에서 이루어진다. 그리스도교 공동체의 구원은 공동체가 지닌 죄의 무게에 상응하는 한 무고한 존재의 희생을 통해서만 가능하다. 신이 세상의 악에 대한 책임에서 벗어나는 과정은 예방차원에서 희생제의의 형태를 취할 수밖에 없는 보상의 경로를 거친다. 바로 그런 의미에서 그리스도의 죽음만이 인간의 삶을 보장할 수 있다. 이것이 바로 아담과 그리스도의 관계에 대한 바울의 설명(로마서 5장 12~17절)을 법적-희생제의적 차원에서 해석한 관점이자 교부들이 한편으로는 영지주의, 다른 한편으로는 펠라기우스주의* 에 대항하며 제시했던 관점이다. 바울이 사랑과 율법, 은총과 금기, 믿음과 죄악처럼 결코 융화될 수 없는 것들의 조화를 모색했다면, 이러한 절망적인 시도는 아우구스티누스가 악을 죄peccatum인 동시에 벌poena로 간주하는 지점에서(『포르투나투스 논박Contra Fortunatum』) 명백한 규율의 차원으로 굴절되며 결말을 맞이한다. 결국 악은 '파르마콘'의 양가적인 의미에서 독인 동시에 해독제로 간주된다. 모든 고통이, 심지어는 부당하게 겪은 고통마저, 또는 감당하거나 이해할 수 없는 고통마저 원죄의 무게와 변증적으로 균형을 이루는 긍정적인 요소로 간주된다.

하지만 마르크바르트에 따르면, 오리게네스와 아우구스티누

* 펠라기우스는 원죄가 인간의 본성을 오염시키지 않았기 때문에 인간이 신의 은총 없이도 자유의지에 따라 선과 악을 식별할 수 있고 피조물의 입장에서 자력으로 선한 삶을 살 수 있는 능력을 지녔다고 보았다.

스가 악의 기원이 인간의 독단적 자유의지에 있다는 해석과 함께 시도했던 영지주의 논박은 충분치 못했던 것으로 드러난다. 실제로 이러한 해석을 반박하며 대두된 루터의 '노예의지servum arbitrium' 신학에 따르면, 신은 현실 전체의 절대적인 주체이며, 따라서 현실 속에 포함되어 있는 악의 주체이기도 하다. 바로 이 두 번째 관점, 즉 신의 역할이 서서히 창조의 영역에서 구원의 영역으로 전이되는 가운데 완전히 무력화되지도 않았고 어떤 측면에서는 심지어 강화되기까지 한 이 관점을 논박하며 전개되는 것이 근대의 신정론, 아니 근대사회를 구축하는 구조로서의 신정론이다. 물론 마르크바르트가 주장하는 것처럼 "신정론이 있는 곳에 근대사회가 있고 근대사회가 있는 곳에 신정론이 있다"[61]는 식으로 결론내릴 수 있다거나, 따라서 라이프니츠가 신정론에 부여한 고전적인 형태의 위기와는 무관하게 신정론이 새로운 보호 전략을 통해 계속 유지되었다는 관점은 논쟁의 여지가 있고 이에 대한 의견도 분분하다. 예를 들어 블루멘베르크는 관념주의 역사철학이 일종의 세속화된 신학이라는 관점을 거부했고, 그 이유는 근대사회가 스스로를 정당화하는 과정의 핵심 문제를 '죄악'이라기보다는 '권력'이라고 보았기 때문이다. 하지만 그가 활용하는—무엇보다 칼 뢰비트 비판에 활용되는—'정당성'이라는 범주가 더할 나위 없이 법률적인 성격을 지녔다는 사실은 신학에서 유래하는 면역학적 어휘가 근대사회의 형성에 결정적으로 기여했다는 점을—아마도 그는 인정하고 싶어 하지 않을 만큼—분명하게 보여준다. 한편으로는 헤겔이 활용했던 '지양Aufhebung'* 의 개념 역시—악의 수용을 통한 악의 극복을 의미하는 만큼—

신정론적인 언어가, 칸트에 의해 일종의 초월적 환영으로 좌천된 뒤 표면적으로 고갈되는 현상이 일어난 후에도 여전히 생존했음을 증명해준다. 아울러 신을 비모순율과 충족이유율의 구속에서 벗어나게 함으로써 신과 무無의 원천적인 관계를 재발견하려고 했던 셸링의 시도뿐만 아니라, 이와는 정반대로 악의 발생에 대한 모든 책임을 인간과 인간의 역사에 전가함으로써 신의 무고함을 증명하려 했던 루소와 피히테의 시도 역시 결국에는 신정론의 개념적 어휘 영역에서 완전히 벗어나지 못한다. 실제로 셸링이 악을 신의 결코 실재했던 적이 없는 과거로 사유하려고 애쓰면서 사실상 신정론과 동일한 모형을 전복된 형태로 제안했을 뿐이라면 루소와 피히테는 인간을 다름 아닌 초월적인 것의 구속에서 벗어나게 함으로써 신의 면책을 시도했다. 이를테면 "'신의 더 큰 영광을 위한ad majorem Dei gloriam' 일종의 무신론"[62]을 제안했던 셈이다. 마르크바르트에 따르면, '신의 죽음'에 관한 사유와 신화가 바로 이러한 유형의 무신론에 속한다. '신들의 황혼'을 말하는 니체도 여전히, 다름 아닌 신정론을 극복하려고 시도하는 순간 신정론적인 언어를 사용한다. 일찍이 스탕달이 아이러니한 방식으로 설명했던 것처럼, 세상에 만연한 악의 실재 앞에서 신의 무고함을 증명해야 한다면, 차라리 그의 부재를 주장함으로써 오히려 인간에게 스스로의 신이 되라고 권유하는 것보다 더 나

* 지양Aufhebung'은 헤겔이 변증 과정을 설명하기 위해 활용했던 용어로 변증의 각 단계들을 폐기하는 동시에 보존하며 극복 또는 고양한다는 의미를 지닌다. 이 세 가지 의미를 모두 고려할 때 '폐기'는 무언가를 위한 특정 사항의 단순한 소멸을 의미하지 않으며 그것이 더 이상 독립적으로나 절대적인 방식이 아니라 전체를 고려한 상태에서 사유된다는 것을 의미한다.

은 방식이 또 어디 있겠는가?[63] 바로 이러한 경로를 통해 신정론, 즉 신의 정당화 논리에서 인류의 정당화 논리로 전이가 이루어졌고, 19세기의 역사철학이 오늘날에도, 되돌아오는 파도의 형태로 우리에게 상기시키는 것 또한 인간의 정당화 논리다. 이미 인간은 이제껏 종교에 의탁되었던 면역의 기능을 스스로의 형상에 투영할 수 있는 단계에 와 있다.

주

1 Jacques Derrida, *Fede e sapere. Le due fonti della 'religione' ai limiti della semplice ragione*, in *La religione*, J. Derrida, G. Vattimo 편저, Laterza, Bari-Roma 1995, pp. 3-73.
2 같은 책, pp. 47-48.
3 같은 책, p. 59.
4 Émile Benveniste, *Le vocabulaire des institutions indo-européennes*, Minuit, Paris 1969 [trad. it. *Il vocabolario delle istituzioni indoeuropee*, Einaudi, Torino 1976, II, pp. 419-500].
5 같은 책, p. 444.
6 같은 책, p. 425.
7 같은 책, pp. 427-28.
8 같은 책, p. 439.
9 같은 책, p. 428.
10 같은 책, p. 441.
11 같은 책, pp. 368-69.
12 같은 책, p. 489.
13 Jacques Derrida, *Fede e sapere*, pp. 39-41.
14 Émile Benveniste, *Il vocabolario delle istituzioni indoeuropee*, p. 426.
15 같은 곳.
16 이에 관해서는 Max Weber, *Gesammelte Aufsätze zur Religionssoziologie*, Mohr, Tübingen 1921 [trad. it. *Sociologia della religione*, Utet, Torino 1976] 참조.
17 Henri Bergson, *Les deux sources de la morale et de la religion*, in Œuvres, Puf, Paris 1959 [trad. it. *Le due fonti della morale e della religione*, Comunità, Milano 1973, p. 112].
18 같은 책, p. 118.
19 같은 책, p. 134.
20 Niklas Luhmann, *Funktion der Religion*, Suhrkamp, Frankfurt am Main 1977 [trad. it. *Funzione della religione*, Morcelliana, Brescia 1991, p. 36].
21 Walter Burkert, *Structure and History in Greek Mythology and Ritual*, University of California, Berkeley 1979 [trad. it. *Mito e rituale in Grecia*, Mondadori, Milano 1992, p. 82].
22 Emmanuel Levinas, *Du Sacré au Saint. Cinq nouvelles lectures talmudiques*, Minuit, Paris 1977 참조.
23 이 점에 관해서는, 강조하는 바는 다르지만 Vincenzo Vitiello, *Cristianesimo senza redenzione*, Laterza, Roma-Bari 1995와 *La spada, l'amore e la nuda esistenza, ovvero:*

cristianesimo e nichilismo, in *Nichilismo e politica*, R. Esposito, C. Galli, V. Vitiello 편저 Laterza, Roma-Bari 2000, pp. 221-46 참조.

24 Martin Buber, *Reden über das Judentum*, in Werke, Kösel & Lambert Schneider, München- Heidelberg 1964, p. 152.

25 Alain Badiou, *Saint Paul. La fondation de l'universalisme*, Puf, Paris 1997 [trad. it. *San Paolo. La fondazione dell'universalismo*, Cronopio, Napoli 1999] 참조.

26 내가 참조한 도서는 당연히 『로마서 강해』다. Karl Barth, *Der Römerbrief*, Evangelischer Verlag Zollikon, Zürich 1954 [trad. it. *L'Epistola ai Romani*, Feltrinelli, Milano 1962].

27 Jacob Taubes, *Die Politische Theologie des Paulus*, Fink, München 1993 [trad. it. *La teologia politica di San Paolo*, Adelphi, Milano 1997] 참조.

28 같은 책, pp. 216-17.

29 Carl Schmitt, *Der Nomos der Erde*, Duncker & Humblot, Berlin 1974 [trad. it. *Il nomos della terra*, Adelphi, Milano 1991, pp. 42-47].

30 Dietrich Bonhoeffer, *Ethik*, Kaiser, München 1949 [trad. it. *Etica*, Bompiani, Milano 1969, p. 91].

31 Massimo Cacciari, *Dell'inizio*, Adelphi, Milano 1990, pp. 623 이하 참조.

32 Günter Meuter, *Der Katechon. Zur Carl Schmitts fundamentalistischer Kritik der Zeit*, Duncker & Humblot, Berlin 1994와 Antonino Scalone, *'Katechon' e scienza del diritto in Carl Schmitt*, in «*Filosofia Politica*», 1998, n. 2, pp. 283-92 참조.

33 Giorgio Agamben, *Il tempo che resta*, Bollati Boringhieri, Torino 2000, 특히 pp. 85-105 참조.

34 '정치 신학'의 다양한 의미에 대해서는 *Teologia politica*, L. Sartori, M. Nicoletti 편, Centro Editoriale Dehoniano, Bologna 1991와 Carlo Galli, *Genealogia della politica*, il Mulino, Bologna 1996, pp. 333-459 참조.

35 Erik Peterson, *Der Monotheismus als politisches Problem, Kösel, München 1951* [trad. it. *Il monoteismo come problema politico*, Queriniana, Brescia 1983, p. 72]. 페터존이 '정치신학' 자체를 정의하면서 상당히 독창적인 해석과 함께 제기한 문제들에 대해서는 Riccardo Panattoni, *Appartenenza ed Eschaton*, Liguori, Napoli 2001 참조.

36 Carl Schmitt, *Politische Theologie II*, Duncker & Humblot, Berlin 1984 [trad. it. A. Caracciolo 편, *Teologia politica II*, Giuffré, Milano 1992] 참조.

37 Carl Schmitt, *Römischer Katholizismus und politische Form*, Klett-Cotta, Stuttgart 1984 [trad. it. C*attolicesimo romano e forma politica*, Giuffré, Milano 1986, p. 41].

38 Henri de Lubac, *Corpus Mysticum. L'Eucharistie et l'Eglise au Moyen-Age*, Aubier-Montaigne, Paris 1949 [trad. it. *Corpus Mysticum*, Jaca-Book, Milano 1982] 참조.

39 Ernst Kantorowicz, *The King's Two Bodies. A Study in Mediaeval Political Theology*, Princeton University Press, Princeton 1957 [trad. it. *I due corpi del re. L'idea di regalità nella teologia politica medievale*, Einaudi, Torino 1957].

40 같은 책, p. 14.
41 같은 책, p. 268.
42 같은 책, p. 376.
43 같은 책, pp. 269 이하와 Ralph E. Giesey, *The Royal Funeral Ceremony in Renaissance France*, Droz, Genève 1960 참조.
44 Marcel Gauchet, *Le désenchantement du monde*, Gallimard, Paris 1985 [trad. it. *Il disincanto del mondo*, Einaudi, Torino 1992, p. xxiii].
45 같은 책, p. 7.
46 Claude Lefort, *Permanence du théologico-politique?*, in *Essais sur le politique*, Paris, Seuil 1986, pp. 251-300.
47 '신성'의 현대적인 형태들을 다루는 현상학에 대해서는 Giovanni Filoramo, *Figure del sacro*, Morcelliana, Brescia 1993 참조.
48 Marcel Gauchet, *Il disincanto del mondo*, p. viii.
49 Marc Richir, *Du sublime en politique*, Payot, Paris 1991 참조.
50 같은 책, p. 97.
51 Henri de Lubac, *Corpus Mysticum*, p. 118.
52 같은 책, p. 119.
53 같은 책, p. 61.
54 Immanuel Kant, *Über das Mißlingen aller philosophischen Versuche in der Theodizee*, in Gesammelte Schriften, Akademie Textausgabe, De Gruyter, Berlin-Leipzig 1969, VIII [trad. it. *Sull'insuccesso di ogni saggio filosofico di teodicea*, in *Scritti di filosofia della religione*, Mursia, Milano 1989, p. 53].
55 Odo Marquard, *Apologie der Zufälligen*, Reclam, Stuttgart 1987 [trad. it. G. Carchia 편, *Apologia del caso*, il Mulino, Bologna 1991, p. 93].
56 Immanuel Kant, *Sull'insuccesso di ogni saggio filosofico di teodicea*, p. 53.
57 Odo Marquard, *Aesthetica und Anaesthetica*, Paderborn, Schöningh 1989 [trad. it. G. Carchia 편, *Estetica e anestetica*, il Mulino, Bologna 1994, p. 127].
58 Odo Marquard, *Apologia del caso*, p. 97.
59 Hans Blumenberg, *Die Legitimität der Neuzeit*, Suhrkamp, Frankfurt am Main 1966 [trad. it. *La legittimità dell'età moderna*, Marietti, Genova 1992, p. 59].
60 Paul Ricoeur, *Le Mal*, Labor & Fides, Genève 1986, p. 25.
61 Odo Marquard, *Apologia del caso*, pp. 98-99.
62 같은 책, pp. 100-1.
63 이에 관해서는, 또 다른 관찰점을 제시하는 Paolo Flores d'Arcais, *L'individuo libertario*, Einaudi, Torino 1999, pp. 41-42 참조.

III. 콤펜사티오

1. 면역의 인류학

동일한 면역학적 의미론 내부에서 신학과 인류학의 연관성을 좌우하는 것은 콤펜사티오Compensatio, 즉 '보완'의 범주다. 이 범주가 중요한 이유는 신학과 인류학의 연관성 자체가 사실상 신적인 것을 인간적인 것으로 대체하며 '보완'하는 형태를 취하기 때문이다. 콤펜사티오에 주목할 필요가 있다는 점을 분명하게 조명한 바 있는 오도 마르크바르트는 인류학이 인간의 자기해석이라는 영역에서 신학의 뒤를 잇기 위해 이제껏 신정론의 신화가 수행해온 보완의 기능을 물려받아야만 했다고 보았다.

> 오늘날의 인류학은 인간을 본질적으로 불완전성에서 벗어난 존재, 즉 오로지 보완을 통해서만 존재할 수 있는 보완의 인간homo compensator으로 간주한다. 근대와 현대의 철학적 인류학이 처한 상황을 결정적으로 좌우하는 것은 의미심장하게도 근대철학의 특징인 신정론의 한 동기, 즉 보완이라는 개념이다.[1]

앞 장에서 살펴본 것처럼, 세상에 만연한 악의 원인과 관련하여 신의 무고함을 증명하는 극단적인 방식이 어느 시점에선가 그가 존재하지 않는 정황에서 발견된다면, 이는 곧 악의 경험을 결정짓는 부정성과의 '정산'이라는 힘겨운 임무가 인간 스스로에게 주어진다는 것을 의미한다. 보완의 패러다임이 의미할 뿐 아니라 어원론적인 차원에서 가리키는 것이 바로 이러한 결산의 기능, 다시 말해 어떤 빚의 무게, 혹은 결함이나 결핍의 무게로 인해 기울어진 저울의 균형을 맞추는 기능이다. 보완의 패러다임은 무너진 질서의 복원을 의미하며 빼앗긴 자산의 환원, 겪었거나 강요받은 피해의 배상을 의미한다. 콤펜사티오의 의미론을 상세하게 재구성한 한 중요한 논문[2]에서 장 스바젤스키Jean Svagelski가 증명해보였듯이, '보완'의 개념은 시간이 흐르면서 우주론과 정신분석에 이르는 상당히 다양한 영역으로 전이되었지만 원래는 경제적이고 법률적인 차원의 의미를 지니고 있었다. 물론 근대의 파생어들이 점차적으로 취득하는 새로운 의미에—예를 들어 '조정' 혹은 '타협'을 뜻하는 Ausgleich가, 'ausgleichende Gerechtigkeit[보완적 정의]'에서처럼, 정의의 '형평성' 또는 '회복'의 의미로 활용되는 경우에—굳이 주목하지 않더라도, 라틴어 '콤펜사티오'는 일찍부터 쌍방의 계약을 규제하는 법적 형태의 '보상'을 가리키는 용어였다. 정확히 말하자면 '콤펜사티오'는 채무 소멸의 법적 관행을 가리킨다. 서기 6세기의 『로마법 대전』의 정의에 따르면, "콤펜사티오는 채권과 채무의 상호적인 청산이다Compensatio est debiti et crediti inter se contributio."[3] 아니, 이 용어의 경제적이고 법률적인 의미는 오히려, 로마의 법학자 가이우스의 『법학제요Institutiones』(4.66)에서 출발해 나폴레옹의 「프랑스 민법전」이 제정될 때까지 절대적으로 안정적이었다고 볼 수 있다. 왜냐하면 교부들이 이 용어를 신학적인 차원에서 수용할 때 부각시켰던 것 역시 동일한 의미였기 때문이다. 결과적으로 테르툴리아누스는 『호교론Apologeticum』(50.15)에서 그리스도의 피를 인간의 죄로 인해 발생하는 불균형 상태의 법적 보상 행위로 해석할 수 있었고, 9세기 후에는 안셀무스가 『왜 신은 인간이 되었는가?Cur Deus homo』(2.18)에서 회복의 성격을 지닌 '보속 satisfactio'*의 교리를 정립할 수 있었다.

이제, 이 율법적인 규율화와 구원의 경제학 사이에서 일어나는 의미론적 전이에 주목하며—무엇보다 뒤이어 '철학적 인류학'에서 전면에 부각되는 만큼—살펴봐야 할 것은 '보완'의 범주가 지닌 부정적인 성격이다. 본질적인 차원에서 보완은 결코 인정하거나 긍정하는 의도적인 행위가 아니며, 오히려 부정적인 요소가 이미 들어있는 무언가를 부정해야 할 필요성에서 비롯되거나 유래하는 비의도적인 행위에 가깝다. 보완은 작용이라기보다는 반작용이며, 어떤 무력화해야 할 힘이나 피해야 할 충격에 대응하며 균형의 복구를 꾀하는 반응 내지 척력이다. 보완은 물론 소득을 수반하지만 복구해야 할 손실과 결코 떨어질 수 없는 관계에 놓여 있다. 그래서 얻기보다는 잃지 않는 편에 가깝고, 그런 의미에서 손실 현상이나 부재 현상의 사라짐에 가깝다. 물론 보완은 '감

* 원래 '충족'을 뜻하는 satisfactio는 여기서 그리스도가 인간의 불복종을 자신의 복종으로 '충당'하며 인간의 죄를 대속하고 보상한다는 의미를 지닌다.

소'에 대응하면서도 '증가'를 표상하지만, 이 '증가'를 특징짓는 것은 다름 아닌 '감소'의 소멸이다. 이 '증가'가 증가인 이유는 감소가 아니기 때문이며 두 번에 걸친 감소의 결과, 즉 '감소'의 감소이기 때문이다. 마르크바르트의 표현대로 "보완이 대체 또는 보상 행위를 통해 부족함을 채워 넣는다는 뜻"[4]이라면, 이는 곧 대체해야 할 사물을 오히려 수반하고 재생한다는 것을 의미한다. 대용품 또는 의수, 의족 같은 기구들이 어떤 실재를 대체하면서 드러내는 것은 그것이 부재한다는 사실 아닌가? 법적인 차원에서도 용서perdono나 감면condono은 복구해야 할 피해 또는 범죄가 먼저 발생해야 가능해진다. 선사dono의 정반대인 피해가 선사의 조건인 셈이다. 더 나아가서, 이러한 메커니즘은 피해 사실을 이를테면 안으로 끌어들이며 작동한다. 예를 들어, 모든 유형의 감면이나 사면은 범죄 사실을 무효화하는 것이 아니라 단지 범죄에 뒤따르는 형벌을 삭감할 뿐이며 그런 식으로 범죄 사실을 보다 분명히 확증하기에 이른다. 또 다른 예로, 면역학의 의미론과 가장 근접한 의학의 경우, 모든 유형의 치료 역시 상처를 감싸고 완화할 뿐 완전히는 제거할 수 없으며 상처가 오히려 부각되는 결과를 낳는다.

> "보완(compenser)은—그런 의미에서—상처의 치료(panser)에 비유할 수 있다. 상처를 치료하려면 이를 감싸고 감추어야 한다. 하지만 상처는 치료를 통해 증발하는 것이 아니라 치료제에 가려진 상태로 남는다. 치료제는 상처를 완화하고 가라앉히고(모든 것을 떠나, 위로는 보완의 기능 가운데 하나다) 아물게 하지만 동시에 이를 부각시키면서 상처에 또 다른 현실을 부여한다. 모든 가면은 정체를 폭로한

다. 다시 말해, 보완은 대상을 변화시키지만 변화한 대상을 감추려 고 하는 동시에 전시하며 이러한 차이 속에 정립시킨다."[5]

정확히 말하자면 이처럼 부정성[병]이 그것의 '치료'라는 형태를 집요하게 유지하며 살아남는다는 점을 중심으로, 다름 아닌 보완의 패러다임과 최근 2세기 동안 인간을 관찰하며 철학적 인류학이라는 이름을 확보한 독특한 시선이 면역학적으로 조합되기에 이른다. 이 철학적 인류학이 이론적으로 정립되기까지 필요했던 기본적인 조건은 두 가지다. 먼저 보완의 논리가 유지하는 균형이 고정적인 형태에서 역동적인 형태로 바뀌어야 했고, 아울러 보완의 논리와 삶이라는 지평의 만남이 이루어져야 했다. 물론 실제로 관건이 되는 것은 두 종류의 상이한 문제가 아니다. 왜냐하면 유기적인 삶과 삶을 보존하는 문제만큼 유동적인 균형을 필요로 하는 것도 없기 때문이다. 삶 속에서 보존되어야 하는 것은 어떤 '사실'이 아니라 일종의 '과정', 즉 '발전' 또는 '성장'의 움직임이다. 정립되어야 하는 것은 다름 아닌 운동이다. 19세기 초에 보완에 관한 가장 의미심장한 글[6]을 남긴 피에르-이아생트 아자이스Pierre-Hyacinthe Azaïs가 작용과 반작용의 대등성은 공시태적인 유형이 아니라 통시태적인 유형이며 오로지 포괄적인 차원에서만 파악할 수 있다고 주장하면서 생물의학적인 예를 들었다는 점은 우연이라고 보기 힘들다.

… 유기체 안에서 어떤 중요한 신체기관이 변질될 때, 생명은 다양한 보완의 효과에 의존해야만 보존될 수 있다. 건강한 기관들은 지

니고 있던 힘의 일부를 변질된 기관에 양보하거나 혹은 변질된 기관이 더 이상 수행할 수 없는 기능을 떠맡는다... 모든 질병은 보완에 역행하는 현상이다. 따라서 급성질환을 특징짓는 과도한 팽창은 진정제로, 만성질환을 특징짓는 과도한 압박은 자극제로 보완할 필요가 있다.[7]

바로 이 지점에서 보완의 의미론은 훨씬 더 복잡하고 의미심장한 면역화의 의미론으로 발전한다. 건강한 부위와 병든 부위의 기능 교환을 통해 전개되는 유기체의 자기조절 과정을 언급할 때 주목해야 할 것은 더 이상 객관적인 차원에서 시도되는 긍정성과 부정성의 단순한 저울질이 아니라, 부정성 자체를 긍정적으로 만드는 메커니즘이다. 관건은 더 이상 '측정'이나 '판가름'이 아니라 힘의 강세와 약세가 뒤섞이거나 중첩되는 현상이다. 강세의 약화가 약세를 강화하는 데 쓰이고 약세의 강화가 강세를 약화하는 데 쓰인다. 이때 부정성은 긍정성과 균등해지는 것으로 그치지 않고 스스로의 무력화를 위해 생산적으로 변한다. 바로 그런 이유에서—사실상 아도르노[8]나 하이데거[9]가 정반대의 입장에서 생각했던 것과는 달리—20세기의 인류학은 결코 휴머니즘의 계승 또는 고갈이 아니며 오히려 그것의 전복이다. 20세기 인류학이 본연의 핵심 문제로 주목했던 것은 스스로를 극복하는 인간의 인간성 증대가 아니라 인간을 자신과는 다른 타자 혹은 스스로의 '부재하는 중심'과 관계하도록 만드는 일종의 주름 또는 상처다. 이 중심의 부재는, 미셸 푸코가 근대에 들어와서야 인간에게 부여된 "왕의 자리"*를 다름 아닌 '사유된 적이 없는 것'의 공간에서 발견했을 때 주목했던 것처럼 “어느 정도는 인간이 앎의 대상으로 부상할 때 드리운 그림자, 어느 정도는 인간에 대한 인식이 시작될 수 있는 사각지대”에 비유할 수 있다.[10] 이 그림자와 이 사각지대 같은 부정성의 날카로운 외형은 어떤 휴머니즘도 생각조차 하지 못했던 부분이다. 휴머니즘의 차원에서 인간성 자체에 대한 사유의 길이 가로막혔던 것도 바로 이 때문이다. 반면에 20세기의 인류학은 앞으로, 아니 측면으로 일보를 내디디며 인간의 본질을 더 이상 ‘인간인’ 무엇이 아니라 ‘인간이 아닌’ 것에서 발견하려고 노력했다. 우선적으로는 동물이나 신처럼 외부적인 차원에서 인간이 아닌 것과 대조를 통해 부각되는 차이점에 주목하며 인간의 본질을 탐구했고 아울러, 무엇보다도 내부적인 차원에서 인간의 본질적으로 부정적인 성향과 일치하는 ‘아니’ 혹은 ‘부정성’, 다시 말해 인간을 결코 자기 자신과 일치할 수 없는 존재로 만드는 요소에서 찾으려고 노력했다. 인간을 이 부정성, 이 단절 혹은 단층 안으로 미끄러져 벼랑 끝에 헛되이 매달리는 존재로 간주한 것이다. 인간의 노력이 헛된 이유는 물론 그가 매달리려고 안간힘을 쓰면 쓸수록 그의 내면을 파고드는 다름 아닌 자신과의 거리가, 아울러 그를 추적하기도 하고 앞서기도 하다가 결국에는 그의 움직임과 매한가지가 되어버리는 공허함이 그의 덜미를 잡기 때문이다. 하지만 그의 노력이 헛된 보다 근본적인 이유는 인류학적인 차원에서,

* ‘왕의 자리’란 푸코가 『말과 사물』에서 벨라스케스의 회화 작품 <시녀들>을 분석할 때 그림 속에 그려진 화가 자신의 시선과 거울에 비친 희미한 왕의 모습을 통해 화폭 바깥에 위치한 것으로 상정될 뿐 그림을 통해서는 볼 수 없는 왕의 자리를 말한다. 부재하는 왕의 자리는 재현이 전면에 등장하면서 함께 부각되는 주체의 부재를 의미한다.

인간의 생명 유지를 위한 보호막이 바로 이러한 거리와 공허함 속에서 발견되기 때문이다.

철학적 인류학이 검증의 과정을 거치면서 마주해야 했던 모든 비판을 떠나—예를 들어 서로 상반되면서도 보완적인 유형의 관념주의와 경험주의 비판, 정신주의와 생물주의 비판을 떠나—인류학은 고유의 내용에 대한 가장 적절한 설명 기준을 다름 아닌 면역학적 변증법에서, 즉 인간을 스스로의 부정성으로부터 보호하는 유일한 형식으로 부정성 자체를 수용하는 방법에서 발견했다. 이는 물론 인식론적인 차원에서, 직접적인 방식과 긍정적인 결단을 통해 인간을 이해하기가 불가능하고 오로지 간접적인 방식과 대조를 통해서만 가능하다는 것을 의미하지만 무엇보다도 생물학적인 차원에서, 아니 생명-존재론적인 차원에서 인간의 삶은 스스로의 바깥으로 투사되지 않는 이상, 다시 말해 삶을 가로막고 결국에는 부정하는 어떤 외부로 투사되지 않는 이상 지속될 수 없다는 것을 의미한다. 이처럼 삶의 단순한 주어짐이나 즉각적인 실재와는 완전히 다른 형태로 삶을 객관화하는 외부적인 요인 없이, 삶은 스스로에게 살아남지 못한다. 생존이 요구하는 것은 생명력의 제어이며 이는 결국 생명력의 약화로 이어질 수밖에 없다. 생명력은 삶의 흐름에서 자유롭게 분출되는 것도, 또는 생명을 구성하는 여러 요소들의 자연스러운 조합에서 유래하는 것도 아니다. 생명력은 오히려 삶을 꼼짝달싹하지 못하도록 만들고 제재하며 끝내는 삶과 정반대되는 국면으로까지 몰고 가는 철장들의 경직화에서 솟아난다. 인간의 정체를 확립하고 이를 보존하는 일은 그것의 이질화와 조금도 다르지 않다. 인간은 주체soggetto

로 남을 수 있지만 이는 자신과 다른 무언가로 객관화될 수 있을 때에만, 즉 그의 주체성을 파기하거나 대체하는 무언가에 예속assoggettare되는 식으로 탈-주체화될 때에만 가능하다.

바로 이러한 전제가 인류학과 신학을 관련짓는 동시에 별개의 것으로 만드는 요소다. 신학과 마찬가지로 인류학도, 인간의 불멸성까지는 아니지만, 그의 생존을 어떤 초월성 내지 외부적이거나 타자적인 요소에 결부시킨다. 단지 이 초월성을 다름 아닌 삶의 내부에 위치시킬 뿐이다. 그런 식으로 삶과 정반대되는 부정적인 형상 안에 삶을 내재화하고 내면화하는 것이다. 물론 신학도 일찍부터 죄와 악처럼 부정적인 것에서 인간 경험의 본질적인 요소들을 발견했지만, 인류학이 이전 단계의 신학과 전적으로 다른 점은 바로 부정적인 것의 긍정적인 전환이라는 특징이다. 관건은 '부정성의 긍정적인 부정'이다. 이 문제의 핵심을 누구보다 정확하게 간파했던 인물은 다름 아닌 루만이다.

> '허무'는 줄곧, 그리고 어느 때보다도 17세기에 여전히, 신이 일하는 독점적인 방식이었다. 뒤이어 주체의 부정성 혹은 부정의 주체성으로 전이가 이루어졌을 때에야, 새로운 인류학은 죄악과 예외적인 부패의 '인간/세계'적인 관계를 파기해버리고 주체 고유의 부정성을 부정함으로써 세계의 긍정적인 관계에 다시금 도달할 수 있는, 여하튼 그것이 가능하다고 믿을 수 있는 기반을 마련했다.[11]

루만이 이러한 발전 과정을 재구성하면서 다름 아닌 홉스에게 면역학적 전환의 선구자적 역할을 부여했다는 사실은 이 면역학적 전환이 '만류'하는 동시에 '재생'하는 부정성의 정체가 무엇인지 밝혀준다. 관건은 모든 근대적 형태의 학문, 법률, 제도를 관통하는 '질서'다. 이 질서의 화살표가 지닌 기능은, 삶의 내부에서 발생하지 않고 인위적인 방식으로 삶에 중첩되거나 부가된 삶의 형태들이 삶의 흐름과 양립할 수 있는 경로를 만드는 것이다. 루만의 결론에 따르면, "질서에 대한 신뢰는 다름 아닌 부정성의 부정에 의해 새로운 질서가 탄생하리라는 믿음으로 변한다."[12] 질서는 뭐랄까 부정적인 것의 기원인 동시에 도구이자 결과다. 부정성을 근절하는 것이 아니라 이를 생산적인 차원에서 파괴적인 잠재력으로 전환하며 유지하는 것이 질서다. 여기서 철학적 인류학의 근본적으로 허무주의적 성격이 분명하게 드러난다. 모든 '보완'의 전형적인 특징이기도 하지만, '보완'을 통해 생산되는 질서의 구축 과정은 긍정적인 성격이 아니라 오히려 파괴적인 것의 파괴, 부정적인 것의 부정이라는 특징을 지닌다. 하지만 바로 이 특징에서 이러한 전략이 낳을 수도 있는 정반대되는 결과의 윤곽이 드러난다. 즉 공동체가 지닌 부정적인 측면의 보완을 부정적인 방식으로 시도하기 때문에, 이 전략은 공동체를 사실상 보호하기 위해 멀리해야 할 절멸의 위기에 오히려 빠트릴 위험이 있다.

***

근대사회의 면역학적 정황을 가장 먼저 명확한 형태로 포착한 인물이 다름 아닌 홉스였다는 사실은 허무주의가 어떤 식으로 이해되어야 하는지에 대한—혹은 적어도 여기서 어떤 의미로 사용되는지에 대한—설명의 기본적인 구도를 제시한다.[13] 하이데거가 여러 차례 강조했던 것처럼, 허무주의는 우리의 경험을 특징짓는 허무의 부각이 아니라 오히려 그것의 은폐와 일치한다. 정확히 말하자면, 허무를 제거하는 동시에 대체하며 강화된 형태로 재생하는 것이 바로 허무주의다. 이것이 다름 아닌 코무니타스communitas의 무누스munus에 대한 홉스의 생각, 즉 '공동적인' 관계의 기초가 되는 '개인적인' 주체의 결손에 대한 그의 입장이다. 홉스가 허무주의 사상가인 이유는 초월적 진리veritas의 철회에서 야기된 본질적인 허무를 발견하고 '폭로'했기 때문이 아니라 오히려 그것의 파괴성을 숙명적으로 무효화할 또 다른 유형의 허무로 뒤덮으며 '은폐'했기 때문이다. 이것이 바로 '자연적' 상태가 다름 아닌 리바이어던의 국가제도에 의해 '사회적' 상태로 전이되는 과정의 궁극적인 의미다. 다시 말하자면, 공동체가 자연적인 차원에서 내부에 보유하고 있던 허무의 제거는 그것을 더 이상 파괴적이지 않고 질서유지적인 차원으로 전환할 수 있는 어떤 인위적인 허무의 도입을 통해 이루어진다. 주권 체제의 정치적 질서는, 이를테면, 보호와 복종의—전적으로 개인적인—교환 영역에서 벗어나는 모든 사회관계를 과감히 제거할 때에만 유지될 수 있다. 다시 말해 '쿰cum', 즉 '함께'가 자기보존 과정을 위협하는 위험 요소로 간주되는 순간 이를 과감하게 제거함으로써 개인 각자가 그의 대변자인 주권 권력과 직접적으로 관계하는 정치 형태에 유리하도록 만들어야 한다. 그렇다면 이러한 전략이 지니는 전적으로 면역학적인 특징은 단순히 전략적으로 전제되는 비사회화에 있다기보다는 오히려 이 전략이 발휘하는 기능의 동종요법적인 방식에 있다. 리바이어던이 불러일으키는 두려움 덕분에 모두가 모두를 서로 두려워하는 무정부적인 상황에서 벗어날 수 있듯이, 시민사회의 질서가 정립되기 전 상태에서 서로를 '죽음'으로 몰아넣을 수 있는 모두의 대등한 기량 때문에 존속하던 위험은 사실상 주권자 앞에서 모든 시민이 평등하다는 사실에 의해 해제된다. 뭐랄까, 우리의 공통점이었던 원천적인 '허무'는—서로를 죽일 수 있는 가능성은—그것의 동일한 요소들이 상이하게 조합되는 방식을 통하지 않고서는 제어가 불가능하다. 바로 그런 이유에서, 주권자는 저항하는 자들에게 폭력을 행사할 수 있는 고유의 자연적 권리를 완전히 포기하는 것이 아니라 자신의 칼만 휘두르지 않을 뿐이다.

이 시점에서 우리는 국가제도가 무력화하려는 대상과 무력화를 목적으로 사용하는 실질적인 도구가 구조적으로 일치한다는 사실의 맹점이 다름 아닌 제도 안에 그대로 남아 있다고 말할 수 있다. 여기서 무력화의 도구는 어떤 자연적 진공상태를 채워 넣는 인위적 진공상태, 결과적으로 재차 비워 내는 진공상태에 가깝다. 오래 전부터 주권의 패러다임을 옥죄어 온 수직적 위기의 근본적인 원인 가운데 하나는 바로 이러한 허무주의적 변증관계를 단절시키지 못하는 상황, 아니 이를 오히려 배가된 형태로 재생하는 경향이다. 여기서 주목해야 할 것은 현대의 정치사회학이 파슨스가 지적했던 "질서의 홉스적인 문제"를 해결하기 위해 노력하면서도 어쩔 수 없이 동일한 문제 내부에 머물러 있을 수밖에 없었던 정황이다. 파슨스는 당연히—수단과 목적의 관계를 극대화하는 실용주의적 모형을 거부함으로써 원자론적 관계의 패러다임을 기능적 관계의 패러다임으로 대체하고—고전적 개인주의와는 전혀 다를 뿐 아니라 오히려 사회적 집성의 필요성에 의해 정의되는 영역으로 담론의 축을 옮겨간다. '사회 과학'이라는 표현 자체도 사실은 개인적인 행위의 집단적인 구도를 수반한다. 하지만 홉스적인 면역화의 인류학적 전제들이 이런 식으로 변형되는 정황은 한계의 극복이라기보다는 오히려 강화된 반복을 의미한다. 왜냐하면 개인주의가 더 이상 사회적 결속[14]의 절대적인 대안으로 간주될 수 없다는 것은 사실이지만, 그것과 동일한 내용을 지녔다는 것도 사실이기 때문이다. 마태오 보르톨리니Matteo Bortolini[15]의 연구 결과에서 드러나듯이, 이에 대한 가장 분명한 근거를 제공하는 것은 다름 아닌 파슨스의 사회공동체 이론이다. 왜냐하면 파슨스의 입장에서도 현대사회처럼 세분화된 사회의 결속을 유지할 수 있는 유일한 가치는—이 용어의 경제적인 의미까지 포함해서—개인적인 차원과 연관성을 지닌 것뿐이기 때문이다. 파슨스의 사회공동체는 개인들의 기능적 분리를 통해 이들의 사회화를 꾀한다. 이러한 관점에서, 파슨스의 사회공동체는 고스란히 전복된 형태의 코무니타스, 구체적으로 말하자면 이중의 면역화를 소화하는 코무니타스에 가깝다. 이는 단순히 개인의 핵심적인 역할을 규칙의 차원에서 다시 제안하기 때문이라기보다는 이 역할을 사회적 조성의 몸 안에 배치하기 때문이다. 개인의 보존에 유리하도록 '쿰cum'을 제거하던 근대의 첫 번째 면역화 시도와는 달리, 파슨스의 이론에서 유래하는 현대 정치사회학의 면역화는 '쿰'을 개인적인 재생산의 확산에 기여하도록 만든다. 그런 식으로 개인의 제2차 면역을 시도하며, 관계가 부재하는 단계에서 멈추지 않고 서로 무관해진 개인들의 관계를 체계화하기에 이른다.

2. 부정적인 것의 생산성

보완의 범주가 면역학적 유형의 보존 요구를 충족시키기 위해 기능하는 만큼 허무주의적인 결과로 이어질 수밖에 없다는 사실을 니체는 일찍부터 완벽하게 파악하고 있었다. 역설적이지만, 철학적 인류학은 다름 아닌 니체를 직계 선도자로 주목하면서도 정작 니체가 '보완'의 결과에 대해 근본적으로 비판적인 입장을 취했다는 점은 인지하지 못했다. 니체는 '보완'의 결과를 뒤늦게 수용했을 뿐이다. 실제로 니체는 인류학이 패러다임으로 활용한 것과 동일한 대조적 변증법을 사용하면서 인간의 성찰 의식을 다음과 같이 해석했다. 성찰 의식은 "인간을 오랫동안 지배해 온 무시무시한 '필연성'의 결과다. 가장 많이 위협받는 동물이었기에, 인간은 도움과 보호가 **필요했다**... 그에게는 무엇보다 '의식'이 필요했고 자신에게 모자란 것이 무엇인지, 자신의 느낌이 무엇인지, 자신이 무슨 생각을 하는지 '알' 필요를 느꼈다."[16] 하지만 이러한 해석을 시도하면서 니체는 탈구축적인 어조로 원래의 의도를 단숨에 전복시킨다. 이는 생명/삶이 위협적인 요소로부터 스스로를 보호하기 위해 시도하는 삶의 이중적 증대, 다시 말해 삶이 생산해내는 스스로와의 거리가 결국에는 애초에 벗어나려고 했던 것과 다를 바 없는 무기력한 상태로 삶을 몰아넣기 때문이다. 아이러니하게도, 삶을 보호하기 위해 가로막아야 할 절멸의 위협과 동일한 힘에 삶을 내맡기는 셈이다. 이러한 보호 전략이 아이러니한 이유는 사실상 삶을 부정하는 금욕주의, 즉 삶을 긍정하기 위해 부정하며 부정하면서만 긍정하는 금욕적인 유형의 이상을 도구로 활용하기 때문이다.

> 금욕주의는, 모든 수단을 동원해 스스로의 보존을 꾀하고 생존을 위해 투쟁하는 사실상 퇴화되어 가는 삶의 방어 본능과 건강을 추구하는 성향에서 비롯된다. 금욕주의가 가리키는 것은 생리학적인 차원의 금기와 억제다. 생명이 지닌 가장 뿌리 깊은 불모의 본능이 이 금기에 맞서 새로운 수단과 발상으로 끊임없이 투쟁한다. 하지만 금욕주의도 이러한 투쟁의 수단 가운데 하나다. 따라서 사정은 금욕주의를 찬양하는 이들이 생각하는 것과 정반대다. 삶은 오히려 금욕주의 안에서 금욕주의를 통해 죽음과 함께 죽음에 맞서 투쟁한다. 금욕주의는 삶을 보존하기 위한 일종의 전략이다.[17]

니체는 수단과 목적의 논리적인 차이에 주목하면서 면역학적 전략이 지닌 본질적으로 모순적인 성격을 더할 나위 없이 정확하게 포착한다. "위험에 가장 많이 노출된 존재이자 병든 동물들 중에서도 가장 오랫동안, 가장 깊이 병들어 있는" 인간은 스스로의 삶을 보존하기 위해, 그의 내부에서 끓어오르며 생동하는 힘을 금기시하고 삶의 자연적 동인인 충동을 억제하며 자신의 경험이라는 살에 상처를 낼 수밖에 없는 처지에 놓인다. "인간이 삶을 향해 말하는 '아니야'는 마치 마술인양, 훨씬 더 달콤한 무수한 '그래'가 무엇인지 보여준다. 그런 식으로 이 파괴와 자기파괴의 거장인 인간이 **상처**를 입는다면, 다름 아닌 이 상처가 뒤이어 그를 **살아가도록** 만드는 동인이 된다."[18] 하지만 니체의 결론이 그가 제시하는 담론의 전제 속에 이미 함축되어 있는 만큼 이러한 보존과 파괴, 회복과 상처의 동종요법적인 변증법은 결국 실패로 돌아갈 수밖에 없다는 것이 드러난다. 더 나아가 이 변증법은 그것을 발동시킨 원래의 요구에 역효과를 일으킨다. 이는 '치료'가 병자를 '회복'시키지 못하기 때문이 아니라 이 회복이 회복으로 그치지 않고 질병의 악화를 함께 부추기기 때문이다. 질병이 악화될 수밖에 없는 이유는 모든 것이 이미 질병 안에 포함되어 있기 때문이다. "병든 사람, 불만이 가득한 사람, 우울증에 빠진 사람이 관건일 때, 이러한 체제는 어떤 식으로든, 심지어 병을 호전시키는 경우에도 병자를 **더욱 병들게** 만든다... 이는 일말의 과장 없이 유럽 보건의 역사에서 **진정한 치명적 요소**로 정의될 수 있을 것이다."[19]

이 보건의 역사가 시작되는 단계에서 다른 모든 형태의 생명체에 대한 인류의 우월성을 공고히 하려는 시도가 있었지만 이로 인해—니체의 입장에서—이러한 엔트로피적인 표류의 논리적 필연성이 무의미해지는 것은 아니다. 자연적인 힘과 인위적인 중재 능력이 반비례한다는 전제, 혹은 좀 더 일반적인 차원에서 힘의 강도와 지속 기간이 반비례한다는 전제에 보완체계를 고정적으로 적용하고 나면, 삶의 보존 전략은 생명력의 감소라는 강제적 원리에 의존할 수밖에 없는 상황에 놓인다. 우리는 이러한 경로의 논리적 일관성을, 일찍이 헤르더가 현대적인 철학적 인류학의 초안을 마련하며 제시했던 이하의 문장에서 확인할 수 있다.

> 한 피조물의 조직적인 성격이 강하면 강할수록, 아울러 이 조직을 구성하는 기관들이 각각 고유의 세계와 환경에 반응하는 만큼 기관들 간의 관계가 다양하면 다양할수록, 복잡하면 복잡할수록, 이 피조물이 지닌 힘과 그의 본능이나 기량의 확실성도 줄어들기 마련이며, 바로 여기서 그가 실수를 범할 가능성과 그의 활동을 방해하는 요소들이 발생한다. 따라서 인지력을 지닌 피조물은 결국 배움과 훈련을 필요로 한다. 왜냐하면 이제는 그의 본성과 본능이 너무 적은 것을 가르쳐주고 그가 본성과 본능만으로 실현할 수 있는 것도 터무니없이 적기 때문이다. 하지만 이러한 본능의 약화 현상을 보완하듯, 그는 훨씬 더 방대한 행동 영역, 보다 풍부한 목적과 수단의 가능성을 획득한다.[20]

이 문장에서 재구성된 '보완'의 진자 운동은 상승과 하강의 양방향으로 전개된다. 한편으로는 인류가 지닌 본능의 나약함이 우월한 이해 능력을 취득하도록 유도하지만, 다른 한편으로는 다름 아닌 이러한 우월성 속에 인간이 딛고 일어선 듯 보이는 자연적인 나약함의 흔적들이 그대로 남아 있다. 인간의 직립보행은 환경의 맥락에 적응하는 인간의 능력을 크게 향상시켰고, 이로써 인간을 "더 많은 수의 질병에 노출시켰지만 이에 대한 보상으로, 그가 훨씬 더 세련된 안녕과 기쁨을 누릴 수 있도록 만들었다."[21] 인간이 라는 동물이 다른 어떤 동물보다 더 오래 사는 것은 '구축적인 차원에서' 병들어 있기 **때문**이다. 달리 말하자면, 인간은 질병에도 '불구하고' 더 오래 사는 것이 아니다. 인간의 삶은 재충전을 위해, 삶 자체를 위협하고 질식시키는 요소나 방해 요인과 장애물을 끊임없이 필요로 한다. 왜냐하면 삶에 필요한 면역장치의 구축과 작동을 위해 경보체제를 활성화할 수 있는 '병/악'이 요구되기 때문이다.

생물학이 1930-40년대의 새로운 인류학 열풍에 계기를 마련했을 때 집요하게 매달렸던 것도 바로 이와 동일한 전제다. 인간이 신체기관을 도외시하고 도구를 선호한다는 파울 알스베르크Paul Alsberg의 이론*이나 형태학적 지연 현상에 주목한 해부학자 루이스 볼크Louis Bolk의 이론, 아울러 인간을 개체발생적인 차원에서 조산동물로 간주한 동물학자 아돌프 포르트만Adolf Portmann의 이론은 뒤이어 헬무트 플레스너와 아르놀트 겔렌에 의해 다양한 형태로 수용되었을 뿐 아니라, 모두 강한 힘과 약한 힘의 기능적 상응이라는 보완의 원리를 전제로 출발한다. 이 원리에 따르면, 강한 힘만 약한 힘을 토대로 균형을 유지하는 것이 아니라 약한 힘 자체가 힘의 시발점이자 추진을 위한 연료 역할을 한다. 바

* 알스베르크에 따르면 동물과 인간의 차이는 정도가 아닌 본질의 차이다. 동물과 인간은 서로 상반되는 원리를 기반으로 성장하며, 동물이 성장 과정에서 신체적 적응이라는 원리를 따르는 반면 인간은 정반대로 말과 개념 같은 신체 외적인 도구들을 활용하며 성장 과정에서 사실상 신체의 비활성화라는 원리를 따른다. 인간은 선천적으로 나약한 존재가 아니라 서서히 진행된 비활성화 과정의 결과이며 그런 의미에서 인간의 본성은 본질적으로 기술적이다.

로 그런 이유에서, 막스 셸러Max Scheler는 파울 알스베르크와 알프레드 아들러의 '총체적 보상' 이론을 비롯해 쇼펜하우어와 프로이트의 '부정적' 이론이 정신의 자율성을 축소시킨다고 비판할 때조차 사실상 보완의 차원에서 똑같이 부정적인 의미론에 의존할 수밖에 없었다. 이와 동일한 맥락에서, 셸러는 니체의 생물학주의를 비판할 때조차 다름 아닌 니체가 '금욕주의 이상'의 치명적인 치유방식을 비판하며 사용했던 어조에 거의 문자 그대로 의존한다. 셸러에 따르면, "동물이 실질적인 현실을 향해, 심지어는 이 현실을 증오하거나 회피할 때조차 항상 '그래'라고 말하는 반면, 인간은 '아니'라고 말할 줄 아는 존재, '삶의 고행자'다."[22] 더 나아가 인간은 오히려 이러한 부정을 통해서만 삶의 의미와 중요성을 확보한다. 삶의 의미는 그가 자신 바깥으로 스스로를 내던지며 무언가에 대항해 적대적인 방식으로 안간힘을 쓸 때 그의 노력 속에서만 발견된다. 인간은 긍정하기 위해 스스로를 부정한다. 셸러에 따르면 부분적으로만 그러는 것도, 일시적으로만 그러는 것도 아니며 오히려 그의 깊은 내면과 역량 전부를 걸고 스스로를 부정한다. 인간을 다른 모든 생명체보다 우월한 존재로 만드는 '정신'이라는 요소는 사실 생명의 극단적인 강렬함마저 희생시킨 '부정된 생명'과 다를 바 없다.

이 시점에서 아주 분명해지는 것은 셸러 역시 니체를 비판할 때, 예를 들어 인간의 정신에서 자율적인 힘뿐만 아니라 "삶과 영혼을 파고들어 파괴하는 일종의 질병... 보편적인 차원의 생명 자체에 기본적으로 내재하는 병적 성향... 일종의 형이상학적 기생충"[23]을 보는 니체의 관점을 비판할 때 결국에는 대칭적으로만 전복된 입장을 유지할 뿐 뜻하지 않게 니체와 동일한 태도를 취한다는 사실이다. 실제로 셸러는 자신이 변호하는 '정신'을 그것이 지배해야 할 '충동과 본능'의 영역에 비해 무기력한 것으로 간주했을 뿐 아니라, 정신이 사실상 다스리기 위해 무력화해야 할 생동적인 힘 자체를 양분으로 취할 수밖에 없다고 보았다. 셸러의 의견대로 "열등한 것이 사실은 더 강하고, 우월한 것이 원래 무기력한" 것이라면, 아울러 "존재의 모든 우월한 형태가 열등한 형태에 비해 상대적으로 무기력하고, 또 고유의 힘만으로 실현되는 것이 아니라 다름 아닌 열등한 형태의 힘을 매개로 실현된다면"[24] 이는 곧 '정신'이 우월해지기 위해 억눌러야 하는 '충동'에서 활력을 얻는다는 뜻이다. 바로 여기서, 보완의 메커니즘에 처음부터 내재되어 있던 면역학적 결과의 전모가 드러난다. 중요한 것은 셸러의 인류학에서 면역학적 논리를 함축적인 형태로 수용하는 정신주의의 방향이라기보다는 면역학적 논리에 객관적인 형태를 부여하는 부정변증법이다. 건강과 생존의 원리인 정신이 그것을 억압하는 물질의 힘에서 자유로워질 수 있는 유일한 길은 이 물질적인 힘을 통제된 형태로 수용하는 것뿐이다.

> '정신'은 본질적이고 근원적인 차원에서 어떤 독자적인 에너지도 지니지 않는다. 존재의 가장 고차원적인 형식으로서 정신은, 이를테면 세계라는 형상의 본질과 본질적인 근거들을 결정짓는다. 하지만 정신은 어떤 상이한 원리에 힘입어 실현된다. 정신이라는 원리와 마찬가지로 원래 시원적 존재 요인들 가운데 하나인 이 상이한 원리는 현실을 창출하고 그것의 우발적인 이미지들을 결정짓는다. 이

원리를 우리는 '충동'이라고 부른다.[25]

이와 동일한 운명이 '자유'라는 범주에도 주어진다. 자유의 특징인 정신의 자율성과 일관된 방식으로, 자유는 유기적인 것에서 벗어날 줄 아는 인간의 능력, 즉 삶은 물론 삶이 즉각적인 방식으로 요구하는 것들의 구속에서 벗어날 줄 아는 기량과의 관계 속에서 정의된다. 특정 환경에 예속되는 동물과는 달리 인간은 선결되어 있는 환경에 구속되지 않으며, 바로 그런 이유에서 세계를 향해 열린 자세를 취한다. 첫 단계에서는 **어떤** 세계를 지니지 않기 때문에, 인간은 **세계라는 것**을 향해 열린 자세를 취하면서 그만의 세계를 자신이 선호하는 대로 자유롭게 구축한다. 귄터 안더스 Günter Anders는 셸러의 저서가 출간된 지 얼마 지나지 않아 '자유'와 '이질성'의 이러한 보완적 등가성 논리를 한층 더 강조하며 다음과 같이 주장한 바 있다. "활동의 '자유로움'이 보여주는 것은 인간이 어떤 식으로든 세계에 대한 자신의 이질성을 보완할 줄 알고 자신과 세상의 거리를 좁힐 줄 안다는 사실이다. 인간은 세상과 일련의 관계를 창출한다. 이 관계들을 바탕으로 사물에 종속되지 않고 오히려 사물을 그의 지배하에 둘 수 있기 때문이다."[26] 동물이 그와 친숙한 환경에서 태어나 이 환경에 필연적으로 예속되는 반면 인간은 그를 앞서는 세계에서 자연적으로 제외되며, 바로 그런 이유에서 세계를 오히려 '자신의 형상대로' 축조할 수 있다. 그를 항상 선행하는 현실에 자연적인 방식으로는 녹아들지 않기 때문에 자신의 의지에 좌우되는 형태로 현실을 구축하는 것이다. 인간이 자유로운 이유는 그가 "자신을 스스로-오지-않은 존재로 경험하고... 자신과는 다른 무언가에서 온 존재라는 점을 느끼기 때문에"[27] 밝혀야 할 기원이 부재하기 때문이다. 이처럼 예정된 세계에 구속되지 않는 인간의 자율성에 주목하면서 안더스가 강조하는 것은 인간의 본질이 사실상 본질을 전혀 지니지 않는 데 있다는 점, 즉 인간의 본질은 인위성이라는 사실이다. 인간은 자신의 실존에 필요한 조건들을 외부에서 얻지 않고 스스로 창출할 줄 아는 존재다. 그런 의미에서, 인간의 **선험**적인a priori 영역을 구축하는 것은 인간의 **경험**적인a posteriori 성격이며, 그래서 인간은 **선험적인 방식으로 경험**한다고 말할 수 있다. 인간의 자유는 바로 이러한 논리적, 시간적, 존재론적 불균형에 뿌리를 두고 있다. "**부재**를 긍정적으로 이해할 수 있고 **아무 것도 아닌 것**에 긍정적인 의미를 부여할 수 있는"[28] 것이 바로 인간의 자유다.

하지만 그렇다고 해서 이러한 변증법과 정반대되는 방향의 해석이 불가능한 것은 아니다. 아니, 그것은 오히려 필연적이다. 다시 말해 세계에 대한 인간의 이질성만 인간이 누리는 자유의 조건이 아니라, 인간의 자유 역시 동일한 이질성에 의해 지배되고 착취된다. 이는 곧 인간의 자유가 자유 자체에 대해서도 이질적이라는 것을 의미한다. 심지어는 자유분방하게 길을 잃기까지 하고, 그래서 자유와는 정반대되는 것으로 전복되는 것이 인간의 자유다. 바로 그런 이유에서, '자유'에 관한 한 '치료'는 '병리학'을 의미한다. 안더스가 '불일치'에 관한 저서의 제목으로 '병리학'이라는 용어를 사용할 때 수용하는 것은 일종의 허무주의적인 논제다. 안더스에 따르면, "인간은 그가 원하는 대로 발산하는 행위를 통해, 다름 아닌 자유로운 방식으로 의사를 표명하지만 그럼에도 불구하고 결국에는 자신이 스스로의 존재를 결정한 존재가 아니며 자유롭지 못하다는 사실을 발견하기에 이른다."[29] 여기에는 두 가지 이유가 있다. 우선적으로는, 이러한 자유가 '전제'될 뿐 사실은 인간의 선택에 의해서가 아니라 그에게 숙명적으로 주어지기 때문이며, 더 나아가서 이러한 숙명이 가장 절대적인 우발성과 완전한 불확정성의 형태를 취하기 때문이다. 바로 이 필연적 우발성의 역설, 혹은 우발적 필연성의 역설 속에 "자유라는 속임수 혹은 치명적인 선물"[30]이 있다. 이러한 자유를 바탕으로 결정되는, 혹은 분출되는 '경험적인' 것의 '선험적인' 수용 역시, 단순히 미래를 향해 열린 요소만 강조하는 해석과는 대칭적으로 상반되는 해석을 요구한다. 물론 존재론적 기원의 부재에 대한 이해는 결국 현재와 거리두기를 종용하며 오히려 고스란히 불확정적인 상태로 남아 있는 미래를 주목하도록 만드는 것이 사실이다. 하지만 이 미래는 언제나 오로지 현재가 '아니'라는 이유에서 미래이며 결과적으로 구축적인 차원에서 부정적이다. 미래는 그런 식으로 언제나 지나치게 불확정적이며, 결과적으로 인간의 제어 능력을 벗어날 뿐 아니라 시간의 흐름을 뒤바꾸기까지 한다. 그래서 미래는 결국 '이미 일어난' 것으로 변신한다. 이는 이 '미래'가 앞서 살펴본 대로 법의 치명적 모순 안에서 기능하는 '완료형 미래'의 논리적 형용모순을 따르기 때문이다. '이미 일어난' 미래는 '스스로에게서 살아남는' 순수한 생각 차원의 생존 경험에 가깝다. 여기서 '부정성의 자유'는 '자유의 부정'과 다를 바 없다.

인간은 이처럼 자유로운 자기치환을 통해 또다시 무언가 부정적인 것을 발견한다. 그는 과거의 심연으로 추방당한 자신의 모습을 바라보며 일찍부터 스스로의 죽음을, 아직 일어나지 않은 미래의 일임에도 자신의 탄생처럼 이미 지나간 과거의 일로 목도한다. 매사가 이미 지나간 과거의 일로 간주되고, '전도서'의 저자가 자신의 허무주의를 다름 아닌 완료형 미래로 표현할 때처럼 모든 것이 허영으로 간주된다. 그의 말대로, 미래의 세대를 그 다음 세대는 조금도 기억해주지 않을 것이다. 이는 미래의 세대가 그저 '존재하기만 했을 것이기' 때문이다. 여기서 미래는 이미 과거가 되어 있다.[31]

이러한 측면에서도 철학적 인류학의 뿌리 깊은 근원에서 다시 한 번 모습을 드러내는 것은 허무의 형상이다. 인간을 절박하게 만드는 결핍으로부터 그를 면역화하기 위해 구축되는 이 허무의 형상은 인간의 내부에서 이 결핍을 강화된 형태로 재생한다.

3. 공동체의 위험

이러한 엔트로피적인 결과는 셸러와 안더스의 저서에서 여전히 불확실하고 모순적인 상태로 남아 있었지만 철학적 인류학이 성숙한 단계에 이를 무렵 서로 중첩될 수 없는 경로를 거치면서 인류학을 이끌었던 두 학자의 연구에 힘입어 분명한 윤곽을 드러낸다. 이들 가운데 첫 번째 인물은 헬무트 플레스너Helmuth Plessner다. 플레스너가 생물학자 한스 드리쉬Hans Driesch의 제자였고 프라이부르크에서 청년기에 의학을 공부할 때부터 관심을 기울여 온 생리학을 결코 포기한 적이 없다는 사실은 그가 면역학적인 차원에서 취하는 급진적인 입장과 결코 무관하지 않다. 플레스너가 자신의 인류학 기획을 다름 아닌 면역학적 차원에서 추진했다는 사실이야말로 그가 직계 선임자들과 다른 점이다.[32] 셸러가 여전히 '정신'이라는 부정성의 원리에서 '보완'이 수행하는 삶의 보존 기능을 분리시키려는 단계에 머물러 있었고 안더스가 '보완'의 의미론을 수용하면서도 이를 자유의 관점에서 해석했던 반면, 플레스너는 인간에 대한 탐구의 무게중심을 홉스적인 '질서'의 패러다임에 집중시켰다. 드리쉬의 '질서이론Ordnungslehre'에 영향을 받은 플레스너에 의하면 "질서를 원하는" 성향은 "모든 인간의 삶에 잠재하는 태도"[33]다. 왜냐하면 인간은 삶의 '기한'이라는 문제에 요구되는 자원을 오로지 '질서'에서만 취하기 때문이다.

물론 인간을 생물학적 차원으로 환원하는 관점에 대해 플레스너가 관대한 입장을 취하는 것은 아니다. 하지만 분명한 것은 그가 게오르크 미쉬Georg Misch의 '생의 철학Lebensphilosophie'과 일관성을 유지하며 다름 아닌 신체를 인류학의 구체적인 연구 대상으로 간주한다는 점이다. 그럼에도 그는 셸러의 관점에 함축되어 있는 인류학적 구도를 포기하지 않고 오히려 셸러가 열어 놓은 삶과 정신 사이의 형이상학적 틈새를 다시 육체의 영역 안으로 끌어들여 일체화하는 데 주력한다. 실제로 플레스너의 입장에서 몸은 데카르트가 말하는 '연장된 실체res extensa'의 질량적 차원으로 환원될 수 없을 뿐 아니라, 오히려 몸이 고유의 타자성과 팽팽한 관계를 유지하는 장場 자체를 형성한다. 다시 말하자면 "몸과 영혼이 서로 뒤엉키며 긴밀하게 교류하는 형식"[34] 자체가 바로 몸이다. 이러한 내재주의적인 성격의 전제에서 출발해 이른바 생명체의 인류학, 즉 형식과 질료, 혹은 내부와 외부, 주체와 객체가 각각 서로의 표현 방식이자 표출 방식으로 기능하는 진정한 의미의 생명철학biofilosofia이 형성된다. 이러한 차원에서 몸은 더 이상 외피나 도구로 간주되지 않고 지적 활동의 유기적인 뿌리로 간주되며 지성 역시 육체적인 활동의 정신적인 결과로 해석된다. 플레스너가 인간의 '중심이탈적 위치'라는 표현을 사용할 때 의도적으로 지적하는 것이 바로 이러한 특징이다. 동물이, 야콥 폰 웩스퀼Jacob von Uexküll의 의견대로, 주변 환경과의 즉각적인 관계 속에서 모든 것을 해소하는 반면, 인간은 항상 자기 자신과 거리를 유지한다. 그는 자신의 실질적인 위치에서 벗어나 앞이나 뒤에, 가까이 또는 멀리, 이전이나 이후의 상황에 머문다. 인간은 고유의 '안' 바깥과 '바깥' 안에 위치하며, 그만의 '외면성' 안과 '내면성' 바깥에 머문다. 바로 이 지점에서 그의 모습을 중심으로 정체성과 타자성이 끊임없이 뒤섞이며 매듭을 형성한다. 인간은 자기 자신과 완전히 일치하지도 않고 다르지도 않으며 자신이 부여하는 의미의 지평에서 중심이나 측면에 머물지 않고, 정확하게 이 둘을 분리된 채로 통합하는 한계 안에 머문다. 이러한 유형의 근접성을 플레스너는 '존재'와 '소유' 사이의 존재론적 틈새에서 발견했다. 인간은 '있는 그대로의 몸'을 소유하지 않으며, 진정한 의미에서 '소유하는 몸'으로도 존재하지 못한다. 인간은 스스로-자기를-소유하지-않는 존재다. 플레스너는 『인간의 조건Conditio humana』[35]에서 이렇게 말한다. "'나는 존재하지만 나를 소유하지는 않는다.' 이 문장은 신체적으로 존재해야 하는 인간의 독특한 상황이 무엇인지 보여준다." 그래서 그가 "인간으로 존재하기란 곧 자신과 다르게 존재한다는 것을" 의미한다고 말한다면, 그 이유는 인간이 있는 그대로의 모습과 일치하지 않는 존재이기 때문이다.[36] 어떻게 보면 이질화는 정체성 확립의 조건이며 정체성은 이질화의 조건이라고 말할 수 있다. 오직 자신과 다르게 존재할 수 있는 가능성과의 부정적인 관계 속에서만 인간은 실질적으로 존재하는 자, 정확히 말해 스스로-타자로는-존재하는-않는 자다. 인간은 자신과의 거리 자체를 살아간다. 그것과 모든 면에서 일치할 때까지. 이 거리가 바로 인간을 자신과 분리시키는 균열이자 여백, 고랑, 경계다. 바로 이 여백 안에서, 이질적인 것이 고유한 것을 포위하고 고유한 것이 지속적으로 이질화된다. 이는 일종의 소란이자 번민, 열린 상태로 동일자의 고랑에서 일어나는 분쟁에 가깝다.

하지만 여기서 동일한 메달의 이면에 주목할 필요가 있다. 플레스너가 이 틈새를 강조하면 할수록, 이 상처가 얼마나 깊은지 드러내면 드러낼수록, 고유의 이질성에 노출된 주체를 묘사하면 할수록 그는 인간의 면역화가 가능한 보호막을 구축해야 하는 입장에 놓인다. 사실상 플레스너의 담론 전체를 지배하는 것은 이러한 보완의 요구, 즉 인간을 스스로의 '저 너머'에 위치시키는 '자연적인 불균형' 상태에서 벗어나기 위해 '인위적인 균형'을 구축해야 한다는 요구다. 결국 플레스너는 인간이란 인간의 중심이탈적인 본성이 지닌 무게와 균형을 유지할 목적으로 가동되는 일종의 분동 배분체계에 가깝다는 생각을 하기에 이른다. "인간은 자신의 존재가 지니는 참을 수 없는 중심이탈적인 본성에서 벗어나려는 성향과, 인생은 결국 반쪽짜리 삶이라는 점을 보완하려는 성향을 지닌다. 그래서 그에게는 존재의 무게와 균형을 맞출 수 있을 만큼 충분히 무거운 것들이 필요하다."[37] 오로지 이런 방식을 통해서만 인간은—헤르더가 주목했던 대로—자신이 지닌 것 가운데 "가장 월등한 힘을 쓸 수 없는 존재"에서 자신의 "가장 열등한 힘으로 무장한 전사", 다시 말해 고유의 원천적인 결핍을 생산적으로 보완하며 "대용품들을 변화무쌍하게 활용할"[38] 줄 아는 존재로 변신할 수 있다. 물론 플레스너에 따르면, "생물학적 차원에서 인간의 총체적 본성에 적용되는 '보완'의 개념은 인간의 본성을 결정짓는 원인과 방식에 대한 설명을 제공하지 않는다."[39] 달리 말하자면, 약한 힘과 강한 힘의 변증적 전복에 대한 설명만으로는 충분하지 않고 "이 새로운 유기적 체제의 균형을 유지하는 데 필요한 구체적인 형태의 지지대"[40]가 전제되어야 한다. 하지만 이처럼 구체적이어야 하기 때문에—그렇지 않을 경우 순수하게 '주관적인' 역학으로 환원될—보완의 메커니즘은 일련의 대조적으로 '객관적인' 요소들, 즉 면역 효과를 보장하는 구속적인 규율들의 사슬을 바탕으로 전개된다. 바로 그런 이유에서 "인간으로 존재한다는 것은 곧 규율의 감옥에 갇혀 살며 본능을 제거하는 데 얽매인다는 것을 의미한다. 모든 관습, 모든 풍습, 모든 법이 본능적 충동을 나름대로 세분화하고 체계화하며 억압한다."[41]

바로 이 지점에서 인류학은 정치학으로 거듭난다. 다시 말해, 인류학의 원천적으로 정치적인 어조가 여기서 전면에 부각되기 시작한다. 보완의 공리는 바로 이 지점에서 면역장치의 기능적인 역할을 취득하거나 드러낸다. 관건이 다름 아닌 면역 기능이라는 점은, 인간을 위협하는 자연적인 위협 앞에서 다양한 형태의 정치가 수행하는 것이 보호-보증의 역할이라는 사실과 이러한 위협에 명백하게 공동체적인 성격이 부여된다는 사실에서 분명하게 드러난다. 공통성의 과다야말로 정치가 인간의 삶을 보호하기 위해 봉쇄해야 할 위험이다. 극우파의 '뮌헨 폭동'과 공산당의 '함부르크 봉기'가 실패로 돌아간 뒤 바로 다음해에 펴낸 『사회공동체의 한계Grenzen der Gemeinschaft』(1924년)에서 플레스너가 주장했던 바의 핵심 논제 역시 바로 이것이었다.[42] 물론 플레스너의 의도는 체제를 위협하는 극단적인 성향의 우파나 좌파 그룹의 활동에 반대하며 바이마르의 정치체제를 변호하는 것이었지만 그의 저서에서 분명하게 드러나는 면역학적인 색채와 관련하여 주목해야 할 것은, 그가 문제적 '우상'으로 간주하는 것이 다름 아닌 공동체를 추구하는 급진적인 방식이라는 점이다. 공동체를 전통적인 유기주의의 관점에서 관찰하는 플레스너에 따르면, 사회적 삶의 균형을 무너트리는 것은 다름 아닌 공동체적인 요소들이다. 이는 공통적인 요소들이 사회적 삶에 감정적 과부하를 가져오며 사회의 정상적인 기능을 불안정하게 만들기 때문이다. 이 경우에도 요구되는 것은 여전히 '제동', '훈련', '질서'다. 다시 말해 표류하는 융합 현상을 막고 피해를 보완하려면, 유통과 소통이 이루어지는 곳에서 한계와 경계를 재구성할 수 있는 일련의 보호 전략이 필요하다. '공동체적인 삶'의 특징인 근접성에 맞서 이 보호 전략들은 모두 거리를 유지하는 방향으로, 기능적인 차원의 분리를 조장하는 방향으로 움직인다. 기능적 분리는 무엇보다도 개인들 간의 상호관계를 유지하기 위해, 아울러—좀 더 근본적인 차원에서, 그리고 대인관계와 관련하여—각 개인에게 요구되는 자신과의 관계를 유지하기 위해 필요하다. 이러한 측면에서—하지만 분명하게 면역학적인 차원으로 굴절된 상태에서—다시 부각되는 것이 바로 플레스너의 인류학을 뒷받침하는 고유성과 이질성의 변증관계다. 플레스너에 따르면 인간은 오로지 내면과 외면, 사적인 측면과 공적인 측면, 보이지 않는 것과 보이는 것의 양극성 안에서 스스로 양분될 때에만, 아울러 한 극단을 또 다른 극단의 보존에 활용할 때에만 고유의 정체성을 보존할 수 있다. 공적인 삶의 외면성이 사적인 삶의 가능성을 거울의 맞은편에 그려내듯, 다름 아닌 외면적인 태도의 가시성이 이를 주관하는 내면적 의도를 은폐하며, “한 인간을 최대한 가시적인 동시에 비가시적인 존재로 만든다.”[43]

플레스너가 언급하는 사회적 기능들, 예를 들어 ‘이름’, ‘역할’, ‘의례’, ‘특권’, ‘사교’, ‘절도節度’ 등은 모두 이러한 이중화를 거쳐 보장의 요구에 응답하는 요소들이다. 결국 인간은 자신의 일부를 보존하기 위해 또 다른 부분을 말 그대로 ‘놀이’에 빠트릴 수밖에 없는 존재다. 생존은 즉각적이고 직접적인 방식으로 보장되지 않는다. 따라서 요구되는 것은 중재이며 주체의 분리를 위해, 서로 만날 가능성이 전혀 없는 탈주의 경로들이 마련되어야 한다. 혹은 만나더라도, 부정적인 만남만이 가능하다. 외형적인 차원의 자아실현을 위해 인간은 본질적인 차원의 자아실현을 포기할 수밖에 없는 운명에 처한다. “심리적인 것은 모두 그 자체에 도달하기 위해 탈선을 필요로 한다. 그것은 스스로를 잃는 경우에만 스스로를 정복한다.”[44] 플레스너가 아우구스티누스-루터적인 유형이든 헤겔-마르크스주의적인 유형이든 모든 부정적 이질화 이론을 거부하며 강조하는 것은, 상호파괴적인 분쟁으로 전복될 운명에 처한 어떤 유기적인—타자와의 혹은 자신과의—결속관계에 대해 이질화가 발휘하는 면역 효과다. 이 분쟁을 다스리기 위해 기용되는 것이 바로 사회적인 차원의 표상이며, 이를 플레스너는 연극 용어들, 예를 들어 ‘의인화’나 ‘체화’ 또는 각자가 스스로의 대역 내지 분신으로 변한다는 의미의 ‘변장’ 같은 용어를 활용하며 재구성한다.[45] 이 용어들은 니체가 묘사했던 허무주의-보완주의적인 상황을 떠올리게 만든다.

> 지성은 개인의 보존 수단일 때 고유의 주된 힘을 허구에 쏟는다. 허구적인 표상은 실제로 가장 나약하고 또 견고하지 못한 이들이 스스로를 보존하는 수단이다. 왜냐하면 맹수들처럼 생존을 위해 예리한 이빨이나 뿔로 싸울 수 없기 때문이다. 인간에 의해 허구적인 표상의 기술은 절정에 달한다. 예를 들어 환영과 아첨, 거짓과 사기, 부재하는 누군가를 헐뜯기, 대변하기, 휘황찬란하게 꾸미면서 살아가기, 가면으로 본연의 모습을 감추기, 관습적으로 은폐하기, 사람들 그리고 자신 앞에서 희극을 연기하기, 간단히 말하자면 허영이라는 불꽃을 향해 달려드는 나방의 끝없는 날갯짓이... 규칙과 법칙을 만든다.[46]

이러한 유형의 담론이 홉스의 이론적 전제에서 비롯된다는 점은 너무나 분명하다. 인간사회는—종류를 막론하고—자연적인 형태의 잠재적 폭력을 무력화할 수 있는 인위적 질서가 수반되어야만 존속할 수 있다. 하지만 바로 이 지점에서, 인위적 질서에 내재하는 면역학적 가치가 부각된다. 이 질서는 잠재워야 할 폭력의 파편을 내부에 수용하지 않을 수 없는 상황에 처한다. 부정성은 제거될 수 없으며 단지 길들이는 것만이 가능하다. 부정성을 길들일 때, 병적 현상은 참아낼 만한 것으로 변한다.

플레스너의 담론이 보여주는 것은 그가 언급하는 모든 사회적 관례가 문명화 논리를 통해 미화되고 도시화될 뿐 이 미약한 폭력의 덩어리를 기저에 품고 있다는 점이다. 폭력의 파편은 미약한 형태로 보존될 때에만 그것의 기원인 동시에 그것과 본질을 공유하는 더 강력한 폭력에 맞서 대항할 수 있다. 예를 들어 사회적 '역할'은 일종의 '가면' 또는 "공적 영역이라는 전쟁터로 입고 가야 할 갑옷"[47]과도 같다. '특권'의 경우에도, "정통성의 이미지를 확보하기 위한 투쟁이 실현되는 대신 보완의 한 방식으로 변신"[48]하며 특권을 침투 불가능한 것으로 만든다. '사교' 기술의 경우에도, 위협과 계략, 설득과 만류의 기술은 "협상 과정에서 상대를 좌지우지하며 결국 무력화하는 데"[49] 소요된다. 그런 의미에서 '사교'는 "노골적인 폭력"[50]을 피하기 위한 유일하게 정당하고 필수적인 방식이며, 호의에서 권력 행사에 이르는 다양한 형식으로 다름 아닌 폭력을 포장하는 기술이다. 아니, 호의는 권력을 좀 더 효과적으로 휘두르기 위한 예리한 도구로도 활용된다. 르네상스 시대의 '은닉 기술sprezzatura'*이나 수많은 유형의 게임 논리를 연상시키면서, 이 '호의'와 '지배' 사이에서 전개되는 매끄러운 전이는 플레스너가 "사회적 위생"의 필요성을 암시하며 "절도節度"라는 표현으로 정의하는 것과 일치한다. 절도는 "지나친 접근을 방지하는" 기술이자 "지나친 개방을 방지하는"[51] 기술이다. 이는 단순한 거리두기 또는 폐쇄가 아니라, 거리를 유지하는 관계이자 제어된 개방을 의미한다. 이러한 관점에서, 플레스너는—일각에서 주장했던—유아론의 이론가로도 볼 수 없고 정확하게 개인주의의 이론가로도 평가하기 어렵다. 그의 논리는 오히려 모든 사회 형태의 예방

* Sprezzatura는 어렵고 복잡한 일을 수행할 때 어려움을 겉으로 드러내지 않는 기술 내지 자세, 혹은 상황이 바뀔 때마다 어떻게 행동해야 할지 아는 지혜를 말한다.

적 면역화 이론에 가깝다. 이 면역화를 거치면서 사회는 사회를 구성하는 동시에 탈구축하는 개인-원자들 안에서 탈-사회화된다. 물론 플레스너는 개인과 공동체를 추상적으로 분리시키는 우를 범하지 않고 공동체를 오히려 개인의 실존을 위한 조건으로 제시한다. 하지만 개개인의 실존은, 사회 구성원들을 분리하면서 연합하고 이질화하면서 결속하는 독특한 관계에 좌우된다.

이처럼 결속과 분리의 중첩이 전제되기 때문에, 플레스너의 인류학이 "정치신학의 한 단상"[52]이라는 표현으로 정의되는 것은 당연한 결과라고 볼 수 있다. 하지만 이는 플레스너를 "거시적인 구도의 정치-인류학을 시도한 최초의 현대철학자"[53]로 주목했던 정치신학자 카를 슈미트와 그의 공공연한 관계 때문이라기보다는 좀 더 본질적인 차원에서, 플레스너가 제시하는 "사회적 위생"의 면역 메커니즘이 폭력에 대한 '카테콘'의 역할, 다시 말해 폭력을 체화하면서 제어하는 역할을 하기 때문이다. '절도'의 범주에 주목하며 아도르노가 관찰했던 대로, "'절도'의 유명론적인 성격은 가장 보편적인 보편성의 승리에, 아울러 가장 복잡한 심경 속에서조차 순수하게 잠재적인 자세의 승리에 기여한다."[54] 한편으로는 플레스너도—다분히 논쟁적인 어조지만, 자신이 기획한 인류학의 방향에 위배된다기보다는 이를 오히려 가장 민감한 부분에서 분명하게 드러내며—이렇게 천명한 바 있다. "절멸 없이, 적어도 위협 없이 정치는 존재하지 않는다.[55] 이와 마찬가지로, 자유의 말살 없이는 법도 존재하지 않는다." 모든 각도에서 우리를 위협하는 '절멸'의 상황을 제어하기 위해 부름 받은 인간은 또 다른 '절멸'을 계속해서 수단화하지 않는 이상 그의 임무를 수행하지 못한다.

***

플레스너의 『사회공동체의 한계』 이탈리아어 번역본 서문에서 브루노 아카리노Bruno Accarino는 저자의 면역학적 해석에 보란 듯이 문제를 제기한다. 구체적으로 '공통성communitas'의 어휘와 함께 발생할지도 모를 대립관계의 문제점을 지적하며, 그는 이렇게 주장한다. "'면역성Immunitas'은 더 이상 '공통성communitas'의 반대말이 아니며 공통성의 필수불가결한 전제들 가운데 하나다."[56] 아카리노의 주장은 옳기도 하고 틀리기도 하다. 옳은 이유는—우리가 처음부터 주장했던 대로—'공동체'라는 범주와 '면역'이라는 범주 사이의 변증적인 동시에 모순적인 특성을 간파하고 강조하기 때문이다. 실제로 플레스너가 비판하는 융합 지향적 공동체는 면역화의 가장 첨예한 형태를 표상한다. 왜냐하면 이러한 유형의 공동체야말로 고유의 절대적 사회모형에 위배되는 모든 종류의 차이와 이질성을 거부하거나 반대로 흡수해버리기 때문이다. 신공동체주의에서 파생한 제노포비아적이고 보전주의적인 유형의 사회체제가 어김없이 보여주듯이 스스로를 완전하게 '고유한' 체제로 간주하는 공동체보다, 다시 말해 '고유'의 체제에 소속되지 않는 것은 무조건 '공동'적이지 않은 것으로 간주하는 공동체보다 더 면역적인 것은 없다. 하지만 이러한 공동체는 정체성과 소속성에 뿌리를 두기 때문에 '공통성'과는 사실상 정반대되는 체제다. 반면에 '면역성'은 고유의 부정적인 의미를 다름 아닌 '공통성'에서 도출해낸다. 이것이 바로 아카리노가 놓치는 부분이다. 달리 말하자면, 그가 주장하는 것처럼 '공통성'이 '면역성'을 전제로 성립되는 것이 아니라 오히려 후자가 전자를 전제로 성립된다. 물론 이 '전제'는 시간적으로 앞선다는 차원의 해석과는 아무런 관련이 없다. 이처럼 상투적인 해석에 플레스너는 당연히 '낭만적으로 보수적'이라는 꼬리표를 붙인다. 이 '전제'는 오히려 논리적이거나 존재론적인 차원에서 이해해야 한다. 왜냐하면, 아카리노가 플레스너의 인류학과 포스트-홉스 인류학 전체를 계승하며 시도한 것처럼 '면역성'을 전제로 '공통성'을 정의한다는 것은 곧 '함께cum'의 '관계성'을 개인주의적인 각도에서 바라보며 관점을 뒤엎거나 혹은 철학적인 차원에서 이미 면역된 어휘로 해석한다는 것을 의미하기 때문이다.

우리는 플레스너의 '절도節度'라는 범주에 대해서도 이와 유사한 고찰을 시도할 수 있다. 아카리노는 '절도'를 '접촉'과 동일한 범주로 간주한다.[57] 하지만 이러한 일치를 결코 가볍게 볼 수 없다는 점은 다름 아닌 그의 저서에서도 비교적 분명하게 드러난다.[58] '절도'의 범주가—'우연'의 범주와 마찬가지로—관계성을 부정하지 않고 오히려 요구한다는 것은 사실이다. 하지만 절도는 관계 자체를 방어적인 형태로 보류하며 예방차원에서 관계의 위험천만한 전염성에 무감각해지도록 만든다. 바로 여기에 플레스너가 거듭 강조하는 절도의 '위생적인' 성격이 있다. 하지만 동일한 차원에서, 절도는 법적 제한의 영역과도 직결된다. 절도는 무엇보다도 차별화의 장치 혹은 원천이다. 예를 들어, 절도는 과도한 간섭이나 심지어는 분별력의 상실에서 비롯되는 경솔함과 천박함을 거부하며 적절한 경계를 설정한다. 바로 그런 이유에서 절도는 '바름Richtigkeit'과 동일한 의미범주에 속한다. 이 '바름'은 '방향

Richtung'과 '권리Recht'의 개념에도 함축되어 있다. 실제로 예링은 절도를 규칙의 추상성에 얽매이지 않고 '옳은 것das Richtige'을 파악할 수 있는 기량으로 정의했다.[59] 하지만 이처럼 차별적이고 제한적인 성격이 절도를 면역화의 영역으로 끌어들인다. 절도를 특징짓는 근접성의 본질은 일정한 거리를 수용한다는 데 있다. 그런 식으로 절도는 가까이서 훼손하거나 상처를 입힐 수도 있는 것에서 멀어지려는 자세의 부정적인 성격을 지닌다. 혹은 '절도tatto'* 가—'촉각tatto'에서 유래하는 만큼—접촉 없이 접촉한다고도 말할 수 있고, 또는 접촉을 시도하는 동시에 무언가나 누군가를 사실은 접촉하지 않는다고도 볼 수 있다. 그런 의미에서 절도는 촉감의 의미론적 사슬 안에서 접촉과 유사한 것으로 간주되지만 사실은 접촉의 정반대다. 접촉을 제거하거나 제한하는 것도 아니며 오히려 부정하는 것이 바로 절도다. 절도의 역할은 아주 얇은 격막의 그것과 비슷하다. 외부 표면의 상호접촉을 허락하지만 사실은 서로 부딪히지 못하도록, 따라서 표면이 접촉을 경험하면서도 접촉 자체에는 아무런 영향도 받지 못하도록 만드는 격막의 역할을 하는 셈이다. 물론 탁월한 사회적 범주인 만큼, 절도는 타자와의 관계를 요구한다. 하지만 절도가 요구하는 것은 접근을 용이하게 하기보다는 오히려 처음의 거리를 유지하며 확대하는 유형의

* 적합한 의미를 전달하는 차원에서 '절도'로 옮긴 tatto/takt는 여기서 타자의 자존심이나 민감한 부분을 건드리지 않고 말하거나 행동할 줄 아는 기량을 뜻하지만 기본적으로는 '촉각'을 뜻하는 용어다. 저자가 '절도'를 '접촉'과 자연스럽게 비교하는 이유는 어원적 해석의 차원에서 접근하기 때문이다. 사실상 tatto의 의미가 주변에서 일어나는 각종 변화에 대한 감지능력을 비유적으로 가리키는 '촉각'에 가깝다는 점을 감안하면 '절도'와 '접촉'의 연관성은 비교적 분명해진다.

관계다. 플레스너에 따르면, "절도가 요구되는 상황은, 자연적 인격체들 사이에서 초-이성적이며 감지가 불가능한 직관을 바탕으로, 아울러 내면적인 차원의 섬세한 거리 유지를 조건으로 발생하며 해소된다."[60] 간략하게 말하자면, 어떤 근접 상황에서 스스로의 접근 불가능성을 보다 확고하게 유지할 줄 아는 사람이 가장 절도 있는 사람이다.

이러한 관점에서 볼 때, 접촉의 철학자 메를로 퐁티Maurice Merleau-Ponty와 플레스너의 유사성은 비교적 외형적인 것으로 드러난다. 하지만 그 이유는 둘 사이에 공통된 주제나 해석적 관점이 없거나 이들이 몸의 영역 및 어떤 의미로든 몸과 접촉하는 모든 것의 영역에 동일한 관심을 기울이지 않았기 때문이 아니라, 다름 아닌 접촉의 의미론적 축이 이들의 관점을 가장 민감한 지점에서 예리하게 가로지르며 분리시키기 때문이다. 둘 사이의 차이점은 이렇게 요약해볼 수 있다. 플레스너의 경우—일반적으로 독일의 철학적 인류학에서—'접촉'은 문턱을 넘어서지 않도록, 다시 말해 넘어서면 부정적인 결과를 가져올 수밖에 없는 어떤 경계선 내부에 머물도록 전략적으로 제한되는 반면, 메를로 퐁티의 경우 '접촉'은 정확하게 이 한계선을 기점으로 고유의 의미를 확보한다. 메를로 퐁티에 따르면, "만지기와 스스로를 만지기(스스로 만지기—만지기—만져지기), 이 두 행위는 몸 안에서 동일한 행위가 아니다. 여기서, 만지는 자와 만져지는 자는 결코 일치하지 않는다. 이는 이 두 행위가 '정신' 혹은 '의식'의 차원에서 일치한다는 것을 의미하지 않는다. 접촉이 이루어지려면 몸과는 다른 무언가가 필요하다. 따라서 이 접촉은 '만질 수 없는 것' 속에서 이루어진다."[61]

이 '만질 수 없는 것'은 여하튼 '만질 수 있는 것'에 외부의 접근이 제한되는 경우를 가리키지 않고 '만질 수 있는 것' 자체가, 그것을 스스로와 절대적으로는 일치할 수 없도록 만드는 격차 속에 머물러 있음을 가리킨다. 여기서 관건이 되는 것은, 플레스너의 경우처럼 감성적인 차원에서 참기 어려운 관계로부터 접촉의 주체를 보호해야 할 필요나 기회가 아니라, 반대로 주체나 객체에 대한 사유 자체가, 주체나 객체의 자격을 부여하거나 박탈하는 관계 바깥에서는 사실상 불가능하다는 점이다. 결과적으로 주체와 객체에게는 '궁극적인 차원에서 서로를 만지는' 것이 불가능하다. 왜냐하면 사실상 '만지는 자'도 '만져지는 자'도 존재하지 않고, 오로지 이들이 서로의 윤곽을 확인하는 행위로서의 '만지기'가 있을 뿐이기 때문이다. 아니 심지어는 이 '만지기'도 그 자체로는, 다시 말해 때에 따라 접촉을 경험하는 누군가가 본질적이며 절대적인 것으로 이해하는 '만지기'란 존재하지 않는다. 그런 의미에서, '만질 수 없는 것'은 접촉에 저항하는 무언가라기보다는 오히려 접촉 가능성 자체에 가깝다. 하지만 이 모든 것은 명백히 우리를 플레스너뿐만 아니라 인류학 자체의 개념적 어휘에서 벗어나게 만들고, 메를로 퐁티 자신이 이른바 '살의 존재론'이라는—여전히 수수께끼 같은—표현으로 정의했던 의미의 지평으로 인도할 것이다.

4. 허무의 위력

이 허무주의적인 과정을 결정적인 완성의 단계로 이끈 인물은 아르놀트 겔렌Arnold Gehlen이다.[62] 20세기 철학적 인류학의 역사는 고스란히 그의 저서와 함께, 단호히 보존주의적인 체제를 정립하면서 스스로 막을 내리는 듯 보인다. 셸러, 안더스, 플레스너의 관점을 여전히 불안하게 만들던 망설임과 모순들, 풀리지 않던 의혹들은 모두 겔렌에 의해, 인류학적 패러다임을 그것의 순수한 면역 효과와 완전히 일치시키는 일종의 봉합 장치를 통해 해소된다. 물론 겔렌의 입장에서 '관계의 존재론'이라는 문제에 관심이 전혀 없었던 것은 아니다. 예를 들어, 1931년의 논문 『사실적인 정신과 비사실적인 정신』에서 겔렌은 이렇게 주장한 바 있다. "인간에게 적합한 유일한 대상은 타자다."[63] 하지만 이 경우에도 겔렌은 예방차원의 무력화에 주목하며 이 공동체-지향적인 특징을 서둘러 공공연하고 절박한 '보존'의 요구에 예속시킨다. 겔렌에 따르면 "전적으로 스스로이기를 원하는 삶은 부정적인 요소를 찾아나

서야 한다. 뒤이어 이 요소로부터 스스로를 보존하기 위해서다."[64] 여기서 생존에 필요한 것으로 천명되는 이 '부정적인' 요소가 앞서 타자와의 관계에 주어졌던 자리를 차지한다. 달리 말자면 '부정적인' 요소는 겔렌이 처음부터 '타자'라는 주제에 부여했던 도구적인 성격을 드러낸다. 왜냐하면 호감과 사랑의 형식[65] 속에서 이루어져야 할 개별적인 인격 형성의 조건으로 공통의 경험을 제시했던 셸러나 항상 상호주체성의 정치적 차원에 주목했던 플레스너와는 달리, 겔렌의 입장에서 '타자'는 또 다른 자아나 주체라기보다는 무엇보다도, 그리고 본질적으로 '나는-아닌' 존재이기 때문이다. 이 '아닌'은 무엇보다 '나'의 정체를 나의 실질적인 '타자'와는 다른 존재로 확인시켜 준다. 겔렌에 따르면 "자신의 존재와 본질의 수수께끼를 풀지 못해 괴로워하는 인간은 '나는-아닌' 것을 통해, 따라서 인간적인 것과는 거리가 먼 무언가를 통해 스스로를 해석할 수밖에 없는 처지에 놓인다."[66] '나는-아닌' 사람, 그는 어떤 인간적인 '당신'의 모습을 하고 있을 때조차도 언제나 오로지 '나'의 형성과 연관되는 경우에만 의미를 지닌다. 그런 식으로 주체는 이 객관적인 중도를 거치면서, 다시 말해 고유의 자연적 본질을 대체하는 동시에 보호하는 형식적인 장치 안에서 스스로의 이질화를 통해 자기보존을 꾀한다.

이러한 이론의 역사-철학적 유래는—아마도 피히테에서 유래하겠지만—여기서 그리 중요한 문제가 아니다. 관건은 이 이론이 명백하게 '보완'의 영역에서 활용된다는 점이다.

인간을... 거칠고 투박한 자연 앞에서 이에 대응해야 하는 동물로 간주하면, 그는 어떤 상황에서든 자신의 타고난 신체적 한계나 본능의 결핍상태를 수긍하며 살아갈 수 없는 존재다. 하지만 그는 이러한 단점들을 보완할 줄 아는 기량을 지녔다. 다시 말해 그는 이 거칠고 투박한 자연에 변화를 주어야 한다는 시급한 요구에 응답할 줄 아는 존재다. 이 자연이 어떤 종류이든, 변화가 어떤 방식으로 이루어지든, 그는 거칠고 투박한 자연을 삶에 유용한 것으로 만든다.[67]

바로 이러한 관점을 결정적인 근거와 답변으로 제시하며 정당성을 확보하는 것이 '전복적 성장'이라는 인류학적 논제다. 이 논제가 다루는 것은 인류에게 고유한 유기체적 성장지연과 사유, 행위, 언어 같은 잠재력 실행력 사이의 변증적 전복이다. 이 변증 관계에 따르면 인간처럼 발달장애, 원시성, 유기체적 특화의 결핍 같은 구조적인 문제를 안고 있기 때문에 자연적인 차원의 적응력이 가장 뒤떨어지는 존재가 바로 그런 이유에서 다방면의 적응력이 가장 뛰어난 존재로 성장한다. 겔렌은 '결핍의 존재Mängelwesen'에 관한 헤르더의 이론과 '미완의 존재Unfertigkeit'라는 니체의 개념을 비롯해 루이스 볼크, 아돌프 포르트만, 프레데릭 버텐다이크Frederik Buytendijk, 오토 쉰데볼프Otto Schindewolf, 오토 스토히Otto Storch, 콘라트 로렌츠Konrad Lorenz의 생명행동학bio-etologia에서 인간의 '삶'과 '생존' 사이에는 직접적인 경로가 주어지지 않는다는 생각을 도출해냈다. 겔렌에 따르면, "인간은 그냥 사는 것이 아니라 자신의 삶을 지휘한다."[68] 여기서 겔렌이 말하려는 것은 '생존'이 삶의 자연스러운 열매가 아니며, 오히려 삶을 관리하기 위해 삶을 어떤 식으로든 저지하고 배반하는 형태로 제어하고 제한하고 억제하는 무언가에 가깝다는 것이다. 여기서 전통적인 진화론의 직선적이고 점진적인 성장모형을 거부하며, 다름 아닌 개체발생적인 차원에서 인간의 성장이 일련의 유기적인 제재와 기능적인 도약을 통해 전개된다고 보는 관점이 부각된다. 이 관점에 따르면 모든 성장은 퇴보의 보완에 불과하며, 퇴보 역시 사실은 성장과 균형만 이루는 것이 아니라 체념과 자기제재의 필요성에 좌우되는 이중의 소급 메커니즘을 통해 성장 자체를 가능하게 만드는 요인으로 간주된다.

이러한 관점의 부정적인 성격이 사실상 문명화 과정 자체가 자연적 충동의 억제 방식을 체계화하는 과정이라고 본 프로이트의—또는 어떻게 보면 노베르트 엘리아스Norbert Elias의—견해에서도 발견된다는 사실은 겔렌의 면역 패러다임이 지니는 독특한 특징을 좀 더 명확하게 규명할 수 있는 기회를 제공한다. 겔렌의 면역 패러다임은 단순히 방어적인 폐쇄 기능을 발휘한다기보다는 오히려, 무엇보다도 '면제Exonero/Entlastung'의 원칙을 기반으로 전개된다. 겔렌은 이 '면제'를 체계적인 관점에서 "인간의 모든 기량을 뒷받침하는 **구조적인 법칙**의 이해에 필요한 열쇠"[69]로 정의했다. 면제를 뜻하는 ex-onerare의 어원적 의미를 간략하게 살펴보면, 이 용어는 공동체의 구성원들이 상호적인 노력을 전제로 수행해야 할 '업무' 또는 지켜야 할 '계율' 같은—모두 무누스와 직결되는—공동의 책무 onus를 경감하거나 삭감하는 방식을 가리킨다. '면제'의 이러한 어원적 의미에 주목하면, 겔렌이 면역화의 범주에 부여하는 구체적인 기능과 복합적인 의미론적 구도를 분명하게 파악할 수 있다. 겔렌의 개념적 어휘 안에서는, 부정성을—

exonerare의 부정접두사 ex를—긍정의 가능성으로 전환하는 과정뿐만 아니라 이러한 긍정 자체의 부정적인 영향력 역시 면역화의 범주에 포함된다. 이런 식으로 교차되는 거울들의 미로에서 길을 잃지 않으려면, 겔렌이 밟은 논리적 여정 내부의 모든 이음새를 검토해볼 필요가 있다. 면제의 우선적인 과제는 인간의 생물학적 결함에서 비롯되는 공백을 메우기 위해, 자연적으로 부정적인 결과들을 보완하거나 심지어는 용이한 생존 조건으로 전복시키는 데 있다. 이때 필요한 것은 우리를 규칙적으로 자극하는 충동의 무분별한 과잉 현상과 거리를 유지하도록 만들거나 충동을 선별하는 전략이다. 달리 말하자면, 충동에 대한 반응의 유예를 통해 삶이 좀 더 오랫동안 보존될 수 있도록 만드는 것이다. 여기서 욕구와 그것의 충족 사이에 일종의 '격차'가 형성되고, 이것이 결국에는 행동방식을 예견 활동에 종속시켜 현재의 욕구뿐만 아니라 우리가 결코 잠재우지 못할 '미래의 굶주림'[70]까지 앞당겨 충족시킬 수 있도록 만든다. 이러한 예견 행위에서 분명히 드러나는 것은 결과적으로 수용하는 면역 메커니즘의 이중적으로 부정적인 성격이다. 이쯤이면 분명해졌겠지만, 면역화는 동종요법적인 방식으로, 무력화하려는 것의 제어된 재생을 바탕으로 전개된다. 사실 시공간적 차별화에 의해 생산되는 '격차'란 치료의 차원에서 메워야 할 결함 못지않게 깊은 '인위적' 공백이 아니라면 또 무엇이겠는가? 한편으로는 '면제'의 부정적인 개념에도, 멀리해야 할 책무를 전복된 형태로—따라서 생산적인 형태로—유지하는 기능이 내포되어 있다. '면제Entlastung'는 "인간이 스스로의 삶을 보존하기 위해 부담스러운 원초적 책무를 기회로 변형시키는"[71] 행위다. 다시 말해, 인간의 이러한 **변형** 방식은 충동을 뒤집고 전환할 뿐 폐기하지 않는다. 이는 인간이 충동에 대해 부정으로 구축되어 있기 때문이며, 충동을 부정하기 위해 부정해야 할 충동을 면역된 형태로 재생하기 때문이다. 결과적으로 충동은 충동 자체와 분리되고 스스로를 적대하기에 이른다. 이는 "필연적으로, 충동의 일부가 또 다른 충동들을 억제하기 위해 활용되기" 때문이다.[72] 물론 지금까지의 설명은 면역화 패러다임이 지닌 변증적 대조의 구도를 인류학적인 관점에서 해석한 것에 지나지 않는다. 반면에 겔렌이 부정성의 농도를 배가하는 방향으로 한 걸음 더 나아가며 보여주는 것은 또 다른 차원의 관점이다. 구체적으로 말하자면, 겔렌은 단순히 자가면역이라는 생물학적 차원의 전개방식을—다시 말해 인간이 고유의 본질적 결함에서 유래하는 잠재적 위험으로부터 스스로를 보호하기 위해 꾀하는 생물학적 자가면역을—정의하는 것으로 그치지 않고, 이 면역의 메커니즘 자체를 보호할 목적으로 또 다시 면역적인 차원에서 기용되는 법적 유형의 차단 장치를 일종의 인공 기관으로 간주하기에 이른다. 몸 외부에 부착되는 일종의 인공 기관이 기계적으로 생리적 발달을 보장한다고 본 것이다. 겔렌은 이러한 기능을 다름 아닌 제도에 부여한다. 그가 1950년대부터 제도의 명백한 이론화를 추구하며 심지어 과거에 주장했던 내용에 대해 자기비판적인 태도까지 취하면서 도달하는 결론에 따르면, 면역화의 메커니즘은 개인적인 단계에 머무는 이상, 아울러 좀 더 큰 규모의 사회적 장치 내부로 체화되지 않는 이상 신속한 해체의 위험에 노출된다. 여기서 분명히 짚고 넘어가야 할 부분은, 겔렌의 이러한 입장이—무엇보다도 모리스 오류Maurice Hauriou[73]의 '제도 이론théorie de l'institution'을 접하면서 무르익은 만큼—그가 앞서 면제의 원리에 부여했던 본질적으로 개인적인 차원의 전제를 문제 삼는다기보다는, 이를 우리가 이제는 익히 알고 있는 변증적 움직임에 종속시킴으로써 사실상 정반대되는 전제의 중재를 통해 오히려 보존되도록 만든다는 점이다. 결론적으로 말하자면, 개인이 진정한 의미의—다시 말해 지속적인—면제를 원한다면, 그는 무엇보다도 자기 자신으로부터, 고유의 개인적 주체성에서 면제되어야 한다. 그런 의미에서, 개인의 면제는 언제나 개인**으로부터의** 면제이기도 하다. 겔렌의 이론에서 순수한 단서 이상을 취해 자신의 관점을 구축한 루만이 주목했던 대로, 개인은 주변 환경이 끊임없이 종용하는 결단의 임무를 객관적인 차원의 제어 및 재생 시스템에 전가할 수 있을 때에만 자신의 에너지를 자유롭게 활용하며 보다 고차원적인 기량을 발휘할 수 있다. 이는 곧 자유의 증대가 제도적 장치들의 성장에 비례할 뿐 아니라 습관이나 무의식적인 행동, 확신 등을 포함하는 행동양식의 확장에 비례한다는 것을 의미한다. 행동양식은 자유로운 선택의 주체인 개인의 뒤를 이어 그에게 그가 **해야** 할 것뿐만 아니라 하지 **않을** 수도 있는 것이 무엇인지 제시하는 역할을 한다. "원칙은 원래 사람들이 하지 **않는** 것으로 구성된다."[74] 하지 않을 수 있는 가능성이 선택의 과도한 자유로부터 우리를 자유롭게 해주는 것이다. 뭐랄까, 자유란 그것을 억제해야 할 필요성 자체에서 발산된다. 자유는—보완적인 차원에서—이러한 방식을 통해서만 가능해진다.

한편, 겔렌의 담론 전체가 이러한 타율성에 의존하는 성향이 강하다는 점은 그가 제도화 과정의 기원으로 간주하는 정치신학의 지평에서도 그대로 드러난다. 겔렌에 따르면, 제도화는 그 과정을 초월하는 동시에 보존하는 세속화의 형태로 전개된다. "포괄적인 의미에서, 제도는 원래 현세적인 초월성이었다."[75] 예를 들어 모든 형태의 종교적 전례, 의례, 숭배가 초월적이다. 인간은 경험적 삶의 경로에서 초월적인 방식이 아니면 제어가 불가능한 사건들이 야기하는 피해와 상처의 회복을 종교에 의탁해왔다. 이러한 토테미즘의 전형적인 투영 메커니즘을 원형으로 시작된 것이 타자의 부정변증법적인 체화 과정이라면, 철학적 인류학은 이를 다시 긍정적인 방식으로, 즉 **이중의 부정**을 시도하며 해석한다. 겔렌에 따르면, "개인은 자신을 '나는-아닌'의 화자와 일치시킴으로써 대조를 바탕으로 스스로의 정체성을 확보하기에 이른다. 그는 정도의 차이만 있을 뿐 사실상 영구적인 '타자의 재현Darstellung' 속에서만 자신의 정체성을 신뢰한다."[76] 정확히 말하자면, 법률-정치적 제도가 이에 선행하는 종교의례에서 물려받은 것이 이처럼 자기 정체성을 발견하는 부정적인 방식, 다시 말해 개개인이 사실은 자신과 일치하지 않기 때문에 자신을 대변하는 것의 공통된 이질성 속에서 스스로를 인식하는 방식이다. 이 이질성은 문자 그대로 '이들의 자리'를 차지한 상태에서, 이들이 다른 방식으로는 견딜 수 없는 주체성의 무게를 덜어준다. 종교의례에 참여하는 이들의 모방적 시선이, 고정되는 순간 사라지는 하나의 동일한 맹점으로 모여드는 것처럼, 제도는 제도를 바탕으로 스스로를 인식하는 이들이 동일한 이질성을 공유하는 곳에서 이들의 연합을 꾀한다. 제도 안에서 사람들은 서로의 이질성을 토대로 뭉친다. 이 이질성에 의한 연합은 곧 사람들이 지니는 공통성의 면역화를 의미한다. 겔렌이 바로 이 보완의—생명보존에 소용되는—'매듭'을 정확하게 묘사하며 주목하는 것은, 이 '매듭'이 면역화를 우리의 유일하게 공통된 행동방식으로 만드는 동시에 우리의 공통점을 다름 아닌 면역화의 대상으로 만든다는 사실이다. "... 우리는 또 다른 어떤 과제도 알지 못한다. 한 민족이나 인간 공동체의 유일한 과제는 고유의 존재를 보존하는 것뿐이다."[77]

하지만 이러한 유형의 결론이 본질적으로 모순적인 성격을 지녔다는 점은 비교적 분명하고, 겔렌 역시 이러한 모순을 그가 전개하는 논술 과정의 엄밀하게 기하학적인 구도 속에서 중화하려고 노력한다. 이러한 모순의 자취는 그가 마지막 저서에서 취하는 담론의 최종적인 방향에서도 발견할 수 있다. 겔렌은 '영원한 현재'의 모습으로 고착되어버린 우리 시대를 더 이상 단순한 진단이나 치료의 관점이 아니라 예후의 관점에서 관찰한다. 이것이 바로 그가 '탈-역사posthistoire'라는 용어를 사용하며 암시하는 특징, 다시 말해 보완의 메커니즘이 다름 아닌 후기모더니즘 사회에 이르러서야 결정적으로 정립되는 양상을 보인다는 사실이다. 후기모더니즘 사회에서 삶의 제도화가 보완적 번식의 형태로 완성되는 과정은 환경과 체제, 본능과 계율, 의무와 면제 사이에 완벽한 균형을 가져오는 듯이 보인다. 하지만 겔렌은 바로 이 완벽한 단계에 도달하는 경로에서 균형 자체의 기초를 뒤흔들 수밖에 없는 일련의 역효과를 발견한다. 이것이 바로 그가 '원시문명화' 혹은 '본능으로의 회귀'라고 부르는 과정, 다시 말해 기술적 진보에 의해 해방된 주체성의 과다가 역효과를 일으키며 야기하는 인공적인 자연 회귀 현상이다. 생산노동의 의무와 이 의무가 수반하는 강력한 제약에서 벗어난 인간은 결과적으로 심리적 내면성의 비정상적인 성장과 이에 비례하는 현실성 감소의 위험에 지속적으로 노출된다. 제도는 주체성의 비대 현상에서 분열의 압력을 극복하지 못한 채 쇠약해지는 양상을 보이다가 결국에는 감당하기 힘든 요구들의 홍수 속에 와해된다. 결과적으로, 제도적 질서의 객관적 중재에서 벗어난 삶의 모든 영역은, 이미 새로운 유형의 자연이 되어버린 인위적 세계의 보호를 받는 것처럼 보이면 보일수록 폭발해버릴 위기에 처한다. 겔렌은 이러한 주체성의 표류 현상을 해소하기 위해 한편으로는 개인적 소비주의와 상반되는 금욕주의적인 태도를, 다른 한편으로는 제도적 틀의 강화를 제시한다. 하지만 첫 번째 제안이 어떤 식으로든 실행 불가능한 것처럼 보인다면, 두 번째 제안은 심지어 그 자체로 모순적이라는 점이 드러난다. 왜냐하면 앞서 살펴본 것처럼 다름 아닌 제도의 다양화가 제도 자체의 엔트로피적인 무질서를 생산하기 때문이다. 오늘날에는 제도의 위기만큼 제도적인 것도 없다. 겔렌이 제도를 "보존하는 동시에 탐식을 일삼는 대단위의 숙명"[78]으로 본 것은 우연이 아니다. 이 말은 규율의 강화가 더 많은 위반 사태를 양산하는 것과 마찬가지로, 확정을 지나치게 추구하는 불가항력적인 성향이 역효과를 불러일으키며 불확정성을 확정짓는다는 뜻이다.

바로 이 시점에서, 내부를 끊임없이 강화하기 때문에 제어가 불가능해진 면역 메커니즘의 모든 잠재적 파괴력과 자기파괴력의 전모가 드러난다. 면제의 보편화는 또 다른 책무의 생산으로 이어지고, 인위적으로 생산하는 만큼 훨씬 더 막중한 책무를 낳는다. 겔렌에 따르면 "인간이 현실의 심각성이나 필요성, 또는 헤겔이 말하는 '부정성'에서 면제되는 정도가 도를 넘어서면 이 모든 것은 더 이상 아무런 제재 없이 전개된다."[79] 파국의 위기에 봉착하며 위협을 조장하는 것은 다름 아닌 면역장치, 즉 부정적인 것을 긍정적인 것으로 만드는 전환 장치다. 정확히 말하자면, 면역장치는 부정성의 변증적 흡수를 시도하는 가운데 부정성과 다를 바 없는 것이 되어버린다. 이 장치는 끊임없이 질서만 생산하는 기계에 견줄 수 있다. 질서가 비대해지면서 사실상 경계이기도 하고 질서화의 질료이기도 한 무질서와의 관계가 단절된다고 볼 수 있다. 혹은 과도하게 적용된 동종요법에도 견줄 수 있다. 유기체가 수용할 수 있는 한계를 초과하며 적용되었기 때문에 유기체를 파멸로 이끈다고 볼 수 있는 것이다. 이 경우에도, 면역의 메커니즘은 그것이 생산해낸 면역 효과로부터 메커니즘 자체를 면역하기 위해 스스로와 투쟁하며 끝없는 복제의 소용돌이 속으로 빨려 들어간다.

***

널리 알려진 바와 같이 상당수의 현대 사상가들이 겔렌의 이론을 비판한 것은 사실이지만, 이들의 비판은 그의 이론을 뒷받침하는 철학적 전제들이 아니라 오히려 결과론적 보수주의에 관한 것이 대부분이다. 그렇지 않은 경우는 이러한 이데올로기적 입장과 무관한 하인리히 포피츠Heinrich Popitz의 『인공 사회를 향한 출발Der Aufbruch zur artifiziellen Gesellschaft』[80]이다. 이 논문에서 근본적인 문제로 간주되는 것은 겔렌의 철학적 인류학이 고수하는 포괄적인 어조나 제도 이론적인 결론이 아니라, 첫 단계에서부터 이 인류학의 이론적 신경구조를 구축하는 보완의 패러다임이다. 포피츠가 플라톤의 『프로타고라스』에서—정확히 말해, 에피메테우스와 프로메테우스가 생명체들에게 부여하는 강한 힘과 약한 힘의 재분배와 균형의 구도에서(320d-322d)—추적한 근거를 바탕으로 인정하는 것은, 겔렌이 유기체적인 결점과 인간의 생존 사이에 실재한다고 보는 변증적 관계의 효과다. 다시 말해 포피츠가 동의하는 것은, 인류가 신체기관의 대체 혹은 면제의 형태로 기능하는 인공 장치를 통해 자연적 결점을 극복하면서 사실상 이런 식이 아니라면 제어가 불가능한 환경적 위험에 대해 면역력을 갖추게 된다는 관점이다. 반면에 포피츠가 비판적으로 지적하는 부분은, 이런 식으로 기술적 창조와 유기체적 기관 사이에 정립되는 관계의 다름 아닌 부정적인 성격, 아니 이중적으로 부정적이며 부정의 부정에 의존하는 성격이다. 겔렌의 생각과는 달리, "기술은 유기체적 결핍을 보완하지 않으며, 반대로 특정한 유기체적 기량을 극대화한다."[81] 포피츠에 따르면, 인공적인 것의 역할은 대체하거나 면제하는 것이 아니라 인간의 유기적인 구조 내부에 이미 존재하는 활동 구도를 강화하는 데 있다. 자연적인 기관과 인공적인 장치의 관계를 특징짓는 것은 부정이 아니라 증대다. 이들 사이에는 어떤 종류의 연속성도 없으며 상호강화의 효과가 있을 뿐이다. 이러한 기능적 근접성을 증명하는 가장 확실한 증거는 사람의 손이다. 공구 덕분에 손의 기량은 확장되지만 이 기량을 출발선에서 구체적으로 결정짓는 것은 손이다. 포피츠는 인간의 경험세계 전체를 포괄하는 일련의 작업을 소개하며 손의 무수한 생리학적 활용 가능성을 열거한다. 인간은 예를 들어 두드리기, 움켜쥐기, 축조하기, 뒤흔들기, 집어던지기, 쓰다듬기, 손가락으로 가리키기, 내려놓기, 선물하기 등을 할 수 있다. 한마디로 말하자면, 겔렌이 기술적 행위의 일종으로 간주했던 '세상을 향해 나아가기'를 할 수 있는 것이다. "인간이 그가 태어난 생태 공간에서 벗어날 수 있는 것은 그의 발 덕분이 아니라 손 덕분이다. '변화의 힘'은 곧 '세상을 향해 나아갈 수 있는' 손의 힘이다."[82]

그렇다면 이는 과연 납득할 만한 주장인가? 그렇기도 하고 아니기도 하다. 납득할 만하다면 그 이유는 포피츠의 논제가, 철학적 인류학을 면역학의 궤도에 고정시키는 요소가 무엇인지, 아울러 면역화를 인류학 자체의 지침 기준으로 만드는 요소가 무엇인지 정확하게 보여주기 때문이다. 반면에 납득하기 힘든 이유는 그가 이러한 요소에 대한 비판을 다름 아닌 인류학적 지평 내부에서 시도할 뿐 아니라, 겔렌의 담론에서는 찾아볼 수 없는 인본주의적인 측면을 강조하기 때문이다. 인본주의적인 성향은 무엇보다 그가 손을 집요하게 해석할 때 분명하게 드러난다. 포피츠는 이러한 측면의 가치를 입증하기 위해, 그가 일종의 기준으로 간주하는 아리스토텔레스의 견해를 인용한다. 『동물의 부분들에 관하여De partibus animalium』 4장에서 아리스토텔레스가 제시하는 관점을 포피츠는 이렇게 요약한다. "중요한 것은 인간이 우월한 기관들을 지녔고, 이는 그가 이성적 동물이기 때문이라는 점이다. 사실상 자연은 모든 도구를 이 존재에게, 즉 이 도구들을 가장 적절하게 활용할 줄 아는 인간에게 부여했다."[83] 이처럼 인본주의 사상가들이 '생각하는' 기능을 지닌 손과 이 손의 유일한 소유자로 세계의 주인이 된 인간의 숙명 사이에 밀접한 연관성이 있다고 보아왔다는 것은 사실이다. 하지만 여기서 이러한 인본주의적 견해의 수사적이고 옹호론적인 성격을 애써 강조하는 것은 불필요한 일이다. 이러한 정황은 인본주의 형이상학의 가장 까다로운 비판자 하이데거의 다음과 같은 의견에 주목할 때 보다 분명해진다. "인간은 손을 소유하지 않는다. 반대로 손이, 활용하기 위해, 인간의 본질을 좌우한다."[84] 근본적인 문제는 당연히 이러한 '본질'을 '기술'과의 관계 속에서 어떻게 정의하느냐는 것이다. 이 둘 사이를 가로지르는 관계는 과연 무엇인가? 관건은 정말 서로 다른 '실체'인가? 이 두 번째 질문에 대해 인류학은 항상 긍정적인 답변을 제시해왔다. 그렇지 않다면, 그러니까 '인간의 본질'이 그 자체로 존재하지 않는다면 '인문학'에 어떤 의미도 부여할 수 없다고 본 것이다. 하지만 그렇다면, 기술은 필연적으로—유기체적 일차 장비에 대한 기술의 기여가 긍정적이든 부정적이든 간에—부가적이고 부차적인 성격을 지니게 된다. 이러한 관점에서 볼 때, 포피츠의 사유는 겔렌의 관점을 전복시켰을 뿐 겔렌이 구축한 것과 동일한 개념적 어휘 내부에 머문다. 기술적 행위가 신체적 기관을 '대체'하는 것이 아니라 '강화'한다 하더라도, 기술은 어떤 식으로든 신체 외부에 머물며 신체에 부가될 뿐이다. 물론 베르나르 스티글레르Bernard Stiegler[85]의 권고대로, 기술의 다름 아닌 이질화 성향을 인간의 본질적인 특성으로 간주할 수 있는 가능성이 남아 있다. 만약 그렇다면, 그래서 결국 인간의 자연적 본질physis이 그의 로고스logos와 전적으로 일치하며 일체를 이룬다면, 인간과 기술의 관계라는 문제는 사실상 제기조차 될 수 없고 오히려 인간의 근원적인 '테크노로고스'란 무엇인가라는 문제가 제기될 것이다. 하지만 그렇다면, 이 시점에서 인류학 또는 고생물학paleontologia의 언어는 곧장 생물학적 존재론ontologia의 언어로 추락할 수밖에 없고, '임무니타스' 역시 '코무니타스'와 크게 다르지 않은 문제가 될 것이다.

주

1 Odo marquard, *Apologia del caso*, p. 110.
2 Jean Svagelski, *L'idée de compensation en France*, L'Hermès, Lyon 1981.
3 Charles Appleton, *Histoire de la compensation en droit romain*, Masson, Paris 1895.
4 Odo Marquard, *Estetica e anestetica*, p. 131.
5 Jean Svagelski, *L'idée de compensation en France*, p. 9.
6 Pierre-Hyacinthe Azaïs, *Des compensations dans les destinées humaines*, Garnery, Paris 1808.
7 Jean Svagelski, *L'idée de compensation en France*, pp. 79-80.
8 Theodor W. Adorno, Negative Dialektik, Suhrkamp, Frankfurt am Main 1966 [trad. it. *Dialettica negativa*, Einaudi, Torino 1970, pp. 112-13]와 Max Horkheimer, *Kritische Theorie. Eine Dokumentation*, Fischer, Frankfurt am Main 1968 [trad. it. T*eoria critica*, Einaudi, Torino 1964, I, pp. 197-223] 참조.
9 하이데거의 저서들 가운데 특히 *Ontologie. Hermeneutik der Faktizität*, Klostermann, Frankfurt am Main 1988 [trad. it. *Ontologia. Ermeneutica dell'effettività*, Guida, Napoli 1992, pp. 29 이하]와 *Kant und das Problem der Metaphysik*, in Gesamtausgabe III [trad. it. *Kant e il problema della metafisica*, Laterza, Roma-Bari 1981, p. 181], 그리고 *Holzwege*, in Gesamtausgabe V [trad. it. *Sentieri interrotti*, La Nuova Italia, Firenze 1968, p. 98] 참조.
10 Michel Foucault, *Les mots et les choses*, Gallimard, Paris 1966 [trad. it. *Le parole e le cose*, Rizzoli, Milano 1978, p. 351].
11 Niklas Luhmann, *Gesellschaftsstruktur und Semantik*, Suhrkamp, Frankfurt am Main 1980 [trad. it. *Struttura della società e semantica*, Laterza, Roma-Bari 1983, pp. 205-6].
12 같은 책, p. 226.
13 이에 대해서는 Roberto Esposito, *Nichilismo e comunità*, in *Nichilismo e politica*, 『코무니타스』의 부록 '허무주의와 공동체' 참조. 홉스에 대해서는 『코무니타스』 1장 참조.
14 Riccardo Prandini, *Le radici fiduciarie del legame sociale*, Angeli, Milano 1998, Elena Pulcini, *L'individuo senza passioni*, Bollati-Boringhieri, Torino 2001.
15 «Sociologia e politiche sociali», 1999, 제3호 전체 참조. 여기 에탤컷 파슨스Talcott Parsons의 필사본 원고 *The American Societal Community. A General Outline*의 번역본이 실려 있다. 마태오 보르톨리니Matteo Bortolini의 글 가운데 위의 평론지에 실린 논문(pp. 93-115)외에도 *La democrazia associativa*, in «Teoria politica», 2000, n. 2, pp. 77-96 참조.
16 Friedrich Nietzsche, *Die fröhliche Wissenschaft*, in Sämtliche Werke, V/2 [trad. it. *La gaia scienza*, in Opere, V/2, p. 221].
17 Friedrich Nietzsche, *Genealogia della morale*. p. 324.

18 같은 책, p. 325.

19 같은 책, pp. 348-49.

20 Johann Gottfried Herder, *Ideen zur Philosophie der Geschichte der Menschheit*, in Sämtliche Werke, Weidmannsche Buchhandlung, Berlin 1877-1913 (Hildesheim 1967-68), XIII-XIV [trad. it. parziale *Idee per la filosofia della storia dell'umanità*, V. Verra 편, Zanichelli, Bologna 1971, p. 89].

21 같은 책, p. 118.

22 Max Scheler, *Die Stellung des Menschen im Kosmos*, in Gesammelte Werke, Francke, Bern-München 1976, IX [trad. it. *La posizione dell'uomo nel cosmo*, in *La posizione dell'uomo nel cosmo e altri saggi*, R. Padellaro 편, Fabbri, Milano 1970, p. 195].

23 Max Scheler, *Mensch und Geschichte*, in Gesammelte Werke, IX [trad. it. *Uomo e storia*, in *Lo spirito del capitalismo e altri saggi*, R. Racinaro 편, Guida, Napoli 1988, pp. 277, 279].

24 Max Scheler, *La posizione dell'uomo nel cosmo*, p. 203.

25 같은 책, p. 204.

26 Günther Anders, *Une interprétation de l'a posteriori*, in «Recherches philosophiques», IV (1934-35) [trad. it. *La natura dell'esistenza*, in *Patologia della libertà*, K. P. Liessmann, R. Russo 편, Palomar, Bari 1993, p. 43].

27 Günther Anders, *Pathologie de la liberté*, in «Recherches philosophiques», VI (1936-37) [trad. it. *Patologia della libertà*, in *Patologia della libertà*, p. 67].

28 Günther Anders, *La natura dell'esistenza*, p. 48.

29 Günther Anders, *Patologia della libertà*, p. 57.

30 같은 책, p. 58.

31 같은 책, pp. 71-72.

32 플레스너 인류학의 역사 문화적 배경을 상세하게 재구성한 Salvatore Giammusso, *Potere e comprendere. La questione dell'esperienza storica e l'opera di Helmuth Plessner*, Guerini e Associati, Napoli 1995 참조. 철학적 인류학에 초점을 맞춰 플레스너의 사상을 폭넓게 조명한 Marco Russo, *La provincia dell'uomo. Studio su Helmuth Plessner e sul problema dell'antropologia filosofica*, La città del sole, Napoli 2000 참조.

33 Helmuth Plessner, *Die Wissenschaftliche Idee. Ein Entwurf über ihre Form*, in Gesammelte Schriften, Suhrkamp, Frankfurt am Main 1980-85, I, p. 101.

34 Helmuth Plessner, *Die Einheit der Sinne. Grundlinien einer Ästhesiologie des Geistes*, in Gesammelte Schriften, III, p. 314.

35 Helmuth Plessner, *Conditio humana*, in Gesammelte Schriften, VIII [trad. it. *Conditio humana*, in *I Propilei. Grande storia universale del mondo*, Mondadori, Milano 1967, I, p. 71].

36 Helmuth Plessner, *Macht und menschliche Natur*, in Gesammelte Schriften, V, p. 225.

37 Helmuth Plessner, *Die Stufen des Organischen und der Mensch*, in Gesammelte

Schriften, IV, p. 385.

38 Helmuth Plessner, *Conditio humana*, p. 72.

39 같은 곳.

40 같은 곳.

41 같은 책, p. 73.

42 Helmuth Plessner, *Grenzen der Gemeinschaft. Eine Kritik des sozialen Radikalismus*, in Gesammelte Schriften, V [trad. it. *Limiti della comunità. Per una critica del radicalismo sociale*, Laterza, Bari-Roma 2001] 참조.

43 같은 책, p. 77.

44 같은 책, p. 83.

45 Helmuth Plessner, *Diesseits der Utopie*, Diederichs, Düsseldorf-Köln 1966 [trad. it. *Al di qua dell'utopia*, Marietti, Genova 1974, p. 130].

46 Friedrich Nietzsche, *Über Wahrheit und Lüge im aussermoralischen Sinne*, in Sämtliche Werke, III/2 [trad. it. *Su verità e menzogna in senso extramorale*, in *La filosofia nell'epoca tragica dei Greci e Scritti dal 1870 al 1873*, in Opere, III/2, p. 356.

47 Helmuth Plessner, *Limiti della comunità*, p. 74.

48 같은 책, p. 81.

49 같은 책, p. 93.

50 같은 곳.

51 같은 책, p. 98.

52 Rüdiger Kramme, *Antropologia politica. L'immagine antropologica della società in Helmuth Plessner*, in *Ratio imaginis*, Ponte alle Grazie, Firenze 1991, p. 100.

53 Carl Schmitt, *Der Begriff des Politischen*, Duncker & Humblot, München-Leipzig 1932 [trad. it. *Il concetto di 'politico'*, in *Le categorie del 'politico'*, p. 144].

54 Theodor W. Adorno, *Minima moralia*, Suhrkamp, Berlin und Frankfurt am Main 1996 [trad. it. a cura di R. Solmi, *Minima moralia*, Einaudi, Torino 1954, p. 27].

55 Helmuth Plessner, *Limiti della comunità*, p. 116.

56 Bruno Accarino, *Le ragioni del mondo. L'anti-comunitarismo di Helmuth Plessner*, in Plessner, *Limiti della comunità*, p. 167.

57 같은 책, p. 171.

58 Bruno Accarino, *Contingenza. Il tatto come categoria delle scienze sociali*, in *Le figure del consenso*, Milella, Lecce 1989, pp. 163-81.

59 Rudolf von Jhering, *Der Zweck im Recht*, Olmas, Hildesheim - New York 1970, pp. 569-93

60 Helmuth Plessner, *Limiti della comunità*, p. 101.

61 Maurice Merleau-Ponty, *Le visible et l'invisible*, Gallimard, Paris 1964 [trad. it. *Il visibile e l'invisibile*, Bompiani, Milano 1994, pp. 265-66].

62 Ubaldo Fadini, *Il corpo imprevisto. Filosofia, antropologia e tecnica in Arnold Gehlen*,

Angeli, 1988. Furio G. Di Paola *La teoria sociale di Arnold Gehlen*, Angeli, 1984.

63 Arnold Gehlen, *Wirklicher und unwirklicher Geist*, in Philosophische Schriften, Klostermann, Frankfurt am Main 1978, I, p. 89. 이 부분과 관련해서 Wolf Lepenies, *Melancholie und Gesellschaft*, Suhrkamp, Frankfurt am Main 1969 [trad. it. *Melanconia e società*, Guida, Napoli 1985, pp. 235 이하] 참조.

64 Arnold Gehlen, *Wirklicher und unwirklicher Geist*, p. 266.

65 Max Scheler, *Wesen und Formen der Sympathie*, in Gesammelte Werke, VII [trad. it. *Essenza e forme della simpatia*, Città Nuova, Roma 1980, p. 334].

66 Arnold Gehlen, *Die Seele im technischen Zeitalter*, Rowohlt, Hamburg 1957 [trad. it. *L'uomo nell'era della tecnica*, Sugar, Milano 1984, p. 24].

67 Arnold Gehlen, *Anthropologische Forschung*, Rowohlt, Hamburg 1961 [trad. it. *Prospettive antropologiche*, il Mulino, Bologna 1987, p. 28].

68 Arnold Gehlen, *Der Mensch. Seine Natur und seine Stellung in der Welt*, Athenaion, Wiesbaden 1978 [trad. it. *L'uomo. La sua natura e il suo posto nel mondo*, Feltrinelli, Milano 1990, p. 43].

69 같은 책, p. 63.

70 같은 책, p. 78.

71 같은 책, p. 90.

72 같은 책, p. 379.

73 Maurice Hauriou, *Théorie de l'institution et de la fondation*, in «Cahiers de la nouvelle journée», (1925), n. 4, [trad. it. *Teoria dell'istituzione e della fondazione*, Giuffré, Milano 1967].

74 Arnold Gehlen, *Prospettive antropologiche*, p. 46.

75 Arnold Gehlen, *Urmensch und Spätkultur*, Athenaion, Wiesbaden 1977 [trad. it. *L'uomo delle origini e la tarda cultura*, Il Saggiatore, Milano 1984].

76 같은 책, p. 443.

77 같은 책, p. 90.

78 같은 책, p. 30.

79 Arnold Gehlen, *Prospettive antropologiche*, p. 90.

80 Heinrich Popitz, *Der Aufbruch zur artifiziellen Gesellschaft*, Mohr, Tübingen 1995 [trad. it. *Verso una società artificiale*, Editori Riuniti, Roma 1996].

81 같은 책, p. 42.

82 같은 책, p. 55.

83 같은 책, p. 43.

84 데리다는 하이데거의 이 표현을 상세하게 분석한 바 있다. Jacques Derrida *Geschlecht I, Geschlecht II*, Galilée, Paris 1987 [trad. it. M. Ferraris 편, *La mano di Heidegger*, Laterza, Bari 1991].

85 Bernard Stiegler, *La technique et le temps. 1. La faute d'Epiméthée*, Galilée, Paris 1994.

IV. 생명정치

1. 일체화

정치가 '생명/삶vita'을 정치 활동의 직접적인 대상으로 간주하는 순간 면역의 패러다임 안에 충분히 포함될 수 있다는 점은 더할 나위 없이 분명해보인다. '생명/삶'이 정치의 직접적인 대상일 때 감소되는 것은 온갖 유형의 형식적 중재다. 이는 정치의 대상이 더 이상 무작위로 대두되는 어떤 '삶의 형태'나 삶의 구체적인 존속 방식이 아니라 생명/삶 그 자체이기 때문이다. 달리 말하자면 오로지 생명만이, 아울러 삶의 순수한 생물학적 현실 속에 실재하는 모든 것이 정치의 대상이다. 관건이 개인적인 삶이든 종족의 삶이든 간에, 동일한 생명을 다름 아닌 면역화를 통해 절멸의 위협으로부터 보호해야 하는 것이 정치의 임무다. 물론 '생명정치biopolitica'의 보다 근원적이고 보편적인 의미를 이해하기 위해서는, 이 표현을 생명체의 현실과 삶의 가능성 자체가 관건인 정치라는 차원에서 이해할 때처럼 극단적으로 함축된 의미에 주목할 필요가 있다. 하지만 이런 식으로 감지할 수 있는 것은 문제의 한 측면, 가장 명백한 측면에 불과하다. 이 문제를 좀 더 고차원적인 의미의 지평에서 관찰하려면, 생명정치의 대상뿐만 아니라 공략 방식에도 주목하는 또 다른 각도의 관점이 필요하다. 달리 말하자면, 정치는 삶을 자기와해적인 성향으로부터 보호하기 위해 삶 자체를 '신체'의 체제로 인도해야 한다. 한때 단순히 정치와 생명/삶이라는 두 차원 간의 관계로 해석되던 것은 이제 삶을 좌우하는 또 다른 차원이 관여하기 때문에 훨씬 더 복잡할 수밖에 없는 현실로 해석되어야 한다. 왜냐하면 정치적 면역화가 생명/삶을 고스란히 보존할 수 있는 영역은 다름 아닌 신체의 차원이기 때문이다.

삶을 사유의 대상으로 간주하려면, 우선적으로는 삶을 현실과 혹은 적어도 신체의 잠재적인 윤곽과 연계할 수 있는 어떤 유기적인 형태의 표상이 필요하다. 실제로 삶을 어떤 내부적이거나 외부적인 위험으로부터 보호하는 관점에서 관찰해야 할 경우가 발생하면, 삶은 어느 때보다도 더 신체의 경계 내부에 포함되기를 요구한다. 정확히 말하자면, 삶을 위협적인 방식으로 삶 자체에서 앗아가고 삶 바깥으로 추방하거나 삶의 정반대로 전복시키려는 위험에 맞서 방어전선을 구축하는 것이 바로 '신체'적인 경계다. 오로지 신체 안에서만, 삶은 삶 자체로 존속할 수 있을 뿐 아니라 성장하고 강해지고 번식할 수 있다. 물론 이러한 논리는 완전히 부정적으로도 해석할 수 있다. 신체는 삶이 전개되는 특권적인 영역인 동시에 다른 어느 곳보다 죽음의 위협이 감지되는, 아니, 죽음에 앞서 질병, 노화, 소모의 위협이 감지되는 영역이다. 하지만 바로 이러한 구축적인 병행성이, 즉 삶과 죽음, 성장과 퇴화의 병행성이 신체를 전자와 후자의 '접근만 가능하고 접촉은 불가능한' 영역으로, 따라서 정치의 면역화 의지가 실현될 수 있는, 즉 삶이 죽음으로 전이되는 과정을 최대한 지연하고 죽음을 삶의 활동 영역에서 가장 먼 지점으로 밀어내는 것이 가능한 영역으로 만든다. 신체는 이러한 투쟁의 터전인 동시에 도구다. 몸이 견디는 한 죽음은 없다. 반대로 죽음이 엄습할 때 몸은 자취를 감추기 시작한다. 생물학적 활동의 차원에서만 자취를 감추는 것이 아니라 몸을 구성하는 질료도 머지않아 빠른 속도로 부패할 운명에 놓인다. 이는 몸과 죽음이 길게는 양립할 수 없기 때문이다. 몸과 죽음의 만남은 일시적이다. 죽은 몸은 오래가지 않는다. 몸이 몸으로 실재하려면 생명을 보존해야 한다. 앞서 언급한 것처럼, 몸은 죽음에 맞서는 생명의 상징적인 동시에 실질적인 방어전선이다.

바로 그런 이유에서, 정치가 공동체의 삶을 대변할 때마다 사용한 가장 강력한 메타포의 주제는 '몸'이었다. 2장에서 이미 다룬 내용인 만큼 자연적 몸과 정치공동체적 몸의 유사성에 얽힌 복잡한 역사를 굳이 되돌아볼 필요는 없겠지만, 수세기에 걸쳐 정치학자들과 문학가들이 헌법의 의미와 정치적 유기체의 기능을 설명하기 위해 사용해온 가장 전형적인 비유의 기반이 바로 이러한 유사성이라는 점은 기억해둘 필요가 있다. 정치적 유기체를 구성하는 개별적인 요소들은 모두 인간의 몸을 구성하는 특정 기관에 비유되고, 이러한 상응관계를 토대로 자연스럽게 형성되는 모든 규범은 결과적으로 뇌와 신체기관의 관계에 비유되는 왕과 백성 사이의 위계질서뿐만 아니라 상이한 계층과 부류들 사이의 위계적 관계를 정립하는 데 결정적인 영향을 끼쳤다. 물론 이러한 현상을 여기서 상세히 다루려는 것은 아니다. 게다가 이는 문학 분야에서 충분히 검토된 바 있는 내용이다. 나의 관심을 끄는 것은 당연히 몸의 메타포가 '근대정치'의 어휘에 전반적으로 부여하는 면역화의 성격이다. 물론 이러한 관점은 몸의 메타포가 1600년대 중반에 진화를 멈추었다고 보는 일반적인 견해를 감안할 때 근거를 잃는다고도 볼 수 있다. 실제로 몸의 메타포가 이러한 연대기적 한계지점을 경과하며 힘을 잃었을 때, 상황은 홉스가 제시했던 개인주의적 기계주의의 패러다임에 유리한 쪽으로 흘러간 듯이 보인다.[1] 하지만 결과적으로 유기주의와 기계주의의 구분이 적어도 18세기까지는 불분명한 상태로 남아 있었다는 사실이나 이러한 정황을 계기로 발생한 몸과 기계의 무분별한 비교 현상이 홉스의 "인공적 동물"[2]이라는 표현에서 절정에 달하는 상황을 감안하면, 몸의 메타포가 사라진 것이 아니라 오히려 변형된 역사-개념적 구도에 단순히 적응했을 뿐이라는 점이 분명하게 드러난다.

더 나아가서, 사실은 기계주의 형이상학과 개인주의가 점진적으로 부상하는 현상이야말로 오히려 국가와 몸의 비유 및 유사성의 의미가 뚜렷하게 면역학적인 방향으로 증폭되었다는 점을 보여준다고 말할 수 있다. 이러한 경로를 확인하는 데 필요한 결정적인 근거는 삶 자체와 정치공동체적 몸의 관계가 점점 더 복잡해지는 현상에서 발견된다. 삶과 정치공동체적 몸의 관계는 후자가 폭동, 전쟁, 혁명처럼 언제나 폭력적일 수밖에 없는 외부환경의 압박을 받는 순간 부자연스러워진다. 하지만 바로 이러한 문제점이 정치공동체적 몸을 더욱더 필요한 것으로 만든다. 다름 아닌 체질적인 차원에서 빈약하기 때문에, 정치공동체적 몸의 생명은 위협에 대한 예방차원의 보호를 필요로 한다. 정치공동체적 몸의 치명적인 불안정성을 홉스만큼 정확하게 포착한 인물은 없다. 홉스에 따르면, 정치체제의 불안정성은 더 이상 폴리비오스의 역사관이 전제하는 '모든 정부 형태의 자연적인 쇠퇴' 현상에서 비롯되지 않고 오히려 정치공동체라는 유기체 내부에 잠재적인 형태로 실재하는 파괴적인 힘에서 비롯된다.[3] 그러나 바로 이러한 정황이, 즉 유기체의 죽음은—유도되는 만큼—자연적이지 않으며, 따라서 어떤 식으로든 피할 수 있고 적어도 지연은 할 수 있다는 사실이—홉스의 입장에서는—면역학적 억제의 전략을 필수적인 요소로 만든다.

> 인간은 죽을 수밖에 없는 존재다. 그만큼 인간이 성취하는 어떤 것도 영원하지 않지만 그럼에도 불구하고 사람들이 자부하는 이성을 활용할 줄 안다면, 최소한 국가가 내부의 질병 때문에 멸망하는 사태만큼은 방지할 수 있을 것이다. 실제로 국가제도의 본질을 고려하면, 국가는 인류가 사는 만큼만, 혹은 자연의 법칙 내지 국가에 생명을 부여하는 법률만큼만 존속하도록 되어 있다. 따라서 국가체제가 외부의 폭력이 아닌 내부의 무질서로 인해 와해되는 지경에 이르면 과오는 결국, 와해의 실질적인 피해자라는 차원이 아니라 와해를 조장하고 계획했다는 차원에서 인간에게 있다.[4]

정치공동체라는 유기체를 붕괴와 파국의 가능성에 노출시키는 원인들이 결국 자연적인 성격의 문제가 아니라 인간의 오류에서 비롯되는 문제라면, 임박한 위험을 사전에 파악할 수 있는 유형의 제도를 도입함으로써 이에 대처하는 것이 가능해진다. 바로 이러한 관점에서, 홉스는 '기계'의 의미론을 '신체'의 의미론과 상반되는 차원이 아니라 '신체'를 보완하는 차원에서 이해한다. 정확히 말하자면, 삶과 몸 사이의 빈약한 고리를 견고하게 만드는 것이 기계의 임무다. '기계'는 몸 자체의 자연적 잠재력 저편에서 몸의 생명을 지탱하는 일종의 금속 뼈대와도 같다. 이는 물론 기계가 죽음의 가능성을 사라지게 만든다는 뜻도—죽음의 가능성은 오히려 죽음의 엄습을 예방하기 위해 항상 염두에 두어야 하는 요소다—혹은 초판본 『리바이어던』의 표지 이미지에서처럼, 국가의 몸을 함께 구성하는 다수의 개개인을 위해 죽음이라는 사건을 하염없이 연기한다는 뜻도 아니다. '기계'의 역할은 오히려 개개인의 전적으로 자연적인 신체가 관건인 이상 피할 길이 없는 죽음과, 주권 권력의 단절 없는 지속성에 의해 보장되는 국가라는 인공적인 몸의 수명 사이에 기능적인 관계를 정립하는 데 있다. 홉스에 따르면, "이 모든 통치 형태의 질료가 소멸될 수밖에 없는 성격을 지닌 만큼, 군주뿐만 아니라 의결기관 전체 역시 언젠가는 사라질 운명에 처한다. 따라서 인간들 사이의 평화를 유지하기 위해서는, 앞서 인공적인 인간에게 복종했던 것처럼 삶의 인공적인 영원함에도 복종할 필요가 있다."[5] 이러한 삶이—정확하게 거인 리바이어던의 삶처럼—인공적이라는 점이야말로, 관건은 '대체'가 아니라 이미 전개된 '면역화'라는 점을 뚜렷하게 보여준다. 다시 말해, 인공성은 면역력을 취득한 몸이 지체들의 죽음에도 불구하고 생존할 뿐 아니라 다름 아닌 이 죽음에서 번식의 에너지를 주기적으로 수확한다는 것을 보여준다. 면역력을 갖춘 몸은 그것을 구성하는 모든 요소의 생명뿐 아니라 죽음에서까지 양분을 취하는 유기체라고도 볼 수 있고, 다름 아닌 유기주의 메타포가 그것이 인공적으로 전복된 기계주의에 대처하듯, 고유의 탈-체화 현상 자체를 일체화할 줄 아는 몸이라고도 볼 수 있다. 신체-기계, 기계-신체는 더 이상 와해되지 않는 몸이다. 왜냐하면 이미 와해된 상태에서 재구축되었을 뿐 아니라 방부제를 뿌려 몸 자체가 일종의 갑옷이 되었기 때문이다. 몸이 정말 이러한 단계에 도달한다고 볼 수 있는 이유는 이 몸에서 어떤 틈새나 상처도 찾아볼 수 없기 때문이다. 전적으로 자기 자신이며 영구적인 이 몸은, 이를테면 전체가 몸이고 오로지 몸이고 언제나 몸이다. 이 몸은 죽지 않는다. 왜냐하면 그 안에서 이미 살고 있는 죽음과 공존하는 데 익숙하기 때문이다. 적어도 죽음이 되살아나 감당하기 힘든 치명타를 날리지 않는 이상, 그래서 몸이 산산조각나지 않는 이상 공존 상태는 계속된다.

한편으로는 계약론적인 어휘도 정치공동체적 몸의 메타포와 결코 무관하지 않다는 점이 다름 아닌 루소의 설명을 통해 보란 듯이 드러난다. 루소는 이 메타포를 『정치경제학 담론』[6]에서 “부정확”한 것으로 정의했지만 『사회계약론』에서 다시 활용하며 이 메타포가 지닌 구원의 위력을 그대로 보여준다.

> ‘우리는 지고한 방향으로 나아가는 보편의지에 복종하며 각자가 자신의 인격과 모든 힘을 공동의 것으로 내어놓는다. 한 몸이나 다를 바 없는 우리는 각 구성원을 전체의 떼어낼 수 없는 한 부분으로 받아들인다.’ 이 화합 행위는 즉각적으로 계약인 각자의 개인적 인격

을 대체하며, 의결 기관의 투표수에 상응하는 구성원들로 의기를 갖춘 집단적 몸을 형성한다. 이 몸은 다름 아닌 화합 행위에서 고유의 통일성, 공통의 자아, 생명과 의지를 얻는다.[7]

여기서 주목해야 할 것은 개인의 한 몸과 모두의 한 몸 사이에서 상호적인 동시에 교차되는 방식으로 이루어지는 이중의 일체화다. 모두의 몸은 개개인의 몸이 단 하나의 공통된 몸으로 일체화될 때 형성된다. 하지만 이런 식으로 모두의 몸이 형성되기 위해서는, 개인의 몸이 먼저 자신의 모든 부분을 어떤 단일한 몸의 일부로 일체화해야 한다. 몸과 몸 사이에서 이루어지는 이러한 전이, 이러한 중첩 과정에서 핵심적인 역할을 하는 것은 당연히 '보편의지'라는 개념이다. 실제로 루소의 '보편의지'는 일체화 자체를 결과로 전제하는 동시에 기본적인 조건으로 제시하며, 결과적으로 계약의 개인주의적인 논리를 정립하는 동시에 해체한다. 왜냐하면 여기서는—홉스의 모델과 달리—정치적 유기체의 면역화 메커니즘이 이를 뒷받침하는 어떤 인공적인 장치도 필요로 하지 않으며 오히려 몸의 본질적으로 '통합적인' 구축 과정 자체에 내재하기 때문이다. 루소는 이어서 이렇게 말한다. "많은 사람들이 뭉쳐서 하나의 몸을 구축할 때, 누가 한 구성원에게 해를 끼치면 이는 곧 몸 전체에 해를 끼치는 것과 다를 바 없고, 몸 전체에 해를 끼치는 경우에도 구성원들에게 피해를 끼치지 않을 수 없다."[8] 이러한 관점에서 보면, 몸의 여러 지체들 사이에—아울러 이에 상응하는 여러 국가기관들 사이에—형성되던 위계질서는 의미를 잃는다. 왜냐하면 위계질서 자체를 가능하게 만들던 요인이 바로 '머리 없는 몸' 혹은 '몸의 표면 전체로 확장된 머리'에 내재하는 주권 권력의 주체와 대상의 본질적인 일치였기 때문이다.

하지만 이 고전적인 몸의 메타포는 이처럼 머리를 정치공동체적 몸의 내부로 끌어들이는 전략적 요소 덕분에, 혁명이 야기한 표면적 소멸의 위기에서 살아남았을 뿐 아니라 오히려 재기에 성공할 수 있었다. 왕정체제가 무너지며 왕의 '머리'가 잘려나간 뒤에 모든 의미와 힘을 완전히 잃을 수밖에 없는 상황이었지만, 그런 일은 일어나지 않았다. 이는 잘려나간 왕의 '머리'가 땅에 떨어지기 전에, 이미 국가라는 집단적 유기체 속에 녹아들고 정체를 유지하며 일체화되었기 때문이다. 여기서 국가라는 유기체가—국가를 대변하는 의결기관을 통해—비유적 '몸'의 새로운 주체로 부각된다. 다시 말해 메타포의 주체는 왕의 몸에서 한 국가의 국민이라는 형태로 뭉친 시민들의 집단적 몸으로 전이된다. 이러한 관점에서 시에예스Emmanuel Joseph Sieyès의 글을 읽으면 몸의 메타포가—끊임없이 논의의 중심만 차지하는 것이 아니라—바로 혁명에 의한 단절은 국가의 생명유지에 필수적이라는 점을 수사적이고 비유적으로 설명하는 도구 역할을 한다는 점이 분명해진다. 혁명이 국가를 위기에 빠트리기는커녕 국가의 유일한 생존 가능성을 제시한다면, 그 이유는 혁명이 국가의 몸을 부수지 않고 오히려 재구축하기 때문이다. 달리 말하자면 특권층이 오랫동안 조장해온 반목 현상 때문에 와해될 위기에 놓인 몸을 다시 하나로 만드는 것이 혁명이다. 이 몸이 정말 몸으로 기능하려면, 즉 국가의 생명을 보존하는 원리로 기능하려면, 반드시 '하나'로만 존재해야 한다. 바로 그런 이유에서 이 몸은 내부에 특권층이라는 또 다른 몸을 수용하지 못한다. 시에예스는 『제3의 신분이란 무엇인가?』에서 단도직입적으로 이런 결론을 내린다.

> 특권층이 사회 내부에서 어떤 위치를 점해야 하는지 당장 말한다는 것은 불가능하다. 그것은 마치 병자의 몸을 괴롭히며 쇠약하게 하는 고통이 몸에서 어떤 위치를 점하는지 묻는 것과 마찬가지일 것이다. 따라서 오로지 요구되는 것은 고통의 무력화다. 생명의 본질적인 요소들을 위태롭게 할 수 있는 병적 변이 현상이 더 이상 발생하지 않도록 각 기관들 사이의 정상적인 관계를 회복하고 건강을 되찾을 필요가 있다.[9]

여기서 가장 눈에 띄는 것은 정치적 어휘와 의학적 어휘의 완전한 중첩을 통해 다시 한 번 강조되는 몸의 메타포뿐만 아니라 결과적으로 부각되는 면역화의 논리다. 몸의 안정적인 치유를 위해서는 몸을 괴롭히는 병의 힘 자체를 일종의 지렛대로 활용해서 병을 단호하게 제압하는 것이 필요하다. 병의 부정적인 측면 전체를 제압해야만 근원적인 치료가 가능해진다. 시에예스가 회복이 질병의 과도함에서 기인한다고 주장하는 것도 바로 이 때문이다. '재생'은 질병이 극단적인 결과로 이어질 때에만 비로소 가능해진다. 다시 말해 재생은 필연적일 때에만 가능하다. 앙투안 드 벡크 Antoine de Baecque가 주목했던 대로, '재생'의 개념이 종교적이고 의학적인 차원을 뛰어넘어 구체적으로 정치적인 의미를 획득하는 것은 '재생'의 부정적 반의어인 '쇠퇴'의 개념이 충분히 확산된 뒤에야 일어난 일이다.[10] 하지만 여기서 중요한 것은 단순한 연대기적 우선순위가 아니다. 정치공동체적 몸의 메타포가 보여주는 면역 메커니즘의 틈새 속에 함축되어 있는 만큼, '재생'은 쇠퇴가 전제될 때에만, 아울러 쇠퇴 내부에서만 진행된다. 질병의 집요한 공격과 아무런 상관이 없는 건강은 과연 무엇이겠는가?

***

정치철학뿐만 아니라 정치 활동마저 사회적으로 복수적인 측면들의 일체화를 불가항력적으로 추구한다는 점은 어떻게 설명해야 하는가? 정치로 하여금 다름 아닌 정치에 소리 소문 없이 저항하는 것을 끊임없이 일체화하도록 만드는 위압적인 힘은 대체 어디에서 유래하는가? 자코브 로고진스키Jacob Rogozinski에 따르면, 이 힘은 다름 아닌 저항 자체의 유령적인 방식이 상대적으로 야기하는 변증적 반격에서 비롯된다. 달리 말하자면, 일체화의 추력과 이에 대칭적으로 상반되는 비-일체화의 추력 사이를 오가며 불안정한 움직임이 지속되는 가운데, 비-일체화가 일체화에 저항할 뿐 아니라 동시에 일체화의 움직임을 오히려 양산하는 상황이 발생한다.[11] 하지만 이러한 분석의 의미를 정확하게 파악하려면 먼저 분석 자체의 전제와 개념적 틀을 구축하는 현상학적 지평에 주목해야 한다. 정확히 말하자면 먼저 후설이, 뒤이어 메를로 퐁티가 제시한 독특한 성향의 '살'이라는 주제를 중심으로 분석 내용을 검토해볼 필요가 있다. 이들이 강조하는 특징들은 다르지만, 후설과 메를로 퐁티 모두의 입장에서 살(Leib, chair)의 의미론은 몸(Körper, corps)의 의미론과—밀접한 연관성을 지녔음에도 불구하고—일치하지 않는다. 관건이 단수적인 경험이든 혹은 잠재적으로 복수적인 경험이든 간에—예를 들어 메를로 퐁티가 말하는 "세상의 살"이든 "역사의 살"이든 간에—한 몸의 두 지체 사이, 또는 여러 몸 사이에서 전개되는 상호일체화의 과정이 완벽한 완결 단계에 도달한다는 것은 불가능하다. 왜냐하면 로고진스키가 '살의 차이différence charnelle'라고 부르는 원천적인 편차에 의해 일체화가 중단되기 때문이다. 이처럼 본질적인 상호-소속이나 동시적인 상호-선사가 불가능하다는 사실은—'만지는' 손과 '만져지는' 손 사이의 키아스마*를 언제나 중단된 상태로 만드는 이상—살과 몸의 모든 일치 가능성이 무산되는 결과를 가져온다. 살의 어떤 편차 혹은 원천적인 틈새 같은 것이 일체화에 저항하며 일체화를 그것과 정반대되는 비-일체화의 움직임으로 전복시킨다. 하지만 앞서 언급한 바와 같이 이처럼 몸이 되지 않으려고 몸부림치는 살의 저항은 필연적으로 모순적인 결과를 가져온다. 살의 저항은 살을 찢고 도려내는 행위의 유령적인 이미지들을 산출하는 반면, 바로 이 이미지들이 똑같은 살에게 되돌아와 살이 자신을 발견할 수 없는 공간으로, 진정한 탈-육화의 지대로 살을 내쫓겠다고 위협한다. 어떤 의미에서는, 키아스마의 위기가—자신 혹은 타자의 몸을 상대로—살에서 살이-아닌-것을 솟아오르게 만든다고도 볼 수 있다. 다

* 키아스마chiasma. 생물학에서는 염색체의 부분교환이 일어나는 접촉 부위를 가리키고 수사학에서는 서로 상반되는 의미의 교차 방식을 가리키는 반면, 메를로 퐁티는 이 용어를 감지하는 자와 감지되는 것, 발화와 청취, 능동성과 수동성의 교환이 모호한 형태로 일어나는 지점이나 이들 사이의 교환 가능성을 가리키기 위해 사용한다.

시 말해 살을 죽음의 소용돌이 속으로 몰아넣거나 자기-추방으로 이끌 수밖에 없는 혐오스러운 살을 솟아오르게 만드는 것이다. 바로 이 시점에서 상상을 통해 몸과 하염없이 멀어질 때 나타나는 괴사의 유령이 대조적으로, 새롭고 더 강렬한 일체화 과정을 발동시킨다. 이 일체화는 집요한 비-육화의 환상을 금지하고 널리 흩어진 살의 파편들을 하나로 모아 새롭게, 정체성이 뚜렷한 몸을 구성한다. 이 과정은 환원 불가능한 '살의 차이'로 인해 일체화의 융합의지가 무산되고 일체화된 몸이 해체될 때까지 지속된다.

모더니즘에 대한 정치적 해석의 중요한 입장들이 바로 이러한 분석의 틀에 적용될 수 있다. 예를 들어, 유기주의 메타포를 활용하는 루소의 입장이나 자본주의에 의한 사회공동체적 몸의 이질화를 거부하는 마르크스의 항변은, 이들이 자유화에 끼친 지대한 영향에도 불구하고, 사실상 근대의 개인주의적 비-일체화 과정에 대한 역반응의 결과였다고 볼 수 있다. 이는 물론 '개인'의 칭송에 주력하는 정치적 사유가 근원실체ipostasi의 전체화로부터 자유로운 살의 요구들까지 대변할 수 있다는 뜻은 아니다. 반대로 '개인'의 자기중심적인 개념 자체는 오히려 육체적 존재의 비-단수적인 성격에 중첩되는 신체적 근원실체화에서 탄생한다. 그뿐 아니라, 사실은 사회적 결속의 끊임없는 요구를 수용하지 못하는 개인의 무능력이 전체주의적인 성향의 역반응을, 따라서 일체화의 의지와 비-육화의 유령이 더욱더 파괴적인 방식으로 배가되는 현상을 일으킨다. 여하튼 표면적으로는 끝없이 지속될 것처럼 보이던 이 비-체화와 재-일체화의 변증관계는 다름 아닌 전체주의 체제의 붕괴와 함께 더 이상 돌이킬 수 없는 지점에 도달한다.

그리고 이 지점 너머에서 새로운 의미의 지평이 펼쳐진다. 그런 식으로, 지금까지 어떤 철학도 이름을 부여할 줄 몰랐고 부정하던 요소로부터 부정적으로만 이해했던 이른바 "시원적 살"을 표면으로 이끌어낼 수 있는 가능성의 윤곽이 드러난다. 결국 정치공동체적 몸과 유기주의 메타포의 결정적인 결별을 통해 비로소 부각되는 것은 새로운 일체화의 집요한 공격이 아니라, "**하나**에 반항하는 살, 언제나 이미 분리되어 있고 키아스마의 **둘** 속에 양극화되어 있지만 바로 그런 이유에서, 명령하는 편과 복종하는 편의 위계든 돌이킬 수 없는 분리든 모조리 무시해버리는 살"[12]의 윤곽이다.

그러나 이러한 관점의 독특한 장점에도 불구하고, 이에 뒤따르는 결론만큼은 약간의 당혹스러움을 남긴다. 물론 초월적인 범주들의 역사-정치적인—적어도 후설의 입장과 메를로 퐁티의 입장까지 고려한—해석 가능성은 기술적인 문제인 만큼 열린 채로 남겨두고 상세히 다루지 않겠지만, 적어도 "시원적 살"의 해석에 대해서 만큼은 여기서 몇 가지 이의를 제기하고 싶다. 이 "시원적"인 성격은 어떻게 이해해야 하나? 우리가 앞서 묘사했던 역동성에 의해 일그러지고 뒤덮일 뿐 아니라 이 역동성이 완전히 소모되는 단계에 도달할 때에만 모습을 드러내는 어떤 원천적인 기반으로 이해해야 하나? 아니면 동일한 역동성이 내부에 보유하는 고유의 전복적인 요소, 무언가 정반대되는 요소로 간주해야 하나? 혹은 외부에서 몸의 헤게모니에 대적하는 존재론적 대안으로? 아니면 몸 내부에서 살아가며 몸을 몸 고유의 타자성에 노출시키는 허무적인 요소로? 좀 더 정확히 말해, 살은 몸의 저편에 존재하나? 아니면 몸 자체를 구축하는 무소속의 영역에 불과한가? 다시 말해, 몸을 몸 자체에서 분리시켜 그것의 외부로 열어젖히는 차별화의 한계일 뿐인가? 로고진스키는 이러한 두 가지 해석의 가능성 사이에서 어느 한쪽을 선택하지 못하고 주저하는 듯이 보인다. 그리고 그의 주저함에서 감지되는 것은 다름 아닌 유토피아적인 성격과 앞의 인용 문장에서도 엿볼 수 있는 미세하게 종말론적인 성격이다. 결국 분명해지는 것은, 내부의 경계가 사라져 버린 세상이 제기하는 질문에 몸의 범주가 더 이상 답변을 내놓지 못한다는 점이다. 따라서 몸의 범주는 '살'의 차원을 첨단의 무기로 갖춘 새로운 어휘로 탈-구축되어야 한다.[13] 하지만 항상 염두에 두어야 할 것은 살과 몸의 연관성뿐만 아니라 이들이 실제로는 '동일한 것'이라는 사실이다. 살은 '몸들' 사이의 차이를 통합하는 조직성에 지나지 않으며, 이질적인 것이 '고유의 내부'에 은밀히 폐쇄되지 않고 '고유의 바깥'과 접촉할 수 있도록 만드는 무소속성 또는 상호소속성에 가깝다. 하지만 사실은 몸의 외면화만 중요한 것이 아니라, 절대적인 내재성의 형성을 가로막는 내부의 균열 역시 중요하다. 살의 의미를 깊이 이해하려면 몸의 '안'과 '바깥'을 동시에 사유할 수 있어야 한다. 다시 말해 '안'과 '바깥'을 서로의 내부에서, 서로 대비해서 사유해야 한다. 살은 안으로 굽은 것을 바깥으로 내보내는 내부의 문턱이다. 살은 여하튼 개별적인 몸을 더 이상 개별적이 아닌 것으로, 그저 '고유'하기만 한 것이 아니라 '고유'하지 않기도 한 것으로 만든다. 결국 Leib를 '고유의 몸'으로 번역하는 것은 어떤 식으로든 받아들이기 힘들다.[14] 디디에 프랑크 Didier Franck의 표현대로, "원래부터 고유할 뿐 아니라 고유한 것의 원천으로 간주되는 살은 원래부터 고유하지 않을 뿐더러 고유하지 않은 것의 원천이다."[15] 그러나 살이 고유한 것의 탈고유화를 주도한다면 이는 곧 살이 고유한 것을 공통으로 만든다는 의미이기도 하다. 바로 그런 이유에서 후설뿐만 아니라 하이데거 역시—차이는 있지만—처음부터 살을 선사의 의미론과 연결시킨다. "육화는 자기-선사의 한 탁월한 방식이다."[16] 여기서 불현 듯 우리의 시선을 사로잡는 것은 살의 형상과 원천적으로 관계하는 '무누스'의 형상이다. 살은 또 다른 몸도, 몸과 다른 것도 아니다. 살은 그저 모두가 원하는 면역성이 공통적으로 존재하는 방식에 지나지 않는다.

2. 파르마콘

정치적 담론의 중심에 기관학적 메타포가 있다면, 이 메타포의 중심에는 질병이 있다. 정치적 앎과 의학적 앎의 교차점을 구축하는 공통점이 몸의 보존 문제라는 점은 사실이지만, 몸을 보존하는 문제는 질병이 열어젖힌 관점에서 출발할 때에만 중요해진다. 물론 논리적으로는 유기체의 생리학적 또는 형태학적 현실이 병리학적 현실을 선행하지만 실제로는 병리학적 구도가 생리학은 물론 형태학에도 실질적인 의미를 부여한다. '병든' 것에 대한 '결정'만이, 즉 질병의 원인과 확산과 결과에 대한 판단만이 상대적으로 건강한 것은 무엇인가를 결정한다. 예를 들어 국가의 입장에서 최악의 병이 반란과 폭동의 위협이라면, 나라의 건강은 국가라는 몸의 구성원들에 대한 관리를 기반으로 주권자가 보장하는 질서의 차원에서 다루어져야 할 것이다. 반대로 전제적 주권자의 독재가 나라의 건강을 위협하는 요소라면, 정치적 유기체의 생존 문제는 몸의 여러 구성원들 사이에서 복원되어야 할 균형의 문제로 집약될 것이다.

물론 이러한 진단은 고대 고전시기와 고대 그리스도교, 르네상스와 근대를 거쳐 콩트와 스펜서, 뒤르켐의 유기주의 사회학에 이르기까지, 본질적인 차원에서 바뀐 것이 없는 내용들을 반복해 온 논제들의 틀에서 크게 벗어나지 않는다. 하지만 이런 식으로 동일한 내용을 반복할 때 결국에는 눈앞에서 놓치는 것이 있다. 그것은 명백하게 면역학적인 어조의 메타포를 실어 나르는 경로들, 혹은 인식론적 도약의 순간들이다. 물론 생물-의학적인 언어와 법률-정치적인 언어가 몸을 설명하면서 의미론적으로 중첩되는 현상이 그 자체로 신체적 면역을 가리키는 지표라는 것은 사실이다. 하지만 이 지표는 몸의 메타포가 이중의 변화를 거친 후에야, 다시 말해 우선적으로는 질병의 위치와 관련해서, 뒤이어 질병과 건강의 관계와 관련해서 변화를 거친 후에야 보다 구체적인 의미를 확보하게 된다. 먼저 질병의 위치라는 문제를 살펴보자. 전통적인 견해에 따르면, 정치공동체적 몸의 부패와 이에 뒤따르는 붕괴의 원인은 두 가지다. 한편에는 '모든 생명체의 필연적 쇠퇴'라는 폴리비오스의 원칙을 기준으로 원인이 자연적 노쇠화에 있다고 보는 견해가 있고, 다른 한편에는 내전 또는 반란에 기인하는 폭발적인 위기에 있다고 보는 견해가 있다. 두 가지 경우 모두 관건은 내생적인 질병이다. 다시 말해 정치적 유기체 내부에서 발생하는 만큼, 무너진 균형의 안정적 회복을 도모하는 치료를 통해서든 병든 부위를 잘라내는 수술을 통해서든 대처가 가능한 질병이다.[17] 하지만 근대에 들어서면서 바로 이러한 유형의 구도에 서서히, 하지만 점점 더 분명한 방식으로 균열이 발생한다. 그리고 그 원인은 국가들 간의 분쟁이 심화하는 현상과 의학 지식의 체계가 변화하는 현상에 있다. 물론 질병과 불화를 같은 맥락에서 관찰하는 고전적인 조합과 이에 상응하는 모든 증상, 징후, 치료에 대한 이해는 변하지 않지만, 무게중심은 내부가 아닌 외부로 기울어진다. 예를 들어 정치공동체적 몸을 공격하는 병/악의 모체는—관건이 이방족의 침입이든 사회적 분쟁이든 간에—몸 바깥에 있는 것으로, 다시 말해 몸 내부에서 발생하지 않은 전염적인 요소가 몸에 침투하면서 전달되는 것으로 이해되기 시작한다.

이러한 관점에서 결코 무의미하다고 볼 수 없는 것은, 대규모의 전염병이—주로 페스트와 매독이—파국을 예고하며 무섭게 확산되던 무렵, 지롤라모 프라카스토로Girolamo Fracastoro가 1536년과 1546년 사이에 출간한 『매독 혹은 갈리아인의 질병Syphilis sive Morbus Gallicus』과 『전염과 전염병에 관하여De Contagione et Contagiosis Morbis』에서 역사상 처음으로 갈레노스 의학의 전통 체액이론과 상반되는 형태의 이론을 제시했다는 사실이다. 이 이론에 따르면, 질병은 외생적인 유형의 미세한 감염 요소들이 몸에 침투할 때 발생하는 전염을 통해 전달되며 신체의 부패 과정처럼 내생적인 과정과는 구조적으로 다른 메커니즘에 따라 발생한다. 바로 이 시점에서—물론 직접적인 연관성은 없지만 어떤 공통된 의미의 지평 내부에서—정치적 담론의 관심 역시 정치공동체적 몸의 전반적인 건강 상태에 주목하기보다는 오히려 외부 세계에서 유래하는 이질적인 요소들의 침투로부터 공동체를 보호하기 위한 사전예방책을 모색하는 방향으로 기울어지기 시작한다. 여기서 점점 더 강조되며 대두되는 것이 바로 장벽과 보호막의 필요성, 다시 말해 전염성 병균의 침투에 노출된 외벽의 틈새들을 제거하지는 못하더라도 최소화할 수 있는 면역장치들의 필요성이다. 스페인의 영국 침략 같은 실질적인 침략이나 위협, 또는 아메리카 인디언들과의 만남 같은 이방 민족이나 문화와의 접촉, 심지어는 서부 유럽을 찾는 유대인 이민자 수의 증폭 현상 등이 이러한 자기보호의 요구를 망상의 단계로 발전시키는 데 지대한 영향을 끼쳤으리라는 점은 어렵지 않게 짐작할 수 있다. 정치공동체적 몸의 취약점이 드러나면 드러날수록 국경에 뚫린 구멍들을 틀어막아야 할 필요성은 시급하게 다가왔을 것이다. 이러한 정황은 1500년대와 1600년대에 영국, 프랑스, 이탈리아의 정치학 논문들을 가득 채우던 삽화들, 예를 들어 포위당한 도시들, 난공불락의 성곽들, 침략자들에 에워싸인 영토의 이미지들을 살펴보면 아주 생생하게 와닿는다.

하지만 병균의 '외부 유래'보다 더 중요한 것은—몸의 메타포가 지닌 면역학적 특성을 고려할 때—질병에 대처하기 위해 마련되는 치료법 내부에서 질병 자체가 발휘하기 시작하는 변증적 기능이다. 달리 말하자면, 예전에는 질병이 건강과 정반대되는 것으로만 간주되었기 때문에 질병에 대한 전적으로 부정적인 이해가 지배적이었던 반면 어느 시점에 접어들면서—대략적으로는 16세기 후반부터—질병을 이해하는 방식에 실질적인 변화가 일어나기 시작한다. 물론 병/악은 정치공동체적 몸을 쇠약하게 하고 생명/삶을 위협할 수 있는 요인으로 계속 지목되지만, 위협과 약화가 병/악이 지닌 '기능'의 전부는 아니다. 병/악의 기능은 서서히 긍정적인 기호를 획득하기에 이른다. 이는 무엇보다도 질병이 병든 유기체의 자기보호 전략을 상대적으로 강화하거나 심지어는 창출하는 역할을 하기 때문이다. 이러한 관점에서 결코 무시할 수 없는 것이 바로 사회적 분쟁 자체의 정치적 생산성에 주목했던 마키아벨리의 간접적인 영향이다.[18] 더 나아가 16세기와 17세기에 쓰인 정치논문의 저자들이 여전히 마키아벨리의 사상에서 취하는 또 다른, 훨씬 더 야릇한 관점에 주목할 필요가 있다. 이에 따르면, 정치권력은 반란과 폭동을 활용함으로써 고유의 억압 정책을 정당화하거나 강화한다. 심지어는 반란과 폭동을 기술적으로—예를 들어 잠재적 반란자들 사이에 잠입한 정부 요원의 활약으로—조장하기도 한다. 이는 제압된 병/악, 따라서 전복된 상태의 병/악만큼 이를 수용하는 정치공동체적 몸을 강화하는 것도 없기 때문이다.[19]

하지만 이는 몸의 메타포가 면역학적 특징을 취하는 과정의 첫 번째 축에 지나지 않는다. 오로지 부정적이거나 오로지 긍정적이라기보다는 오히려 부정성과 긍정성의 상호수용과 대비를 통해 전개되는 메타포의 변증 기능이 분쟁의 정치적 영역에서 다름 아닌 질병과 그것의 치료를 해석하는 영역으로 전이될 때, 비로소 이 메타포의 배가 현상이 일어난다. 몸의 메타포가 겪는 이러한 굴곡을 보다 분명하게 파악할 목적으로, 조나단 해리스Jonathan Harris는 파라켈수스가—비록 중세의 마술과 연금술 전통에서 전혀 벗어나지 못한 상태였음에도 불구하고—갈레노스적인 유형의 의학 패러다임을 상대로 인식론적 단절을 시도했다는 점에 주목했다.[20] 프라카스토로가 여전히 고전적 체액 이론과 루크레티우스의 원자주의, 히포크라테스 의학에서 유래하는 오염miasma 이론의 이론적 구도 속에 머물면서 새로운 전염성병균 이론을 도입한 것처럼, 파라켈수스 역시 대우주와 소우주의 비례라는 신플라톤주의적인 전제와 완전히 결별하지 않은 상태에서 화학적 원칙들을 토대로 새로운 관점을 도입했다. 하지만 그 이유는 앞서 언급한 것처럼 단순히 질병의 원인이 유기체 외부에 있기 때문이 아니라, 이를테면 입이나 코처럼 몸의 개방된 부위를 통해 무기물이나 기체가 흡입되는 과정의 전염을 통해 전달된다고 보았기 때문이 아니라, 오히려 질병을 명백하게 존재론적인 차원에서 해석했기 때문이다. 파라켈수스에 따르면, 질병은 더 이상 몸의 전체적인 균형이 무너질 때 일어나는 현상이 아니라 신체의 특정 부위를 차지하며 객관적으로 존재하는 실체에 가깝다. 이처럼 병의 '위치'를 파악하는 방향으로 나아가면서 일어난 진단 자체의 변화는, 다시 말해 유기체의 전반적인 상태가 병의 실체를 결정짓는 것이 아니라 오히려 그 반대라는 인식은 치료에도 파격적인 변화를 가져왔다. 고전 의학에서 몸의 네 가지 체액 가운데 하나의 결핍 또는 과다에 의한 유기체의 불균형을 치료한다는 것은 곧 보완의 논리에 따라 부족한 것을 채워 넣거나 과도한 것을 절감한다는 의미였다. 반면에 파라켈수스는 이와 대칭적으로 상반되는 접근 방식을 취한다. 치료를 좌우하는 것은 더 이상 반대되는 것의 역증요법이 아니라 유사한 것의 동종요법이다.[21] '반대되는 것들은 반대되는 것으로 치료한다contraria a contrariis curantur'라는 갈레노스의 원칙, 예를 들어 온기가 냉기를 치료하며 그 역도 성립한다는 논리를 거부하며, 파라켈수스는 유사한 것이 유사한 것을 치료한다는 동종요법적인 규칙을 제시한다.

여하튼 해부학적 구조에 상응하는 방식으로, 질병을 알고 탐구하고 이해하고 인식해야 한다. 그래야 어떤 이유에서 전갈이 전갈의 독을 치료하는지 알 수 있다. 그 이유는, 그러니까 그것과 동일한 해부학적 구조를 지녔기 때문이다. 그런 식으로 인간 외부의 해부학적 구조에 인간 내부의 해부학적 구조가 상응하고, 무언가가 무언가에 계속해서 상응한다. 그래서 실제로는 비소가 비소를 치료하고 계관석이 계관석을, 심장이 심장을, 허파가 허파를, 비장이 비장을 치료한다.[22]

여기서 우리는 여전히 상상력에 의존하는 점성술적인 어휘를 마주하고 있을 뿐, 문제의 핵심에 근접해 있다. 독의 치료제가 다름 아닌 독 자체에 있다면, 질병과 건강의 개념은 더 이상 정면으로 대립하는 형태의 축이 아니라 서로가 서로의 반대항인 동시에 무엇보다 서로의 도구가 되도록 만드는 변증관계를 토대로 정립되어야 한다. 파라켈수스가 다음과 같은 주장을 펼쳤던 것도 이 때문이다. “개별적인 모든 것은 이중적이다. 질병이 있는 곳에 약이 있고 약이 있는 곳에 질병이 있다.”[23] 왜냐하면 “약은 빈번히 독이지만 특정 순간에도 빈번히 치료약”[24]이기 때문이다. 질병의 치료는 질병에 대한 결정적인 면역화를 위해 필요한 만큼의 양과 형태로 질병을 수용하는 데 있다. 물론 파라켈수스가 이런 식의 표현을 사용했던 것은 아니다. 하지만 그가 제시하는 의화학적 의학 전체의 구도는 정확하게 이런 방향으로 전개된다.

물론 질병과 치료의 조합을 원리로 구축되는 철학적 관점은 그 뿌리가 형성된 고대 문화에서 시작해 몽테뉴와 셰익스피어, 루소에 이르는 장구한 역사를 지녔다. 예를 들어 루소는 영원한 섭리가 "여러 유해한 식물들 곁에 순전히 유익한 식물들을, 여러 유해한 동물들의 본질적인 실체 안에 이들에 의한 상처의 치료제를"[25] 배치했다고 생각했다. 하지만 어느 시점까지는 본질적으로 문학적 표현에 불과했던 주제가—예를 들어 "또 다른 불에 의해 진압된 화재"(테르툴리아누스, 『겸양에 관하여De pudicitia』 1.16), "상처를 낸 동일한 손에 의해 치유된 상처"(오비디우스 『사랑의 치유Remedia amoris』 43-48), "상처를 입힌 창으로 아무는 상처"(마케도니우스, 『팔라티나 선집Antologia Palatina』 5.225)처럼 문학적이었던 주제가—파라켈수스의 병인 이론에 이르러서는 질병 해석의 척도가 되고, 더 나아가서 질병에 대처하기 위한 실질적인 조치의 원리로 부상한다. 실제로 파라켈수스가 19세기 미생물학의 출현을 훨씬 앞서 예고하며 제시했던 것은 몸을 보호하기 위해 멀리해야 할 독의 일부를 치료의 차원에서 몸에 주입하는 방식이었다. 뒤이어 튜더와 스튜어트 왕조 시대의 정치논문 저자들에 의해 수용되고 정치적 언어로 번역되는 것이 바로 이러한 예방 조치 개념이다. 이때 사용되는 몸의 메타포는 이미 전통적인 형태에서 크게 벗어나, 정치공동체적 담론의 질서에 일어난 뿌리 깊은 변화를 표현할 수 있는 단계에 도달한다.

같은 시기에 국가와 몸의 비유를 주제로 쓰인 정치학 논문들 가운데 중요한 문헌으로 손꼽히는 윌리엄 에이브럴William Averell의 『상반되는 것들의 놀라운 전투A Mervailous Combat of Contrareties』(1588년), 에드워드 포셋Edward Forset의 『몸들에 관한 비교 담론A Comparative Discourse of the Bodies』(1606년), 토마스 데커Thomas Dekker의 『바빌론의 창녀The Whore of Babylon』(1606년)를 차례대로 읽어보면, 이 비유의 면역학적 어조가 도표를 그리듯 점차적으로 강렬해지는 현상을 뚜렷하게 확인할 수 있다. 이 저자들 사이의 비교적 분명한 이데올로기적 차이를 뛰어넘어, 이 텍스트들을 하나로 묶어주는 요소는 몸의 모든 구성 요소가, 심지어는 외부에서 투입된 병균까지도 적절한 거리를 두고 관찰할 경우 몸의 건강과 보존에 기여한다는 원천기능주의적인 protofunzionalista 원칙이다. 과거에는 몸을 정확한 위계질서에 따라 차별화된 지체들의 구조로 간주했고 이러한 낡은 신체개념은 토마스 스타키Thomas Starkey의 『레지날드 폴과 토마스 럽셋의 대화 Dialogue Between Reginald Pole and Thomas Lupset』(1535년)에서도 여전히 발견된다. 하지만 이러한 관점에서 벗어나 새로운 견해로 부각되는 것은, 몸을 다양한 기능들이 보완되는 체계로 간주하고 잠재적 파괴력을 지닌 요소들마저 몸 전체를 강화하는 데 생산적인 차원에서 활용될 수 있다고 보는 관점이다. 바로 여기서, 공동체 내부로 잠입한 적을—가톨릭교도이든 유대인이든—일종의 해독제로 간주하며 그가 적들의 평화로운 퇴출을 용이하게 만들 수 있다고 보는 관점이나 공동체적 몸을 예방차원에서 면역하기 위해 필요한 독약으로까지 보는 관점이 유래한다. 때로는 정부에서 잠재적 반역자들을 적발할 목적으로 비밀요원들을 파견해 반란을 자극하거나 종용하는 것과 똑같이, 병/악은 건강과 균형의 회복에 일조할 수 있고 따라서 이를 위해 인위적인 방식으로 재생될 수 있다. 이는 포셋의 표현대로 "독약마저 치료약으로 만들to make even poysons medicinable"[26] 수 있는 누군가만 있다면 충분히 가능한 이야기다. 결과적으로 뒤따르는 것은 '선으로 변신하는 악'과 '악에서 비롯된 선' 사이에서 일어나는 진정한 의미의 변증적 교환이다. 그런 식으로 양자 간의 차이가 점점 더 무분별해지는 현상은 플라톤의 '파르마콘'이 지닌 구조적인 양면성과도 — 혹은 라틴어 Medicamentum이나 고대 독일어와 앵글로색슨어 Gift의 양면성과도 — 유사하다.

데리다가 면역학적 의미론의 논리와 어휘 자체의 복원에 기여하며 설명했던 대로, 파르마콘은 상대와 대척하지만 그를 배척하기보다는 오히려 수용하고 상대의 역할을 빼앗는 방식으로 그를 대체한다.[27] 법의 부재 상황에 대척하는 고대의 '카테콘'처럼, 상대를 따라하며 저항하고 상대에 복종하며 대척하는 것이 파르마콘이다. 병인 동시에 병에 저항하고 저항하기 위해 병의 논리를 고개를 숙여 받아들이는 것, 타자이기에 자기이고 자기이기에 타자인 것, '하나'가 '둘' 속으로 전이하지만 그럼에도 하나로 남는 지점에서 '하나'인 동시에 '둘'일 뿐 하나도 아니고 둘도 아니며 함께 반목의 선상에 중첩되어 있는 것이 바로 파르마콘이다. 이러한 유형의 차이는 어떤 정체성의 부각으로도 드러나지 않는다. 이 차이는 심지어 '상반된 것들의 일치coincidentia oppositorum'라는 모순적인 정체성과도 어울리지 않는다. 질병인 동시에 치료제, 독약인 동시에 해독제인 파르마콘은 실체가 아니라 오히려 비-실체, 비-정체, 비-본질에 가깝고, 무엇보다도 삶과는 정반대되는 것의 밑바닥에서 삶에 관여하는 무언가에 가깝다. 생명을 긍정하기보다는 생명의 부정을 부정하며 그런 방식으로 결국에는 생명력을 배가하는 것이 파르마콘이다. 그런 의미에서, 파르마콘의 이러한 면역학적 차원을 '씨앗의 형태로' 간직하고 있던 아우구스티누스의 표현은 의미심장하게 다가온다. "죽음이 죽은 자들을 자유롭게 한다."(『그리스도교 교리De doctrina christiana』, 1.14.13) 바로 여기에 파르마콘의 비밀스러운 움직임이 있다. 죽음을 끄집어내 생명과의 만남을 주선하고 생명을 죽음의 실험에 노출시키는 달콤한 힘이 바로 파르마콘이다.

3. 세포 국가

이러한 변증관계가 다름 아닌 현대 생명정치의 가장 민감하고 핵심적인 문제라면, 이를 확인하기 위해서는 먼저 유기주의 메타포가 겪는 또 다른 변화에 주목할 필요가 있다. 앞서 언급한 것처럼, 18세기에 유기주의 메타포가 의미론적 굴곡을 겪는 것은 '기계'의 범주가 그것과 오랫동안 밀접하게 결속되어 있던 '몸'의 범주에서 떨어져나와 자립하게 되는 과정에서 일어난 현상이다. 하지만 바로 이러한 괴리 현상의 역효과로 19세기 초반부터—새로운 낭만적 풍토에 힘입어—정반대되는 입장이 대두되기 시작한다. 바로 이 시기부터—이 메타포에 대한 빈번히 보수주의적이고 때로는 자유주의나 심지어 혁명의 관점에서 출발하는 상이한 이데올로기적 이해에도 불구하고—법률-정치 논문의 저자들은 '몸'의 비유를 다시 활용하기 시작한다. 이러한 현상은 영국과 프랑스뿐만 아니라 특히 독일에서 일어났다. 독일의 칼 잘로모 자카리에Karl Salomo Zachariä, 요한 카스파 블룬춀리Johann Caspar

Bluntschli, 로렌츠 슈타인Lorenz Stein 같은 학자들의 저서는 국가 유기체Staatsorganismus 이론을 발전시킨 수많은 논문들 가운데 주목받은 소수의 예에 지나지 않는다. 이 정치학 이론가들 역시—과거와 마찬가지로—국가 유기체와 국가의 유기체적 내부 구조를 고찰하기 위한 개념적 범주를 생명과학에서, 특히 의학에서 도출해냈고, 당대의 철학이 생물 전성설과 후성설의 발생학적 관점에서 개념적 어휘와 이미지를 흡수했던 것처럼 경제학과 행정학의 이론가들 역시 혈액순환의 생물학적 체계를 기준으로 자신들의 학문을 이해하고 설명하기 시작했다. 이처럼 '자연과학에서 정신과학으로' 전개된 전이는 두 분야 사이의 근접성이 구체적으로 정립되지 않은 상태에서 이루어졌을 뿐 19세기 내내, 그리고 그 이후까지 지속되었고 이러한 현상은 적어도 트렌델렌부르크, 스펜서, 딜타이, 니체, 셸러, 짐멜의 저술에 결코 미미하다고 볼 수 없는 영향을 끼쳤다.[28]

하지만 우리가 다루고 있는 논제를 고려할 때, 좀 더 중요한 것은 같은 시기에 전개된 정반대 방향의 과정, 다시 말해 지금까지 살펴본 것처럼 생물학과 자연과학이 사회-정치학적 사유에 끼친 영향이 아니라, 반대로 법률-정치학적 어휘에서 유래하는 유용한 개념들이 생물학과 의학의 분석적 구도 안으로 도입되는 경향이다. 이 모든 것은 어떤 식으로든 국가와 몸의 비유라는 영역 안에서 이루어지지만, 방향을 고려하면 전이는 더 이상 '몸에서 국가로' 전개되지 않고 '국가에서 몸으로' 전개된다. 이처럼 메타포의 발행자와 수취자의 위치가 뒤바뀌는 현상의 예는 우선적으로 종의 자연과학적인 문제를 사회정치적인 어휘로 해석한 토마스 맬서스의 인구 이론에서 찾아볼 수 있다. 다윈도 부분적으로나마 이와 동일한 전개방식을 그의 자연선택 이론에 적용한 셈이다. 물론 이 이론이 홉스가 말한 '만인의 만인에 대한 투쟁'에 영향을 받았다는 것도 간과할 수 없는 요인이다. 어떻게 보면, 동물의 여러 신체기관들이 서로 다른 기능을 지녔다는 점을 설명하기 위해 앙리 밀네두아르스Henri Milne-Edwards가 스미스의 분업 이론을 동물학 분야에 도입한 것도 이와 유사한 경우라고 말할 수 있다.

하지만 적용 범위나 정확성을 고려할 때, 메타포의 방향이 전복되는 가장 중요하고 대표적인 예는 의학 분야의 탁월한 세포이론가로 알려진 해부병리학자 루돌프 피르호Rudolf Virchow의 저서에서 발견된다. 실제로 국가-몸의 메타포를 완전히 새로운 지평으로 옮겨놓은 언어-개념적 차원의 전환점을 마련한 것은 다름 아닌 세포이론이다. 뒤이어 펼쳐지는 새로운 지평에서 몸의 다양한 구성 요소는 결국 유기체의 — 계층 또는 위계를 기반으로 존속하는 절대 국가의 — 차원이나 총체의 — 뒤를 잇는 민주 국가의 — 차원에서 다루어지지 않고 오히려 개별적인 요소로 간주된다. 널리 알려진 바와 같이, 슈반Theodor Schwann의 연구에 힘입어 19세기 말에 탄생한 세포이론Cellulartheorie의 핵심 전제는 유기체가 '나뉘지 않는' 전체와는 무관하며 오히려 세포라는 기초적인 요소들의 총체일 뿐이라는 것이었다. 이 이론에 따르면 다름 아닌 세포 속에 생명의 원동력이 — 영양섭취와 성장의 기능이 — 있다. 결과적으로 유기체의 기초를 구성하는 것은 특정 목표를 향해 집중되는 단일한 활력Lebenskraft이 아니라 상호작용을 통해 서로에게 영향을 끼치는 적절한 수의 차별화된 실체들이다. 하지만 식물에서 세포구조를 발견한 슐라이덴Matthias Jacob Schleiden이나 그의 세포구조 이론을 동물에까지 확장시켜 적용한[29] 슈반이 자연적 유기체와 정치적 유기체의 비교에 의존했던 것은 아니다. 물론 이들 모두의 입장에서 세포가 독립적으로 생명력을 갖춘 개별적 실체였다는 점은 사실이다. 아울러 정치학에서 유래했을 가능성이 커 보이는 "유기체의 독재Autokratie des Organismus"[30] 같은 표현을 슈반이 종종 사용했다는 것도 사실이지만, 이러한 표현은 유기주의 메타포를 분명하게 활용하는 경우와는 어떤 식으로든 무관하다. 일찍이 1700년대 말부터 유기주의 메타포를 활용했던 요한 크리스티안 라일Johann Christian Reil도 잠재적 질병에 노출된 신체의 개별적인 구성 요소들이 서로 간에 유지하는 상대적인 자율성을 나름대로 분명하게 보여주었지만, 이를 설명하는 어휘의 지평을 지배하는 것은 세포가 아닌 섬유질 개념이었다. 프랑수와-뱅상 라스파유François-Vincent Raspail 역시 식물성 및 동물성 신체의 핵심 요소들을 정의하면서 일련의 비유를 활용했지만 이를 정치적 공동체의 차원에서 설명하는 단계에는 도달하지 못했다.

이 단계에 최초로 도달한 인물은 두말할 필요 없이 피르호Rudolf Virchow다. 물론 이러한 선택에 그의 정치 참여가 얼마나 큰 영향을 끼쳤는지에 대해서는 확실히 말하기 어렵지만, 피르호는 1848년 혁명을 계기로 프러시아의 민주주의 항쟁에 열성적으로 참여했고 '헌법분쟁Verfassungskonflikt'이 지속되는 동안 비스마르크에 반대하는 입장을 고수했던 인물이다. 아마도—레나토 마촐리니Renato Mazzolini가 치밀한 고증을 거쳐 완성한 방대한 분량의 관련 논문에서 주목했던 것처럼[31]—정치적 입장과 학문적 연구 사이에 일종의 변증적 회로가 형성되어 어느 한 편에서 유래하는 범주적 유사성을 다른 편에 적용하거나 역방향으로 적용하는 것이 얼마든지 가능했을 것이다. 한편으로는 조르주 캉길렘Georges Canguilhem도 피르호의 제자 헤켈Ernst Haeckel을 언급하며, 유기주의 메타포의 개념적 장치를 극단적으로 발전시킨 피르호에 대해 이렇게 표현한 바 있다. "전적으로 정치철학적인 생물학 이론이 있다. 세포이론을 지지하면 공화당주의자고, 공화당을 지지하면 세포이론주의자라고 누가 이야기할 수 있겠는가?"[32] 실제로 피르호는 자신의 세포이론을 일반 대중에게 소개하는 결정적인 순간에도 주저하지 않고 세포이론과 사회제도의 비교를 시도했다.

> 생명의 특성과 중추는 보다 고차원적으로 조직되어 있는 신체 부위에, 예를 들어 두뇌에 집중되어 있다는 식으로 제한될 수 없다. 그것은 반대로 오로지 모든 개별적인 요소의 구체적이고 지속적인 형성과 순응에 달려 있을 뿐이다. 분명한 것은 어떤 유기적인 몸, 식물 혹은 동물의 개별적인 신체가 일종의 사회제도, 즉 특정 유형의 사회제도를 표상한다는 점이다. 이 사회를 구성하는 특이한 요소들은 서로에게 의존하지만 각자에게 할당된 고유의 특별한 활동에 개별적으로 종사하며 고유의 활동에 자극제가 되는 영향을 다른 요소들로부터 받아들일 뿐 고유의 기능만큼은 스스로 발휘한다.[33]

피르호의 『세포병리학Cellularpathologie』에서 인용한 이 유명한 문구는 지금까지 풀어놓은 실들을 단일한 매듭으로 묶어주는 듯이 보인다. 이 문장은 정치공동체적 몸의 비유를 모든 각도에서 관찰할 수 있는 형태로 재현하는 한편, 이 메타포를 국가유기체Staatsorganismus 이론의 보수주의적 의미론과 분리시켜 정반대의 경향을 지닌 개념적 궤도 안으로 끌어들이면서 의미를 전복시킨다. 하지만 더 놀라운 것은 이러한 유기주의 메타포의 전복이 이전 단계에서 그것의 발전을 결정지었던 것과 동일한 분석적 도구들을 토대로 재현된다는 사실이다. 다시 말해 주목해야 할 것은, 다른 모든 신체부위를 제쳐두고 다름 아닌 두뇌가 생명의 원천이며 발산을 주관한다고 보는 관점에 비판적인 자세를 취할 때 피르호가 수용하는 것이 다름 아닌 파라켈수스의 입장, 즉 '보편주의적인' 성향의 갈레노스 의학을 비판하며 오히려 '주변'과 '영역'에 주목하라고 요구했던 것과 동일한 입장이라는 사실이다. 물론 19세기 베를린의 의사 피르호의 과학적 방법론과 먼 과거의 선임자 파라켈수스의 마술-연금술적인 언어 사이에는 일종의 심연이 가로놓여 있지만, 그럼에도 불구하고 피르호는 빈번히 파라켈수스나 그의 후임자 판 헬몬트Jan Baptist van Helmont가 개별적 신체부위들의 생동적인 자율성을 회복시키면서 적용했던 이론에 의존해야 할 필요를 느꼈다.[34] 혈액 병리학과 신경 병리학을 모두 비판하는 피르호의 입장은 바로 이러한 관점에서 이해할 필요가 있다. 질병의 원인이 전체적인 차원에서 혈액 순환의 결함에 있다고 보는 관점이나 질병의 원인이 신경 계통 전체의 장해에 있다고 보는 관점은 모두 문제적이다. 피르호가 혈액 병리학과 신경 병리학의 입장을 모두 거부하며 제시하는 테제는 세포들이 혈액 순환이나 신경계 활동의 단순한 기질基質이 아니라 오히려 활동 자체의 구성 요소이며 뚜렷한 정체성을 갖추었다는 것이다. 피르호에 따르면, 혈액과 신경계가 신체의 다른 부위에 지대한 영향을 끼칠 만큼 중요한 요소라는 것은 사실이지만 활동 자체는 주변에 대한 중심의 헤게모니가 아니라 상호의존의 형태로 전개된다. 실제로 신체의 '중심'에서 출발하는 모든 자극은 '주변'의 대응을 야기하지만 이 대응 역시 중심에 실질적인 영향을 끼친다. 유기체의 관리도 개별적인 요소들의 활동이 자율적일수록 훨씬 더 효과적인 것으로 나타난다. 뭐랄까, 다른 부위보다 생명력이 더 집중되어 있는 특정 신체부위는 존재하지 않는다. 왜냐하면 생명은 그 자체로 모든 개별적인 세포 나름의 몫이기 때문이다.

여기서 생명정치의 지평 전체와 연결되는 동시에 단절되는 지점이 발견된다. 생명/삶은—그것의 보존과 성장은—몸의 형상에 결속되어 있지만 이 몸을 구성하는 수많은 기초적 실체들의 수에 비례해 배가된다. 어떤 의미에서는 몸 내부에 무한한 생명이 담겨 있다고도 볼 수 있고, 혹은 몸을 '구성하는' 개별적인 입자들 하나하나에 생명이 배분된다고도 볼 수 있다. 이 시점에서 심장과 두뇌를 우선시하던 관점이 유기주의 메타포에 부여하던 절대주의적이고 위계적인 의미와 대조하면, 피르호가 세포이론을 토대로 동일한 메타포에—그러니까 사실상 그에게 단서를 제공했던 동일한 정치적 패러다임에—부여하는 새로운 의미는 비교적 분명해진다.

> 자신의 방에 틀어박힌 역사가는 어떤 국가나 민족을 구성하는 개인들 하나하나의 생명을 쉽게 잊는 경향이 있다. 그는 민족들의 어떤

삶에 대해, 나라들이 지닌 어떤 특성에 대해 마치 어떤 통일적인 힘이 모든 개별적인 민족, 개별적인 나라를 일깨우고 이끈다는 듯이 말한다. 그리고 쉽사리 나라 전체의 총체적인 행동을 인류의 역사라는 넓디넓은 차원에서 거론하며 전체의 행동을 구성하는 개인들 각자의 행위에는 조금도 관심을 기울이지 않는다. 하지만 모든 행동을 구성하는 것은 그것의 순간들이다. 한 민족의 삶은 시민들 개개인의 삶을 모두 합친 것에 지나지 않는다.[35]

피르호의 세포국가Zellenstaat 이론과 비스마르크 체계에서 구축된 국가유기체Staatsorganismus 이론의 차이점은 정확하게 생명이 위치하는 지점에서 발견된다. 다시 말해, 생명은 더 이상 유기체의 통일적인 힘과 일치하지 않고 그것을 하나로 만드는 제어 지점과도 일치하지 않으며 오히려 유기체를 구성하는 개별적인 요소들 안에서 확산되고 세분화된다. 이 요소들이 구축하는 것은 어떤 유기적인 전체가 아니라 일종의 세분화된 조합 또는 복잡하게 뒤섞여 있는 자율적인 관계들의 복합체다. 이 관계들이 지시하는 것은 "공동체적인 성격의 일체一體이지, 체액병리학이나 고체병리학 분야에서 생각하는 것처럼 전제주의적인 혹은 과두정치적인 일체가 아니다."[36] 그것은 "몸의 연방체제"하고도 거리가 멀다. 왜냐하면 "자명한 것은 '일체'이지 '연방제'가 아니기"[37] 때문이다.

여기서 일어난 변화는 생명정치 고유의 언어를 구축하는 데 굉장히 중요한 역할을 한다. 생명정치는 결국 명백하게 공동체적인 의미를 취득하기에 이른다. 왜냐하면, 피르호의 표현에서 정치공동체적 몸의 메타포는 어떤 진정한 의미의 국가를 가리키지 않고 오히려 사회공동체적인 제도나 심지어는 구성원들의 근본적인 차이점을 열린 자세로 수용하는 공동체를 가리키는 듯 보이기 때문이다. 자신들의 이론을 "신체의 군주제적 원칙"에 비유하거나 피와 신경계의 "귀족정치" 또는 "위계"에 비유하는 학자들을 상대로 비판적인 입장을 취했던 피르호는 역으로 새로운 형태의 유기체 개념, 즉 "구성원들이 서로를 필요로 하기 때문에 형성되는 연대의식에 의해 결속되고 서로가 서로에게 의지하는"[38] 유형의 유기체 개념을 제안하면서 결국에는, 유기주의 메타포에 힘입어 명맥을 유지해온 주권의 원칙 자체를 무너트리기에 이른다. 몸은 더 이상 절대왕국이나 모두의 의지에 의해 설립된 통일국가가 아니라 오히려 모든 구성원의 동일한 차이점을 기반으로 구축되는 공동체에 가깝다. 피르호의 『세포병리학』이 출간된 지 몇 년 후에, 19세기의 탁월한 생리학자 클로드 베르나르Claude Bernard는 생명체의 구조를 설명하기 위해 정치공동체적 도시의 메타포를 재차 활용하면서 도시민들의 역할을 이렇게 묘사했다. "시민들 각자는 고유의 직업과 그만의 활동, 습관, 재능을 지녔고 이를 기반으로 사회적 삶에 참여하며 그런 식으로 사회에 의존한다. 벽돌공, 빵굽는 사람, 푸줏간 주인, 기업가, 장인 등은 서로 다른 생산품을 공급하지만, 이 생산품들이 더 다양해지고 풍부해지고 차별화될수록 사회도 그만큼 고도의 발전 단계에 도달한다고 볼 수 있다."[39] 이러한 관점은, 어원적인 의미에서 '더 이상 분리될 수 없는' 실체를 가리키는 '개인in-dividual'의 개념이 전격적으로 해체되고 재구축되는 결과를 가져온다. 이러한 개념을 뒤이어 근본적인 차원에서 재정립한 철학자는 니체다. 이 '개인'만큼 고유의 차이점에 의해서만 통합되는 수많은 파편으로 사실상 분리되어 있는 존재도 없다. 피르호는 이렇게 말한다. “철학자의 ‘나’는 생물학자의 ‘우리’에 뒤따르는 하나의 결과에 불과하다.”[40] ‘개인’ 자체는 참여의 주체라기보다 오히려 무한히 복수적인 하나의 공동체에 가깝다.

***

기관학적 메타포의 역사에서 피르호의 관점이 차지하는 독창성을 일단 인정하고 나면, 이 관점의 시대적 범위를 벗어날 때, 즉 19세기 말이라는 구체적인 역사적 정황에서 벗어날 때 신중을 기할 필요가 있다. 이는 단순히 다음 단계에서 세포이론이 설득력을 완전히 잃고 근본적인 변화를 겪으면서 이 메타포의 활용 가능성 자체가 기본적으로 희박해지는 상황이 전개되었기 때문만은 아니다. 오히려 함께 주목해야 할 것은, 바로 이전 단계에서조차 국가와 생물학적 유기체를 비교하는 표현들이 사실은 피르호의 범주적 체계로 환원되기 어려울 만큼 복잡한 의미론적 지평에서 상당히 모호한 방식으로 활용되었다는 점이다. 이러한 정황을 구체적으로 보여주는 예는 혈액순환과 신경가지에 의해 완전히 ‘통합되는’ 유형의 신체 모형을 비판하며 피르호 자신이 주도했던 논쟁에서 발견된다. 피르호가 이러한 유형의 유기체 모형을 메타포의 차원에서, 그가 지지하던 공화제-민주주의 체제가 아니라 오히려 군주제-보수주의 체제에 더 가까운 것으로 이해했던 반면, 프랑스 혁명의 이론가들이 내세웠던 유기체 모형은 다름 아닌 후자와 결속되어 있었다. 앙투안 드 벡크Antoine de Baecque가 이러한 현상을 재구성한 뒤 제시하는 구도에 비추어 보면, 피르호가 정립한 정치적 메타포의 개념적 체계는 사실 대칭적으로 전복되어 있었다는 것이 드러난다. 피르호가 그의 입장에서는 권위나 위계질서의 원칙과 다를 바 없던 신체적 '통일성'의 원리에 반대하며 오히려 지엽적인 측면에 주목하는 계통학을 제시했던 반면, 혁명의 이론가들은 왕국의 계층들, 기관들, 기능들 사이의 해부학적 차이를 중시하는 과거의 이론과 결별을 꾀하며 그 가능성을 다름 아닌 '제3의 신분'이 대변하는 정치공동체적 몸의 새로운 '통일성'에서 발견했다. 왜냐하면, 여러 신체기관들을 지배하고 명령하도록 선출된 기관이 무엇이든—위든 두뇌든 심장이든—간에, 군주제나 귀족정치를 전제로 출발하는 모든 혁명적 정치논문의 저자들이 실제로 주장했던 것은 총체적 통치기능에 대비되는 개별적 신체부위들의 불균등성이었기 때문이다. 정확하게는 이러한 불균등성에, 즉 이에 뒤따르는 정치적 불평등성에 반대했기 때문에, 민주주의 혁명의 신봉자들이 제시한 것은 다름 아닌 모든 시민의 신경계와 혈액에 의해 통합되는 거대하고 유일한 몸의 이미지였다.[41]

그렇다면 생명정치의 관점에서 더욱더 흥미로운 것은, 이러한 논쟁 상황과 동시대 프랑스 의학계를 대표하던 두 학파 간의 논쟁 상황 사이에서 뚜렷한 동질성이 발견된다는 사실이다. 이 논쟁은 발살바Antonio Maria Valsalva에서 모르가니Giovanni Battista Morgagni에 이르는 전통적인 치료학의 대변자들과 비샤Xavier Bichat의 지도력으로 절정에 달하는 새로운 해부학적 병리학의 대변자들 사이에서 벌어졌다. 이들이 고수했던 입장의 차이는 모르가니의 『질병의 위치와 원인에 관하여De sedibus et causis morborum』

(1760년)와 40년 후에 출판된 비샤의 『세포막에 관하여Traité des membranes』를 비교해보면 분명하게 드러난다.

모르가니가—앞서 언급한 것처럼 몸의 지엽적이고 주변적인 측면에 주목하는 관점과 일관된 방식으로—질병의 위치와 원인을 신체의 특정 부위에서 발견했던 반면, 비샤는 여러 신체부위들을 단일한 유기체의 해체 불가능한 통일성 속에서 하나로 묶는 생동적인 관계의 훨씬 더 넓고 복합적인 지평에서 질병의 원인을 찾았다. 비샤의 입장에서, 다양한 신체기관들은—정치공동체적 몸의 자코뱅적인 통합 원리에 복종한다는 맥락에서—이들을 구성하는 세포막의 보편적 체계에 대해 기능의 의무를 지니는 도구에 지나지 않는다. 이 두 학파의 인식론적 차이에 대해 상세한 설명[42]을 제시했던 미셸 푸코가 주목했던 대로, 모르가니의 해부학을 특징짓는 '기관들의 차별화' 원리는 비샤가 신체기관의 "외부 조성, 구조, 생동 양식, 기능이 일제히 일치한다는 점"[43]을 기반으로 정립한 세포막의 '동형사상isomorphism' 원리로 대체된다. 이러한 원리를 전제로 혁명을 지지했던 의사 카바니스Pierre Jean Georges Cabanis는—마치 피르호의 자율주의적인 논제로 정립될 내용을 사전에 비판이라도 하려는 듯—이런 결론을 내렸다. "'큰' 기관들이 모두 합쳐 만들어진 단일한 총체 속에서가 아니라면, 완전하면서도 완벽한 '작은' 생명들은 존재하지 않는다."[44]

물론 푸코가 주목했던 대로, 비샤와 피넬Philippe Pinel, 코르비사르Jean-Nicolas Corvisart는 과거의 위대한 해부학자들이 구축해놓은 질병분류학을 새로운 의학적 지식의 범주 바깥으로 밀어내며 배제하기보다는 질병의 발달 과정 전체를 토대로 병을 인식하기 위한 일련의 시공간 내부로 수용하며 융합을 시도했다. 하지만 바로 여기서 이 두 관점을 동화될 수 없는 것으로 만드는 결정적인 단절의 요인이 발견된다. 질병 자체의 삶과 그 경로를 이해하고 재구성하기 위해서는 결국 '죽음'에 대한 지식으로 눈을 뜬 시선에 질병을 품고 있는 몸 자체를 노출시켜야 한다. 18세기 의학자들의 입장에서 '죽음'은 여전히 삶의 끝인 동시에 삶의 중단을 유발하는 질병의 끝에 불과했다. 하지만 19세기에 들어서면서부터 죽음은 이전 단계의 병리학적 차원에서 벗어나 자율적인 위상을 획득하기 시작한다. 그런 식으로 죽음은 병과의 구분 자체가 불분명했던 상태에서 벗어나 병 자체를 조명하고 그것의 상이한 발달 단계들을 세밀하게 재구성할 수 있는 단계에 이른다. 심지어는 죽음의 직접적인 원인으로—단정은 못하지만—간주할 수 있는 마지막 단계마저 재구성이 가능해진다. 결과적으로 죽음은 의학적 감식체계의 본질적인 구조로 기능하기에 이른다. 병리학이 생리학을 상대적으로 일깨웠던 것처럼, 비샤 이후, 의학은 죽음을 기점으로 생명의 진실을 파악하기 시작한다.

4. 생명의 통치

하나의 동일한 시대적 경로에서 주권의 위기를 생명정치의 탄생과 직결된다고 본 인물은 푸코다. 주권이 여전히 죽음을 명할 수 있는 권리를 바탕으로 행사되는 반면, 생명정치는 생명의 배려라는 정치적 차원의 핵심 원리를 바탕으로 실현된다. 여하튼 푸코는 이 대조적인 현상을 지나치게 기계적인 방식으로 해석하는 태도에서 벗어나야 한다고 경고한다. 주권이든 생명정치이든 어느 한 쪽을 전적으로 배제하는 양자택일적인 구도 속에서, 삶과 죽음은 주어지지 않는다. 삶과 죽음은—정확히 말하자면—피지배자들에게 죽음을 명할 수 있는 주권자의 권리가 실제로는 국가를 방위하거나 왕의 페르소나 자체를 보호하는 구도, 따라서 정치공동체의 생명 유지라는 요구에 부응하는 경우로 국한되는 전통적인 주권 권력의 구도 속에서만 주어지는 것도 혹은 생명정치처럼 분명히 생명의 성장에 기여한다는 차원에서 구축되었음에도 불구하고 '임박한 죽음'과의 관계를 조금도 놓치지 않는 권력의 근대적인 지평에서만 주어지는 것도 아니다. 어떻게 보면, 과거의 주권 권력이 생명을 죽음의 분배라는 관점에서 다루었던 반면, 새로운 체제의 생명정치는 생명의 재생 요구를 충족시키기 위해 죽음마저 활용한다고도 말할 수 있다. 이처럼 죽음이 집요한 방식으로 생명/삶의 정치 내부에 잔재한다는 점을 보여주는 대표적인 예는, 5천만 명을 죽음으로 몰아넣을 전쟁이 한창 진행 중이던 1942년에 국제사회의 부단한 노력으로 '건강복지제도'를 체계화하기 위한 이른바 베버리지Beveridge 계획이—마치 건강할 권리가 잠정적으로나마 살 권리를 대체하는 것도 가능하다는 듯이, 심지어는 삶과 정반대되는 죽음에서 건강할 권리를 찾는 것도 충분히 용납할 만하다는 듯이—시행되는 아주 독특한 정황에서 찾아볼 수 있다. 물론 죽음은 이 지점에서 여전히 생명의 생산 메커니즘 외부에—마치 체내에 흡수되지 못한 여분의 물질처럼, 혹은 변증적으로 대조되는 변방처럼—머물러 있다. 반면에 훨씬 더 중요해보이는 것은 죽음이 그것을 거부하고 배제하는 듯이 보이는 울타리 안으로 침투해 들어가는 방식이다. 바로 이 지점에서 푸코는 생명정치의 블랙박스를 찾아 나선다. 접근만이 허용되는 이 지점에서, 죽음은 단순히 삶을 상대적으로 결정짓는 태고의 이미지나 삶이 스스로를 확장하기 위해 치러야 할 비극적인 대가가 아니라 오히려 삶 내부의 주름 혹은 생명 자체의 보존 방식이나 어조에 가깝다.

바로 이것이 우리가 면역화의 논리에 지금까지 부여해온 메커니즘이다. 하지만 현실적으로 적용되는 생명정치의 가장 특징적인 동인을 포착하기 위해서는 생명정치가 본연의 기능을 발휘하는 고유의 터전으로 거슬러 올라갈 필요가 있다. 이 터전은 다름 아닌 개인의 영역과 종의 영역이 만나는 지점에 있다. 실제로 푸코가 민중을 '생명권력'의 대상으로 식별할 때 주목하는 것은 특정 권리를 소유하는 다수의 개별적인 주체나 이 개개인이 민중, 즉 어떤 국가의 집단적 주체에게 끼치는 영향이 아니라, 오히려 '구체적인' 형성 단계의 차원에서 포착되는 생명체의 존재다.[45] 다시 말해 그가 주목하는 것은 모든 개인을 동일한 종으로 묶는 유일무이한 요소, 즉 인간이 신체를 지녔다는 특징이다. 생명정치가 보호를 목적으로 주목하는 것이 바로 이 신체, 즉 각자의 것인 만큼 개인적인 동시에 종족 전체와 직결되기 때문에 보편적인 '몸'이다. 생명정치가 의도적으로 이 '몸'을 보호하고 강화하고 재생하면서 추구하는 목표는 과거에 활용되던 훈육이라는 장치의 단계를 훌쩍 뛰어넘는다. 왜냐하면 바로 이 '몸'이 경제적인 동시에 법적이고 정치적인 차원에서 유익한 존재로 국가의 존속 자체에 영향을 끼치기 때문이다. 바로 그런 이유에서 푸코는 프러시아의 보건체제를 언급하며 이렇게 말할 수 있었다. "보건부라는 행정기관의 관심을 끌었던 것은 '노동자'들의 몸이 아니라, 모여서 국가를 형성하는 '개개인'의 몸이다."[46] 이는—우리가 피르호의 비유적인 장치에서 주목했던 대로—개개인이 국가를 완성하는 조각들인 것처럼, 국가 역시 국가를 구성하는 개개인의 몸 바깥에서는 존재하지 않기 때문이다. 바로 그런 이유에서, 모두이자 각자인 이 몸들은—사실상 국가의 존립에 정당성을 부여하는 '절대 선'과 다를 바 없는 존재이기 때문에—보호와 장려와 증식의 대상으로 간주된다. 이러한 관점에서 보면, 주권정치적인 차원이 생명정치적인 차원으로 넘어오는 경로는 유기주의 메타포의 또 다른 발전상과 일치한다기보다는 오히려 이 메타포가 민중을 구성하는 개개인의 물리적인 몸으로 현실화되는 현상과 일치한다. 어떤 의미에서는 몸의 메타포 결국 몸을 얻게 된 셈이라고도 볼 수 있다. 푸코는 이렇게 말한다. "사회공동체적 '몸'은 더 이상 『리바이어던』의 경우처럼 단순한 법률-정치적 메타포로 그치지 않고 하나의 생물학적 현실이자 의학적 시술의 영역으로 변한다."[47] 리바이어던의 거대한 몸에 소속되어 있던 피지배자들의 몸이 리바이어던의 생존에 의무적으로 기여하며 심지어는 자신의 생명을—전유와 탈취의 권한을 지닌 주권 권력의 논리에 따라—희생시키는 단계에 도달하기까지 했던 반면, 생명정치의 차원에서 개개인의 몸은 거대한 몸과 다를 바 없는 것이 되어버린다. 왜냐하면 이제 국가의 힘은 이를 고유의 몸 속에 나누어 보유하는 개개인의 '용이한' 생존과 고스란히 일치하기 때문이다.

결과적으로 왜 18세기 중반부터 의학 지식이 정치적으로 점점 더 중요해졌는지가 쉽게 설명된다. 시민의 몸이 메타포의 차원에서 뿐만 아니라 현실적인 차원에서 권력 행사가 집중되는 영역이라면, 분명한 것은 공공의 건강이라는 문제, 즉 국가의 훨씬 더 방대하고 보편적인 '안녕'이라는 차원에서 이해해야 할 건강의 문제가 사실상 국가의 모든 경제 활동과 행정 및 정치 활동을 좌우하는 회전축이 된다는 사실이다. 바로 이러한 측면에서 바라볼 때 주권정치 체제의 전통적인 통치방식과 대별되는 생명정치 체제의 또 다른 차이점이 부각된다.[48] '주권 권력'의 통치방식 역시 국가의 생존을 위협하는 내부 또는 외부의 위험 요소로부터 국가를 보호하는 데 주력하지만, 시민 개개인의 실질적인 삶에는 오로지 간접적인 방식으로만, 즉 제도적 중재를 통해 관여한다. 반대로 '생명권력'의 특징은 법률과 경제 및 정치 영역의 모든 활동이, 순수하게 생물학적 차원에서 전개되는 민중의 양적 성장과 질적 안녕에 고스란히 좌우된다는 점이다. 따라서 생명을 다루는 일은 어떤 식으로든 정부의 사업이 되고, 똑같은 맥락에서 정부 역시 우선적으로 생명의 통치기관이 된다. 바로 이 시점에서 보건기구는 한때 정치권과 행정부에서만 관여하던 분야로까지 활동 영역의 점진적인 확장을 시도한다. 이 새로운 활동을 푸코는 '질병정치 nosopolitique'라는 용어로 명명했다. 푸코가 이러한 표현으로 가리키고자 했던 것은 의학적 삶의 지평에 위압적으로 관여하는 국가 정책이 아니라 반대로 공공의 삶이 펼쳐지는 모든 영역에서 발생할 수 있는 건강 차원의 위급상황과 관련된 활동들이다. 바로 여기서 보건사업의 차원을 훌쩍 뛰어넘어 무한정한 형태로 생물학적, 법적, 정치적 영역 간의 삼투 현상을 증폭시키는 의료화 과정이 비롯된다. 이러한 변화를 보다 분명하게 보여주는 것은, 주권정치적인 언어 '법률'이 의미론적이고 체제적인 차원에서 생명정치적인 언어 '규율'로 전이되는 현상이다. '법률'이 삶을 삶의 전제가 되는 질서에 종속시켰다면, '규율'은 생명과학과 법적 권리 사이에 어떤 절대적인 연관성을 정립함으로써 의학의 적용 범위를 법적으로 규정한다. 이 '규율'에 힘입어 의사들은 다름 아닌 범죄성과 예외성의 차이에 주목하며 어떤 불법 행위의 처벌 기준을 마련한다. 실제로 오늘날 인공수정이나 우생학적 개량, 안락사처럼 생사가 걸린 문제를 법적으로 제도화하는 성향 역시—푸코가 주목했던 대로—생명체의 영역과 정치의 영역 사이에 실질적인 중첩이 일어났음을 보여준다. 자연스레 유명해진 한 문장에서 푸코는 이러한 상황을 함축적으로 다음과 같이 묘사했다. "수천 년간 인간은 아리스토텔레스가 생각했던 존재, 즉 생명체일 뿐 아니라 정치적으로 살아갈 능력을 더불어 갖춘 동물로 남아 있었다. 이에 반해 근대적 인간은 생명체인 그의 삶 자체가 정치적으로 문제시되는 동물이다."[49]

그렇다면 정치가 생명의 경계 안에 머문다는 말인데, 이는 무슨 뜻인가? 생명이 곧 정치의 탁월한 대상이자 목적이란 뜻인가? 생명과 정치의 이러한 상호소속성은 생명정치에 과연 어떤 의미를 부여하는가? 나는 이 질문에 대한 답변이 생명을 제외하는 식으로 포용하는 주권 권력의 상흔 속에서는 발견되리라고 믿지 않는다. 나는 이 답변을 오히려 주권의 범주 자체가 면역화의 범주와 시대적으로 맞물리며 면역화에 자리를 내어주거나 적어도 함께 뒤섞이기 시작하는 지점에서 찾아야 한다고 생각한다. 생명과 정치의 조합이 실행되는 과정의 일반적인 범주는 다름 아닌 '면역화'다. 생명정치의 목적은 생명의 일부를 또 다른 일부의 폭력적인 지배에 희생시키는 방식으로 생명을 부도덕하게 식별하는 데 있지 않고—물론 이러한 가능성이 완전히 제외되는 것은 아니지만—반대로 생명을 보존하고 보호하며 생명의 총체적인 성장을 돕는 데 있다. 하지만 우리가 처음부터 관심을 기울이며 주목했던 대로, 생명정치의 목적은 이 목적 자체에 부정적인 방식으로 결속되어 있는 어떤 도구의 활용을 요구한다. 어떻게 보면 우리가 마주하고 있는 것은, 생명체가 스스로를 관찰하며—혹은 삶을 '살게 하는' 정치적 명령에 복종하며—경험하는 생명의 배가 현상 자체에 생명과는 완전히 모순되는 무언가가 내포되어 있는 상황이다. 푸코를 따라 최근 2세기 동안 진행된 의료 보편화 과정을 살펴보면, 이에 대한 충분한 근거를 얻을 수 있다.[50] 이 의료화 현상의 전모는 푸코가 독일의 국가 의료정책, 프랑스의 도시 의료정책, 영국의 노동자 의료정책을 개별적으로 대조하며 검토하는 과정에서 드러난다. 여기서 이러한 현상이 전개된 과정 전체를 재구성하기는 힘들지만, 우리가 주목해야 할 것은 이 개별적인 경우들이 어떤 상황에서든 공통적으로 전염 예방대책에 가장 중요한 역할을 부여했다는 사실이다. 따라서 공공 위생을 보건정책 자체의 전제로 내세우며 중요시하는 성향뿐만 아니라 애초에 보건정책의 일환으로 간주되던 사회 관리기능의 중요성 역시 바로 이러한 예방의 요구에서 비롯되었다고 보아야 한다.

첫 단계에서 실현되는 것은 살아 있거나 죽은 신체들의 군집 현상으로 인해 병균들이 쉽게 전파될 수 있는 항구나 감옥, 공장, 병원, 묘지 같은 장소들을 고립시키는 정책이다. 하지만 뒤이어 영토 전체가 점진적으로 의학적인 동시에 사회적인 차원의 감시에 기여하도록 엄격하게 분리되고 분류된다. 이러한 분류정책의 원형은 다름 아닌 중세의 '격리quarantena' 조치다. 이 '격리'는 크게 두 종류로, 즉 나병과 흑사병의 경우로 대별된다. 전자의 경우 환자들을 도시의 성벽 바깥으로 추방하는 조치가 이루어졌던 반면, 후자의 경우 전염의 횟수와 상황의 기록, 그리고 지속적인 관리가 이루어질 수 있도록 병자들을 개별적인 환경으로 재배치하는 조치가 이루어졌다. 시간이 흐르면서 이 오래된 방식에 학교와 군대에서 유래하는 또 다른 유형의 분류정책이 중첩된다. 이 정책 역시 공간적인 분류에 주목하며 처음에는 대단위로 혹은 부류별로, 뒤이어 개인별로 세분화하는 성향을 보인다. 결국 이 두 종류의 분류 방식이 조합되면서 일종의 규격화된 공간들이 형성되었고, 결과적으로 가족, 학교, 군대, 공장, 병원 등으로 구성되는 일종의 치밀한 체계 내부에 개개인의 자리가 마련되었다. 그런 식으로 공공의 안녕을 위해 교류를 금하거나 혹은 적어도 관리할 수 있는 체계가 만들어졌다. 유럽에서 18세기 중반부터 시작된 도시화 과정 전체가 보여주는 것은 다양한 장소들, 기관들, 지역들 사이의 수많은 울타리로 구성된 촘촘한 망사조직에 가깝다. 이 장소들을 보호하기 위해 경계를 설정하는 것은 사실 위생-보건정책 차원의 요구를 훨씬 뛰어넘는 정치-행정적 규율이다. 게다가 우리는 관건이 오히려 예방접종의 의무화 같은 보건정책 차원의 조치와 사회-경제적인 차원의 수용/배제 조치 사이에서 끝없이 일어나는 전이 현상 내지 상호강화 현상이라는 인상을 받는다. 예를 들어 19세기에 영국의 여러 도시에서 일어난 부자촌과 빈민촌의 분리 현상은 1832년에 발생한 콜레라 확산의 직접적인 결과였다. 이와 마찬가지로 대규모의 도시보안체계가 마련되었던 것도 지엽적인 확산 또는 창궐의 위험이 뒤따르는 감염병을 막기 위해 항생제가 발견되는 정황과 병행해서 일어난 일이다.

이처럼 의료 활동과 정치적 조치가 중첩되는 일반적인 과정이 다름 아닌 면역학적 구도 속에서 전개된다는 점은 너무나 분명하다. 왜냐하면 생명은 모든 공동체적 활동의 여파로부터 그것의 면역을 꾀하는 점진적인 탈사회화의 공간 안에 갇혀 분리된 상태로 남아 있어야만 정치적 '배려'의 대상이 될 수 있기 때문이다. 하지만 이처럼 모든 외부적 과잉에 맞서 생명의 힘을 억제하는 형식 외에도 생명의 내부로 침투해 들어오는 또 다른 형식이 존재한다. 이에 대해 푸코가 의학의 잠재적 치명성을 다룬 1976년의 한 논문에서 표현한 바에 따르면, "우리는 의학의 기량 가운데 하나가 바로 살생이라는 점을 깨닫기 위해 굳이 이반 일리치의 등장이나 반-의학*의 추종자들을 기다릴 필요가 없었다. 의학은 죽인다. 의학은 항상 살생을 일삼았고 또 살생한다는 사실을 언제나 의식하고 있었다."[51] 하지만 이러한 분명한 현실을 언급하면서 푸코가 지적하는 것은 의학의 치명성이 더 이상 의학의 무지라는 차원으로 환원될 수 없고 오히려 의학의 기량에서 비롯된다는 점이다. 파라켈수스의 '유독한 의약'처럼, 치료의 위험은 의학지식의 결함이 아니라 오히려 발달에서 비롯된다.

> [...] 이는 더 이상 의원성(醫原性, Iatrogenesi)이 아니라 적극적 의원성이라고 불러야 할 것이다. 의약의 부정적인 효과는 진단의 오류나 약품의 그릇된 섭취에서 비롯되지 않고 이성적 근거의 관점에서 바라본 의사의 시술행위에서 비롯된다. 오늘날 의사들과 의학계에서 활용하는 도구들은, 다름 아닌 이 도구들의 효율성 때문에 어떤 경우에는 유해하고 어떤 경우에는 제어가 불가능한 역효과를 일으킨다. 이로 인해 인간은 모험적인 상황에 연루되고, 확률과 위험이 지배할 뿐 아니라 규모를 정확하게 가늠하기 힘든 영역에 들어서게 된다.[52]

* 안녕과 건강을 추구하며 긍정적으로 탐구해야 할 것은 인간의 행동이며, 이러한 탐구가 치료 또는 질병에 대한 염려에 우선해야 한다는 생각을 토대로 개인적, 사회적 삶을 운영하는 자세 또는 방식을 반-의학antimedicina이라고 부른다.

의학의 역사에서 이러한 퇴폐적인 결과를 생산해온 방식들은 상당히 다양하다. 이들 가운데 하나가 바로 면역치료법이다. 왜냐하면 신체의 보호가 목적이었지만, 병균의 공격에 반응하는 감지력을 한계점 이하로 하락시키면서 신체를 오히려 허약하게 만들었기 때문이다. 이것이 의미하는 바는—한편으로는 집요한 안보 요구에 끊임없이 시달리는 현대사회의 모든 영역에서 일어나는 것과 마찬가지로—보호 전략 자체가 '피하려는' 위험을 생산한다는 것이다.[53] 따라서 위험에는 보호 전략이 생산하는 위험과 동일한 양의 보호가 요구된다. 푸코에 따르면, "유기적인 신체의 입장에서 위험과 보호를 동시에 의미하는 세균성, 바이러스성 감염예방 조치는 어느 시점까지만 유효하다. 치료를 위한 시술로 변이를 겪는 순간, 면역성은 신체가 이전에는 막아내던 병균의 공격에 노출된다."[54] 결과적으로 뒤따르는 위험과 보호 조치의 상호강화 현상은 당연히 제어 불가능한 결과를 가져올 수 있다. 이러한 여파의 가능성은 근대 생명정치의 심장에 내재할 뿐 아니라, 의사 혹은 생물학자가 "더 이상 개인과 개인적인 계보의 차원에서 일하지 않고 생명 자체와 생명의 근본적인 현상들을 다루며 일하기 시작하는"[55] 순간부터 단순한 가정의 범위를 더욱 더 분명하게 벗어난다. 관건은 분명히 어떤 한계지점, 즉 이를 넘어서는 순간 '생명권력'의 지평 전체가 스스로와의 치명적인 모순에 빠질 수도 있는 한계지점이다. 물론 그렇다고 해서 과거로 되돌아갈 수 있다거나 주권 권력의 옛 형태들을 다시 활성화하는 것도 가능하리라는 식의 결론을 내리기는 힘들다. 생명 자체에 관여하지 않거나 시민을 생명체로 간주하는 관점에서 바라보지 않는 정치를 오늘날에는 상상하기 어렵다. 하지만 이러한 상황은, 생명정치의 의미 자체를 위기에 빠트리며, 두 가지 상반된 형태로 전개될 수 있다. 즉 상황은 면역 메커니즘이 스스로를 상대로 일으키는 자기-파괴적인 반항의 형태로 전개되거나, 아니면 전복된 면역 메커니즘의 공통성을 향한 개방의 형태로 전개될 것이다.

***

앞서 살펴본 것처럼, 푸코의 입장에서 생명정치의 지평을 결정지은 것은 '법률'의 주권적 질서에서 훈육에 의존하는 '규율'의 질서로 전환되는 과정이다. 그렇다면 정확하게 '규율'이란 무엇인가? 규율은 어떤 식으로 법률과 다르게 정립되어 있는가? 어떻게 보면 푸코가 역사적인 관점에서 제시하는 답변들은 이 본질적인 차원의 질문에 대한 엄밀하게 개념적인 차원의 답변으로 간주하기 힘들 것이다. 일찍이 『정신질환과 인격Maladie mentale et personnalité』[56]에서 푸코는 규율의 체계를, 특정한 관리와 권력 형태에 따라 인간의 삶에 구조를 부여하는 사회적, 제도적, 언어적 규범들의 총체로 정의했다.[57] 결과적으로 규율은 실질적인 효율의 관점에서 법률과—제재뿐만 아니라 생산성의 차원에서—많이 다르지만, 고유의 대상과 관계하는 방식만큼은 법률의 그것과 같은 '예정된 전제'의 방식을 고수한다고 볼 수 있다. 법률과 규율은 상이한 목표에 소용되는 상이한 기능을 지녔지만, 법률이든 규율이든, 이에 관여하는 위상은 그를 앞서는 동시에 초월하는 무언가에 의해 '사전에' 구축된다. 달리 말하자면 이 무언가는 주체를 우선하는 형태로 초월한다. 생명은 규율이 결정짓는 틀 속에 이미 포함된 형태로 주어지며, 이는 다름 아닌 주권 권력의 체제에서 생명의 위상이 법률에 의해 이미 부당한 판결을 받은 상태로 주어졌던 것과 동일한 상황이다. 바로 이러한 구조적 동질성이 규율을 법률의 면역학적 구도 안에 남아 있도록 만든다. 형태가 전복되었음에도 불구하고 규율과 법률을 하나로 통합하는 요소는 양자가 동일한 방식으로 정립하는, 생명의 보존과 개별적인 생명체 사이의 부정적인 상관관계다. 이는 생명의 보존이나 번식의 조건이 생명체의 자연적인 성장 경로 바깥에서, 그리고 앞서 설정되기 때문이다.

이러한 해석적 관점을 규율의 또 다른 개념적 차원에서 확인하려면, 캉길렘의 작업에 주목할 필요가 있다. 정상적인 것과 병적인 것에 대한 그의 성찰 과정 전체를 추적하기가 불가능한 만큼, 우리가 관심을 기울여야 할 곳은 바로 푸코의 어휘[58]와는 상이한 유형의 틈새가 부각되는 지점, 즉 캉길렘이 법률의 초월적인 전제에서 규율을 분리시키려고 시도하는 지점이다. 캉길렘에 따르면 생물학적 차원의 규율은 '전제되는' 만큼, 생명체의 삶이 펼쳐지는 영역 바깥의 '외부적인' 요인이 아니라 오히려 '본질적'이며 '내재적인' 요인이다. 법률처럼 일종의 처방전으로 기능하는 것이 아니라, 생물학적 규율은 그것이 실행되는 질료 안에 각인되어 있다. "유기물의 삶을 지배하는 규율은 유기물 자체에 의해 주어지며 그 존재 안에 포함되어 있다... 인간이라는 유기체의 규율은 그가 자신과 일치한다는 것이다."[59] 여기서 캉길렘이—생물학 분야의 르리슈René Leriche와 골드슈타인Kurt Goldstein, 정신의

학 분야의 라가슈Daniel Lagache, 블롱델Charles Blondel, 민코프스키 Eugène Minkowski의 노력으로 축적된 이중의 학문적 유산을 바탕으로—시도하는 것은 선행-후행 관계의 구체적이고 전격적인 전복이다. 법률이 사실상 그것의 위반을 인가하면서 위반의 한계점을 정립하는 반면, 규율의 경우에는 다름 아닌 위반이 규율 자체의 필요성뿐만 아니라 가능성을 결정짓는다. 불법적인 것이, 역사적인 차원에서든 논리적인 차원에서든, 합법적인 것의 뒤를 잇는다면, "비정상적인 것은 논리적인 차원에서만 정상적인 것 뒤에 올 뿐 실질적인 차원에서는 선행한다."[60] 더 나아가, 비정상적인 것은 규율화의 움직임에 앞서 존재하다가 이에 저항하는 것으로 그치지 않고, 어떤 식으로든 규율의 내부에 침투한 뒤 규율에 변화를 일으킨다. 바로 이러한 역동적인 상황에서, 보편화하고 동질화하기보다는 차별화하는 규율의 개별적인 성격뿐만 아니라 보다 본질적인 특징, 즉 규율의 영속적인 자기-탈구축화 성향이 비롯된다. 다시 말해, 모든 규율이 옛 규율의 위반이나 결함 없이는 정립될 수 없다는 점을 고려하면, 가장 '정상적인' 유기체는 오히려 고유의 규율을 가장 쉽게 어길 수 있고 바꿀 수 있는 유기체라고 볼 수 있다. 유기체의 입장에서 규율은, 이를테면 고유의 규율을 바꿀 수 있는 기량이다. 이는 우선적으로 생물학적 차원의 정상성이 곧 규율지향성, 다시 말해 새로운 규율을 창출할 수 있는 기량과 일치한다는 것을 의미하며, 더 나아가 이 규율지향성이 일종의 예방이나 수습 차원의 정상화 형식으로는 환원될 수 없으며 오히려 실존하는 생명체에게 생명력의 척도가 된다는 것을 의미한다.

하지만 캉길렘의 생동주의라는 광범위한 문제를 조망하기보다는, 시선을 우리가 도달해야 할 지점으로 집중시켜보자. 법률과 달리, 규율은 생명체와 생명/삶 사이의 분리 지점이 아니라 오히려 접촉 지점에 위치한다. 바로 이러한 범주적 차이 때문에, 규율은 면역화의 패러다임에서 벗어난다. 벤야민이 주목했던 대로, 생명의 보존은 생명체의 희생을 기반으로 이루어지지 않을 뿐더러 더 이상 삶의 원천적인 동기도 되지 못한다. 생명의 보존은 오히려 생명체가 고유한 생명력의 일부를 이미 잃은 뒤에 취하는 잔여 활동에 가깝다. 일찍이 골드슈타인이 주목했던 것처럼, 보존 본능은 삶의 보편적인 법칙이 아니라 질병의 관점으로 축약된 삶의 원칙에 불과하다.[61] 건강한 유기체의 척도가 되는 것은 보존 본능이 아니라 예측하기 힘든 것을 시도할 수 있는 능력과 이를 위해 어떤 위험도, 심지어는 극단적인 파국의 위험마저 감수할 줄 아는 의지다. 어떻게 보면 유기체의 입장에서 질병은 더 이상 위험에 대처할 수 없을지도 모를 위험을 의미한다고 말할 수 있다. 질병은 보존 장치의 결핍이 아니라 과다를 가리킨다. 캉길렘이 제시하는 관점의 핵심이 바로 여기에 있다. 병리학이 단순히 양적으로 변형된 형태의 생리학이 아니라면, 이는 곧 질병도 건강처럼 고유의 규율을 지녔다는 뜻이다. 단지 이 규율은 변화할 줄을 모른다. 새로운 규율을 생산해낼 능력이 없는 것이다. 질병의 규율은 규율지향성을 지니지 않는다. 여기서 다시 주권적 법률과의 유사성에 주목하면, '벌거벗은 생명'은 규율의 대상 또는 결과가 아니라, 규율의 무변동성이 실현되는 장소다. 다시 말해, 무법지대 또는 비정상정인 것의 지대가 아니라—'법'의 반대나 '정상'의 반대가 아니라—엔트로피적인 비-규율지향성의 지대다.

주

1 이는 예를 들어 헤일이 제시했던 해석이다. David George Hale, *The Body Politic: a Political Metaphor in Renaissance English Literature*, Mouton, The Hague, Paris 1971. 이러한 해석을 뒤이어 틸리어드, 바칸, 소데이 등이 사실상 그대로 수용한다. E. M. W. Tillyard, *Elizabethan World Picture*, Pelican, Harmondsworth 1972, Leonard Barkan, *Nature's Work of Art: The Human Body as Image of the World*, Yale University Press, New Haven 1975. Jonathan Sawday, *The Body Emblazoned: Dissection and the Human Body in Renaissance Culture*, Routledge, London 1995.

2 Paolo Becchi, *Meccanicismo e organicismo. Gli antecedenti di un'opposizione*, in «Filosofia Politica», 1999, n. 3, pp. 457-72. 아울러 «Filosofia politica», 1993, 제3호, '정치공동체적 몸corpo politico'에 관한 부분 전체 참조.

3 Adriana Cavarero, *Corpo in figure*, Feltrinelli, Milano 1995, pp. 187-217. 그러나 논리중심적인 현대사회에서 '몸'의 소외가 점진적으로 이루어졌다고 보는 관점을—우리는 거부하는 반면—카바레로는 인정하는 듯이 보인다.

4 Thomas Hobbes, *Leviathan*, in The English Works, Covent Garden, London 1829-1845 [trad. it. *Leviatano*, La Nuova Italia, Firenze 1968, p. 315].

5 같은 책, p. 189.

6 Jean-Jacques Rousseau, *Economie politique*, in Œuvres Complètes, Gallimard, Paris 1959-69, III [trad. it. *Discorso sull'economia politica*, in Opere, Sansoni, Firenze 1972, p. 101].

7 Jean-Jacques Rousseau, *Le contrat social*, in Œeuvres Complètes, III [trad. it. *Del contratto sociale*, in *Opere*, p. 285].

8 같은 책, p. 286.

9 Emmanuel Sieyès, *Qu'est-ce que le tiers état?*, in Œuvres de Sieyès, Edhis, Paris 1989 [trad. it. *Che cos'è il terzo stato?*, in Opere, Giuffré, Milano, p. 288].

10 Antoine de Baecque *Le corps de l'histoire. Métaphores et politique (1770-1800)*, Calmann-Lévy, Paris 1993, pp. 165 이하 참조.

11 Jacob Rogozinski, *«Comme les paroles d'un homme ivre...»: chair de l'histoire et corps politique*, in «Les Cahiers de Philosophie», 1994-95, n. 18, pp. 71-102.

12 같은 책, p. 101.

13 카르보네의 성찰도 이러한 방향으로 나아간 듯 보인다. Maurizio Carbone, *Carne* in «Aut Aut», 2001, n. 304, pp. 99-119. '살'의 정치적인 중요성에 대한 리샤니-페트리니의 명료한 설명에도 주목할 필요가 있다. Enrica Lisciani-Petrini in *La passione impolitica della politica. Merleau-Ponty tra «filosofia e non filosofia»*, in *Nichilismo e politica*, pp. 55-73.

14 이는 데리다 역시 굉장히 조심스러워하면서도 결국 인정하기에 이르는 부분이다.

Jacques Derrida, *Le Toucher, Jean-Luc Nancy*, Galilée, Paris 2000, pp. 262 이하.

15 Didier Franck, *Chair et corps. Sur la phenoménologie de Husserl*, Minuit, Paris 1981, p. 167.

16 Martin Heidegger, *Prolegomena zur Geschichte des Zeitbegriffs*, in Gesamtausgabe, xx, p. 54.

17 Judith Schlanger, *Les métaphores de l'organisme*, l'Harmattan, Paris 1995, pp. 182 이하.

18 Silvana d'Alessio, *Tra la vita e la morte: declinazioni della libertà in Machiavelli e Hobbes*, in *Tolleranza e libertà*, Elèuthera, Milano 2001, pp. 41-66 참조.

19 Steven Greenblatt, *Invisible Bullets: Authority and its Subversion, in Shakespeare's 'Rough Magic': Renaissance Essays in Honor of C. L. Barber*, University of Delaware Press, Newark 1985, pp. 276-302.

20 Jonathan Gil Harris, *Foreign Bodies and the Body Politic*, Cambridge University Press, Cambridge 1998, pp. 23 이하.

21 Walter Pagel, *Paracelsus: an Introduction to Philosophical Medicine in the Era of Renaissance*, Kargel, Basel 1968 [trad. it. *Paracelso, Il Saggiatore*, Milano 1989, pp. 105 이하].

22 Paracelsus, *Paragranum*, in *Sämtliche Werke*, Kolliker & Company, St. Gallen 1944-49, IV [trad. it. *Paragrano*, Laterza, Bari 1973, p. 105].

23 같은 책, p. 71.

24 같은 책, p. 121.

25 Jean-Jacques Rousseau, *Discours sur les sciences et les arts*, in Œuvres Complètes [trad. it. *Discorso sulle scienze e sulle arti*, in Opere, p. 15]. Jean Starobinski, *Le remède dans le mal*, Gallimard, Paris 1989 [trad. it. *Il rimedio nel male*, Einaudi, Torino 1990].

26 Jonathan Gil Harris, *Foreign Bodies and the Body Politic*, p. 73.

27 Jacques Derrida, *La pharmacie de Platon*, in *La dissémination*, Seuil, Paris 1972 [trad. it. *La farmacia di Platone*, Jaka Book, Milano 1985]. 이처럼 코무니타스와 임무니타스의 차이에 주목하는 데리다에 대해서는 Caterina Resta, *L'evento dell'altro. Etica e politica in Jacques Derrida* 참조.

28 Andrea Orsucci, *Dalla biologia cellulare alle scienze dello spirito*, il Mulino, Bologna 1992 참조.

29 이러한 정황을 파악하는 데 여전히 유용한 Vincenzo Cappelletti, *Entelechía. Saggi sulle dottrine biologiche del secolo decimonono*, Sansoni, Firenze 1965. 참조.

30 Theodor Schwann, *Mikroskopische Untersuchungen über die Übereinstimmung in der Struktur und dem Wachsthum der Thiere und Pflanzen*, Verlag der Sander'schen Buchhandlung, Berlin 1839, p. 223.

31 Renato G. Mazzolini, *Stato e organismo, individui e cellule nell'opera di Rudolf Virchow negli anni 1845-1860*, in «Annali dell'Istituto storico italo-germanico», IX, 1983, pp. 153-293. 피르호라는 인물에 대해서는 최소한 아르놀트 바우어Arnold Bauer의 *Rudolph Virchow – der politische Arzt*, Stopp, Berlin 1982 참조.

32 Georges Canguilhem, *La connaissance de la vie*, Vrin, Paris 1971 [trad. it. *La conos-*

cenza della vita, il Mulino, Bologna 1976, p. 108].

33 Rudolf Virchow, *Die Cellularpathologie in ihrer Begründung auf physiologische und pathologische Gewebelehre dargestellt*, Hirschwald, Berlin 1858 [trad. it. *La patologia cellulare fondata sulla dottrina fisiologica e patologica dei tessuti*, Vallardi, Milano 1865, pp. 25-26].

34 Andrea Orsucci, *Dalla biologia cellulare alle scienze dello spirito*, p. 76.

35 Rudolf Virchow, *Alter und neuer Vitalismus*, in «*Archiv für pathologische Anatomie und Physiologie und für klinische Medicin*», IX (1856) [trad. it. *Vecchio e nuovo vitalismo*, Laterza, Bari 1969, p. 137].

36 같은 책, pp. 163-64.

37 같은 책, pp. 167-68.

38 여기서 인용되는 피르호의 텍스트는 앞서 인용한 마촐리니의 논문 부록에 수록되어 있다(pp. 282-90).

39 Claude Bernard, *Leçons sur les phénomènes de la vie communs aux animaux et aux végétaux*, Librairie J.-B. Baillière et Fils, Paris 1885, p. 356.

40 Rudolf Virchow, *Die Cellularpathologie*, pp. 72-73.

41 De Baecque, *Le corps de l'histoire*, p. 99.

42 Michel Foucault, *Naissance de la clinique*, Puf, Paris 1963 [trad. it. *Nascita della clinica*, Einaudi, Torino 1969, pp. 144-69].

43 Xavier Bichat, *Traité des membranes*, Mequignon-Marvis, Paris 1827, p. 5.

44 Pierre Jean Georges Cabanis, *Note touchant le supplice de la guillotine*, in *Œuvres complètes de Cabanis*, Bosange Freres, Paris 1823, II, pp. 161-83.

45 이 범주에 대한 기본적인 설명은, 이하의 백과사전 '생명정치Biopolitica' 항목 참조. Laura Bazzicalupo, 'Biopolitica' in *Enciclopedia del pensiero politico*, R. Esposito, C. Galli 편, Laterza, Roma-Bari 2000, p. 70. 푸코의 생명정치 개념에 대한 좀 더 구체적인 설명은, «Cités», 2000, n. 2, *Michel Foucault: de la guerre des races au biopouvoir* 참조.

46 Michel Foucault, *El nacimiento de la medicina social*, in «Revista centroamericana de Ciencias de la Salud», n. 6, 1-4 1977 [trad. it. *La nascita della medicina sociale*, in *Archivio Foucault 2. 1971-1977. Poteri, saperi, strategie*, A. Dal Lago 편, Feltrinelli, Milano 1997, p. 227].

47 Michel Foucault, A*bout the Concept of the «Dangerous Individual» in 19th Century Legal Psychiatry*, in «Journal of Law and Psychiatry», I, 1978 [trad. it. *L'evoluzione della nozione di «individuo pericoloso» nella psichiatria legale del XIX secolo*, in *Archivio Foucault 3. 1978-1985. Estetica dell'esistenza, etica, politica*, Feltrinelli, 1998, p. 49].

48 주권 패러다임의 위기에 대해서는 Étienne Balibar, *Prolégomènes à la souveraineté, in Nous, citoyens d'Europe?*, La Découverte, Paris 2001, pp. 257-85 참조.

49 Michel Foucault, *La volonté de savoir*, Gallimard, Paris 1976 [trad. it. *La volontà di sapere*, Feltrinelli, Milano 1978, p. 127].

50 현대사회의 '의료화' 과정을 다룬 푸코의 수많은 글들 가운데, 앞서 인용한 *La nascita della medicina sociale* 외에도 *La politique de la santé au XVIII siècle*, in *Les Machines à guérir. Aux origines de l'hôpital moderne; dossiers et documents*, Institut de l'environnement, Paris 1976 [trad. it. *La politica della salute nel XVIII secolo*, in *Archivio Foucault 2*, pp. 187-201] 참조.

51 Michel Foucault, *Crisis de un modelo en la medicina?*, in «Revista centroamericana de Ciencias de la Salud», 1976, n. 3, [trad. it. *Crisi della medicina o crisi dell'antimedicina?*, in *Archivio Foucault 2*, p. 206]. 이 주제에 관해서는 *Reassessing Foucault. Power, Medecine and the Body*, C. Jones, R. Porter 편, Routledge, London 1994 참조.

52 같은 책, p. 207.

53 현대사회를 해석하면서 서로 상이한 방식으로나마 이러한 위험과 보호의 모순적 변증관계에 주목한 이들은 Jean Delumeau (*Rassurer et proteger*, Fayard, Paris 1989 [trad. it. *Rassicurare e proteggere*, Mondadori, Milano 1992]), Niklas Luhmann (*Soziologie des Risikos*, De Gruyter, Berlin 1991 [trad. it. *Sociologia del rischio*, B. Mondadori, Milano 1996]), Ulrich Beck (*Risikogesellschaft. Auf dem Weg in eine andere Modern*e, Suhrkamp, Frankfurt am Main 1986 [trad. it. *La società del rischio. Verso una seconda modernità*, Carocci, Roma 2000]), Zygmunt Bauman (*In Search of Politics*, Polity Press, Cambridge 1999 [trad. it. A. Dal Lago 편, *La solitudine del cittadino globale*, Feltrinelli, Milano 2000]) 등이다.

54 Michel Foucault, *Crisi della medicina o dell'antimedicina?*, p. 208.

55 같은 책, p. 209.

56 Michel Foucault, *Maladie mentale et personnalité*, Puf, Paris 1954 참조.

57 Guillaume le Blanc, *Foucault et le contournement du normal et du pathologique*, B. Cabestan, *Du régime: normativité et subjectivité*, in *Michel Foucault et la médecine*, Ph. Artières, E. Da Silva 편, Kimé, Paris 2001, 각각 pp. 29-48와 pp. 60-83 참조.

58 이 두 저자의 비교 연구는, Pierre Macherey, *De Canguilhem à Canguilhem en passant par Foucault*, in *Georges Canguilhem, Philosophe, historien des sciences*, Albin Michel, Paris 1993, pp. 286-94 참조. '규율'이라는 주제에 대해서는 Guillaume le Blanc, *Canguilhem et les normes*, Puf, Paris 1998 참조.

59 Georges Canguilhem, *Nouvelles réflexions concernant le normal et le pathologique, in Le normal et le pathologique*, Puf, Paris 1972 [trad. it. *Nuove riflessioni sul normale e il patologico, in Il normale e il patologico*, Einaudi, Torino 1998, pp. 221-22].

60 같은 책, p. 206.

61 Kurt Goldstein, *Der Aufbau des Organismus*, Nijhoff, Den Haag 1934. 특히 '규율, 건강, 질병'을 다루는 8장과, 여기서 생존 본능을 쇠퇴하는 삶의 표현으로 간주하며 해석하는 문단 참조.

V. 장치

1. 면역의 생명철학

생명정치에 내포되어 있는 이중의—파괴 혹은 정립의—가능성을 포착하기 위해서는 생명정치와 그것의 초월적인 조건인 동시에 실행의 표본이 되는 면역학적 체계의 기초-구축적인 관계를 되돌아볼 필요가 있다. 사실은 도나 해러웨이Donna Haraway가 시도했던 것이 바로 이러한 유형의 탐구다. 해러웨이가 관련 저서의 제목에서부터 분명하게 보여주는 것은 푸코의 경우 여전히 함축된 형태로 남아 있던 요소, 즉 생명의 통치와 면역 패러다임의 밀접한 연관성이다.

> 나의 주요 관심사는 믿음, 지식, 실천의 강력하면서도 다양한 형태의 대상, '면역체계'다. 나의 테제는 이 면역체계가 후기자본주의 사회에서 상징적이고 물질적인 '차이'들의 핵심적인 체계를 가리키는 일종의 정교한 아이콘이라는 것이다. 면역체계는 20세기의 탁월한 산물이며, 서양 생명정치의 변증관계 속에서 자신과 타자를 인식하거나

망각하는 과정을 안내하기 위해 만들어진 일종의 지도에 가깝다.[1]

캉길렘의 제자였고 페미니즘 세계를 대변하는 저자들 가운데 한 명인 해러웨이의 전공 분야가 정확하게 기술생물학과 세포생물학, 성장생물학이었다는 점은 그녀가 푸코의 담론과 유지하는 관계 및 거리와 결코 무관하지 않다. 해러웨이는 푸코의 담론에서 신체를 생명권력의 구체적인 대상이자 핵심적인 요소로 보는 관점을 취하지만 이를 또 다른 각도에서, 즉 그녀 자신이 기호-물질적이라고 정의하는 차원에서 바라본다. 다시 말해 해러웨이의 관점은 푸코의 분석에 여전히 남아 있는 신체의 통일적인 성격을 탈구축하는 데 집중된다. 푸코가 신체를 그것의 정상화-의료화 차원에서 사고했던 반면 해러웨이는 생체공학, 전자공학, 컴퓨터공학 분야의 신기술이 현란하게 증폭하는 현상과 여기서 비롯되는 신체의 분해-배가 현상 차원에서 사고한다. 바로 이 지점에서 해석적 패러다임의 본격적인 도약이 일어난다. 1930년대에 신체에 관한 담론을 지배하던 것이 이데올로기의 극단적인 응축을 가능하게 했던 '인종' 개념이었고, 1970년대에 신체가 다름 아닌 푸코에 의해 '민중'의 차원에서 재해석되었다면, 오늘날 신체에 관한 논의를 지배하는 것은 신체의 '기술적 변신'이라는 주제다.

이는 물론 해러웨이가 생명정치의 지평, 즉 생명관리가 실현되는 영역의 근간일 뿐 아니라 생명관리의 시도로 끊임없이 변형되는 역학적인 관계들을 시야에서 놓친다는 뜻이 아니라 오히려 생명정치를 극단적인 단계로까지, 심지어는 스스로의 한계를 넘어서도록, 혹은 기술의 끊임없는 확산으로 인해 정치와 생명의 상관관계 자체가 근본적인 차원에서 재조명되는 새로운 형태의—상징적인 동시에 사실적인—전략적 지대로 밀고 나아간다는 것을 의미한다. 물론 이러한 접근 방식은 푸코 역시 어떤 식으로든 염두에 두고 있었던 측면이다. 이는 다양한 형태의 통치 기술에 대한 푸코의 집요한 언급이나 그가 저술 활동 마지막 단계에서 '자아의 기술'을 중심으로 시도했던 해석의 경로를 살펴보면 구체적으로 확인할 수 있는 부분이다. 하지만 다름 아닌 '자아의 기술'에 관한 담론에서 드러나듯이, 푸코는 신체와 기술의 관계를 여전히 이들 간의 유사성에, 결과적으로는 외재성에 의존하며 이해한다. 여기서 신체는 역사적으로 이미 정립되어 있음에도 불구하고 존재론적인 차원에서는, 몸에 숙명적으로 관여하게 될 기술을 마치 선행하는 것처럼 보인다. 바로 그런 이유에서, 해러웨이는 푸코의 생명철학이 살아 있는 유기체의 성장, 쇠퇴, 치료 과정을 해석할 때 여전히 인본주의 전통의 영향 하에 놓여 있는 발전적인 유형의 시간원리에 의존하는 성향을 지녔다고 지적한다.[2] 푸코가 분석하는 '신체'는 그것을 형성하고 독촉하는 관리와 재생의 관행에 노출되어 있을 뿐, 어떻게 보면 그리스-그리스도교 문명에서 근대 문명에 이르는 발달 경로의 시공간적 경계 안에 그대로 머물러 있다. 해러웨이가 푸코의 위대한 저서들은 "권력이 내부에서 붕괴되는 시기의 권력 형식에 대해"[3] 말한다고 주장했던 것도 바로 이러한 시공간적 경로의 단절에 주목했기 때문이다. 정치와 생명의 관계는 이미 생명과학이라는 필터를 통과해야 하는 단계에 도달했고, 생명과학은 정치와 생명의 모든 측면을 분해한 뒤 새로운 양태의 물질과 형상의 조합으로 뒤섞어 놓았다. 이것이 바로 푸코의 범주적 장치로는 포착되지 않는 부분이다.[4] 다름 아닌 근대사회의 계보학적 메커니즘을 아주 정확하고 세밀히 묘사하기 때문에, 푸코의 범주적 장치는 해석학적인 차원에서 고유의 역동성이라는 감옥을 벗어나지 못한 채, 근대성이 고유의 영역 바깥으로 벗어나는 한계지점을 시야에서 잃거나 적어도 근본적으로는 포착하지 못할 위험을 안고 있다. 다시 말해 수세기에 걸쳐 사실적인 것과 상상적인 것, 자연적인 것과 인공적인 것, 유기적인 것과 무기적인 것의 분리상태를 안정적으로 유지해온 미세한 차이점들이 폭발하거나 내부에서 붕괴하는 순간을 포착하지 못할 위험이 있는 것이다. 해러웨이가 인간의 신체는 더 이상 확정된 형태의 생물학적 특성이 아니라 사회문화적 약호들이 각인될 수 있는 복합적인 질료에 가깝고, 이를 가장 잘 보여주는 것은 유기체와 기계로 균등하게 나뉘어 있는 사이보그의 하이브리드적인 형상이라고 말할 때 주목하는 것은 근대의 사회문화적인 구도뿐만 아니라 존재론적인 구도와도 전혀 어울리지 않는 '생명의 기술화' 현상이다. 이러한 현상의 전모를 파악하기 위해서는 기술 분야에서 일어난 발전의 명백한 방향 전환에 주목할 필요가 있다. 오늘날 기술의 발전은 예전처럼 내부에서 외부로 뻗는 대신 외부에서 내부로 침투하며 전개된다. 어느 시점까지는 인간이 세계와 우주를 향해 나아갔지만, 지금은 세계가 거의 모든 영역에서—자연적이거나 인위적인 영역, 물질적이거나 전자기적인 영역, 화학적이거나 정보통신적인 영역에서—인간의 내부로 침투해 들어오며 안과 바깥, 정면과 후면, 겉과 속의 구분 자체를 불명료하게 만든다. 기술은 우리를 외부에서 에워싸는 것으로 그치지 않고, 우리의 몸 안에 설치된다.

물론 오늘날 진행되고 있는 신체의 인공화 또는 비자연화 과정은 일찍이 17세기부터 '생명을 지닌 메커니즘'과 '기계적 신체'를 보조하는 차원에서 소개되던 무수한 전조와 예시와 실험의 선례를 지닌다. 하지만 오랫동안 일종의 매력적인 메타포에 지나지 않았고 로봇 개발 분야에서 생산되던 일종의 보조 장치에 불과하던 것이 이제는 인간의 살 속에서까지 만들어진다. 결과적으로 인간의 몸은 얼마 전까지만 해도 상상조차 힘들었던 체내이식이나 체외이식 같은 신체 변형에 노출된다. 이는 철학적 인류학의 위대한 사상가들조차 예상하지 못했던 부분이다. 예를 들어 겔렌Gehlen이 탁월한 분석을 토대로 구축한 담론의 핵심주제가 사실상 유기적인 차원에서 특화되지 못한 신체의 결핍을 보완하기 위한, 혹은 충동의 과다에 응답해야 할 의무에서 벗어나기 위한 도구로서의 기술세계였다면, 이러한 차원의 기술과 신체기관들의 실질적인 대체를 현실화하는 이식기술은 엄격히 다른 것이다. 여기서 관건이 되는 것은 어떤 상징적인 대체나 자연적 신체기관의 기능 확장이 아니라 오히려 몸 속에 들어와 있는 무언가 '몸은 아닌' 것의 생생한 실재다. 물론 인간의 본성은—고도의 학문적 결과를 바탕으로 밝혀졌듯이—일시적인 차원이 아니라 원천적인 차원에서 기술적인 성격을 지녔다. 직립보행과 움켜쥐기 같은 동작뿐만 아니라 언어행위 자체가—무언가의 표현인 만큼—이미 보충적이고 외부적이며 보철에 가까운 성격을 지닌다. 하지만 이것들은 다름 아닌 자연적인 보철이다. 이와는 달리 심박 페이스메이커pacemaker나 피부 안에 이식된 실리콘 마이크로칩, 뇌 옆에 심어

놓은 무선 카메라 같은 장치들은 전적으로 인공적이다. 관건은 더 이상 오랜 전통의 반기술주의가 의혹의 눈초리로 바라보던 기계와 이를 활용하는 인간 사이의 주종 관계가 전복되는 상황도, 아울러 바퀴를 발의 연장 행위, 책을 눈의 연장 행위로 보는 물리적인 신체-확장 차원의 기술개념도 아니다. 특히 후자는 여전히 신체와 신체-외부적인 확장 사이의 계통학적 구분을 바탕으로 정립된다. 관건은 오히려 서로 다른 범주들의 상호작용, 심지어는 유기적인 세계와 인공적인 세계 사이의 상호작용이다. 이는 자연선택에 의한 생물학적 진화의 본질적인 중단을 수반할 뿐 아니라, 생물학적 진화의 경로가 또 다른 의미 체계에 새겨지는 상황을 초래한다.

이러한 현상의 결과에 관한 예단은 언뜻 인류가 영위하게 될 삶의 질이 전례 없이 높아질 수 있다는 희망과, 반대로 인간이 좌우할 수 없는 외력에 의해 생명의 영역 자체가 식민지화될 수 있다는 위험천만한 가능성 사이에 가로놓여 있는 듯이 보인다.[5] 하지만 이러한 예측과는 무관하게 우리가 목도하는 것은, 지금까지 '몸'이라는 이름으로 불리던 것의 구조가 근본적으로 변화하고 있다는 사실이다. 인공지능처럼 자율적인 형태로 전개될 탈-육화 현상을 예견하거나 사이보그 문화를 지지하는 인식론 이론가들, 철학자들, 예술가들이 과감하게 추측하는[6] 다양한 인공두뇌학적 체계의 디지털화를 굳이 예견하지 않더라도, 분명한 것은 '신체'가 구축적인 차원의 신체조직에 근본적인 변화가 일어날지도 모르는 상황을 경험하고 있다는 사실이다. 신체는 물론 유전체학의 해결책이 숨어 있는 약호들의 텍스트로, 혹은 글로벌 정보망의 단

말기로, 혹은 성형수술이나 유전공학으로 변형이 가능한 대상으로 간주될 수 있겠지만 어떤 식으로든 '자신만의 타자'와 직접적인 관계, 아니 일종의 공생관계에 들어선다. 좀 더 구체적이고 문학적인 의미에서, 신체는 고유의 타자를 스스로의 내부로 끌어들인다. 내부에 들어서는 것은 또 다른 몸—그것의 일부—혹은 몸과 다른 무엇, 예를 들어 사물, 장치, 기계다. 이 또 다른 몸은 '안'으로 끌어들인 '바깥'이다. 이것이 바로 보철의 의미다. 따라서 '바깥'으로 튀어나온 '안'이기도 하다. 그것은 주체의 전통적인 정체성이 지니는 한계지점, 즉 살갗과 일치하는 지점에 더 이상 머물지 않고 바깥으로 고개를 내민다. 이 지경의 주체는 더 이상 원천적인 존재가 아니라 만들어지고 조립되는 존재다. 주체는 주체가 아닌 무언가와, 혹은 고전적인 형태의 주체성과는 전혀 다른 존재론적 차원에 종속되는 무언가와 뒤섞이며 이루어지는 조합의 산물이다. 이 무언가는 생명이 없는 만큼 인간 이하인 동시에, 병든 신체기관을 대체하며 그가 생명을 이어갈 수 있도록 기회를 제공하기 때문에 인간 이상이다. 그것은 살아 있지 않지만 그럼에도 삶의 보존에 소용된다. 모든 유형의 현대적인 신체변형이 바로 이러한 생명보존의 요구에서 비롯된다. 몸은 고유의 연장기한을 고려하며 활동을 중단하고 잠시 멈췄다가 되살아난다. 몸은 몸 안에 여전히 남아 있는 것을 살리기 위해 몸 밖에 있는 무언가에 스스로를 내맡긴다. 몸은 자기 자신, 고유의 자연적인 소모성으로부터 스스로를 보호하기 위해 타자와의 문제적인 관계에 돌입한다. 바로 이러한 의미, 이러한 차원에서 재차 부각되는 것이 생명정치의 심장에 새겨져 있는 면역체계의 구도다. 몸이 스스로와 다른 것,

또 다른 몸 혹은 몸은 아닌 무언가와 만나는 이 결정적인 지점에 머물기 때문에, 면역체계는 개인적인 것과 집단적인 것, 남성적인 것과 여성적인 것, 인간과 기계처럼 상관관계를 유지하면서도 서로 다른 유형의 종과 실체들 사이의 연결고리를 구축한다. 바로 이러한 조성의 잠재력에 힘입어, 면역장치는 현대사회의 다양하기 이를 데 없는 언어들을 연결하는 고리이자 이들 사이의 긴장과 접촉의 지대로 기능한다.

> 달리 말하자면, 면역체계는 정상적인 것과 병적인 것의 주요 영역에서 즉자로 간주되는 것과 타자로 간주되는 것의 경계를 구축하고 유지할 목적으로 마련되는 일종의 전략체계다. 면역체계는 역사적으로 구체적인 성격을 지니며 정치의 총괄적인 활동과 지엽적인 활동의 상호작용이 전개되는 영역이다. 노벨상을 받을 만한 연구들이 이루어지는 반면 이종언어적인 문화생산품들, 예를 들어 대중적인 다이어트 방식이나 페미니즘적인 공상과학, 종교적 이미지들, 놀이기구, 사진 기술, 군사전략, 의료 활동, 위험자본의 투자 전략, 사업과 기술 분야의 획기적인 발전, 아울러 체화나 취약성 또는 힘이나 죽음에 대한 심오한, 개인적이거나 집단적인 경험들의 상호작용이 면역체계 안에서 이루어진다.[7]

이러한 의미론적 교차 현상을 주도하는 만큼, 면역체계는 생명정치의 통치경로가 지나가는 신경중추라는 점이 드러난다. 사실상 생명정치의 패러다임을 극복하도록 생명을 종용하기도 하고 생명정치의 패러다임에 그것의 일반적인 개념과 상이하거나 또 다른 의미를 부여하기도 하는 것이 면역체계다. 여기서는 정치와 생명 사이의 즉각적이고 직접적인 관계라는 가설적인 전제 자체가 무의미해진다. 정치와 생명의 관계는 사실 의학이 신체의 자기보존 요구를 중심으로 발전시킨 거대한 비유 장치에 항상, 더욱더 의존하며 전개된다. 바로 이 지점에서—사실적인 동시에 비유적인 기능들이 집중되는 곳에서—사회적 언어들의 모든 색채와 유형을 좌우하게 될 의미론적 파동의 분열이 시작된다. 이는 전혀 놀라울 것이 없는 현상이다. 모든 사회제도의 형성에 핵심적인 역할을 하는 기호학적 축이 다름 아닌 '나'와 '타자', '우리'와 '그들'의 경계를 정립하는 축이라면, 면역성의 원리만큼 사회 현상의 해석적 열쇠인 동시에 진행의 결과로 드러나는 것은 없다.

***

몸과 기술적 보조 장치의 관계를 누구보다도 깊이 사유한 철학자는 장-뤽 낭시다. 결론부터 말하자면, 낭시의 입장에서는 어떤 '관계'에 대해 이야기한다는 것 자체가 부적절하다. '관계'보다는 오히려 신체의 그 자체로 보조적인—혹은 기술적인—성격과 함께 기술의 지엽적이고 정확하며 부분이-전체를-닮는 방식에 대해 언급할 필요가 있다. 기술을 실존과 상반되는 일종의 거대하고 획일적인 장치로 보는 관점[8]에서 벗어나, 낭시는 이 두 가지 요인이 사실상 일치한다는 점에 주목한다. 기술은 그것의 원천적인 위상을 고려할 때 실존적 존재와 실존적 자아 사이의 틈새에 지나지 않는다. 좀 더 정확히 말하자면, 기술은 실존적 존재가 내재성에서 벗어나는 경로와 초월성에서 벗어나는 경로가 교차하는 지점을 가리킨다. 실존적 존재가 자기 자신과 완전히는 일치하지 않는 동시에 어떤 초월적 기반도 전제하지 않는 상황 자체가 기술이다. 다시 말해, 본질적이지 않은 존재방식이 기술적이며 목적 없는 존재방식, 존재하는 것의 전제가 될 수 없는 존재방식이 기술적이다. 기술은 자연을 변형시키는—파괴하거나 구원하는—것이 아니라, 아예 **자연은 없다**는 사실과 직결된다. 그런 의미에서 기술은 언제나 몸에, '모든 몸'과 '각자의 몸'에 관여한다. '각자의 몸'인 이유는 몸이 자신은 아닌 무언가를 향해 열리는 장소이기 때문이고, '모두의 몸'인 이유는 이 장소가 바로 각자와 타자의 접촉을 가능케 하며 통로 역할을 하는 몸의 쪼개진 윤곽과 일치하기 때문이다. 초월성과 내재성이 함께 물러서며 어떤 식으로든 이미 정립되어 있는 의미로 파생되는 순간, 기술은—혹은 존재자의 기술적인 성격은—몸들의 배분과 일치할 뿐 아니라 '서로에게 바깥인 부분들의partes extra partes' 존재방식과, 이들이 '몸에서 몸으로' 끊임없이 부딪히는 방식과 일치한다. '몸으로'가 아닌 몸은 존재하지 않는다. 오늘날만큼 이 몸들의 공동체가 정확하게 감지되는 시대는 없었을 것이다. 끝없는 전염이 이 몸들을 모으고 뒤섞고 복제하며 중첩, 응결, 침투시킨다. 살의 열림과 피의 혼합은 정확하게 의미의 열림, 혼합과 일치한다. 결과적으로 건강과 질병의 정의를 비롯해 정상적인 것과 병적인 것, 면역성과 공통성의 의미가 불명확해진다. 자기공명 촬영이나 방사선 촬영, 초음파 촬영, 보철 삽입 등을 거치면서 모든 몸은 "포획되고 개방되고 확산, 접목, 교환된다. 여기에는 건강한 상태stato도, 병적인 침체stasi도 존재하지 않는다. 그저 살갗과 상처와 합성 효소와 합성 이미지들의 한 경계에서 또 다른 경계로 이어지는 왕래 혹은 단속적이거나 연속적인 박동이 있을 뿐이다."[9]

이런 식으로 기술화된 몸의 현상학을—혹은 존재론을—묘사하면서 낭시는 여기에 '반발'하는 자세를 취하지 않는다. 몸이 원래부터 기술적이라면 이는 곧 여기에 묘사된 과정이 우리의 신체성에 고유한[적절한]—필연적으로 비고유한[부적절한]—방식을 적나라하게 드러낸다는 것을 의미한다. 이 시점에서 뒤로 되돌아간다는 것은 불가능할 뿐 아니라 기대할 만한 것도 못 된다. 아니, 오늘날 우리의 모습 뒤편에는 아무 것도 남아 있지 않다. 물론 그렇다고 해서 여기에 어떤 행복한 느낌이—보편적인 차원에서든, 특수한 차원에서든—뒤따르는 것은 아니다. 다시 말해, 끊임없이 확장되는 세계의 변방에서 발생하는 몸들의 축적 현상으로 인해 굶주린, 유린당한, 황폐해진 '모든 몸'의 차원에서든, 개별적인 '각자의 몸'의 차원에서든 관건은 행복이 아니다. 널리 알려진 바와 같이 낭시는 심장이식 수술이라는 침해적인 형태로 직접 신체의 분해를 경험한 적이 있다. 낭시는 이 경험을 상세히 소개하는 『침입자L'intrus』에서, 고유의 몸이 지닌 기술적인 성격, 즉 몸은 어떤 식으로든 전적으로 자기만의 것일 수 없다는 점에 대한 가장 통렬한 동시에 가장 명쾌한 설명을 제시한다. 낭시의 글이 증언하는 것은 몸의 기술적인 성격을 특징짓는 잠재성과 유한성, 힘과 고통, 수용과 저항의 돌이킬 수 없는 융합이다. 환자의 몸을 관통하는 튜브, 핀셋, 탐지기들에 '앞서' 그의 몸을 침투하는 것은 그저 단순한 '바깥'이 아니다. 이 민감한 지점에서 사실은 두 종류의 이질성이 교차된다. 하나의 이질적인 요소가 또 다른 요소와 대척하며 서로를 강요한다. 하나를 다른 것이 도전하며 복제하고 결국에는 능가한다. 전자가, 이식된 기관을 상대해야 하는 고유의 이질적 면역체계라면, 후자는 고유의 면역장치를 거스르며 박동하는 이식된 기관 자체의—전자 못지않게 파격적인—이질성이다. 이식을 수용하는 몸과 이식되는 심장이 공유하는 경로는 이들의 상반되는 면역체계가 충돌하는 경로와 일치한다. 바로 이 지점에서 한편의 면역체계가 모든 힘을 쏟아 부어 맞은편의 면역체계를 거부할 뿐 아니라 동시에 배척되지 않으려고 노력한다. 결과적으로 기관을 이식받는 자의 입장에서 저항은 이중적일 수밖에 없다. 왜냐하면 이식되는 기관의 보호체계에 저항하지만 동시에 고유의 보호체계에도 저항하기 때문이다. 다시 말해, 돌이킬 수 없는 이질화의 소용돌이에 저항하지만 동시에 불가능한 고유화의 요구에도 저항한다. 그렇다면 더 이상 '자기'와 '비-자기'를 구분하는 것도 의미가 없어진다. 왜냐하면 '자기' 몸에 침입하는 것은 단순히 '이질적인' 존재가 아니라, 이질적인 만큼 자기이기 때문이다. 낭시는 이렇게 말한다. "축적하고 대적하는 이 모든 방식으로, 나는 스스로 나의 침입자가 된다."[10]

예를 들어 시클로스포린과 이 면역억제제가 수반하는 면역력 저하라는 부수적인 효과로 인해 암이 발생하는 경우에도, 고통을 또 다른 고통으로 대체하며 완화하는 모르핀과 이질적인 화학요법의 복합적인 효과를 목표로 또 다른 침투의 필요성이 대두된다. 하지만 이보다 훨씬 더 이질적인 것은—그러니까 지나치게 고유해서, 고유한 것보다 더 고유하기 때문에 이질적인 것은—면역력이 다시 현저하게 저하될 경우, 백혈구를 몸에서 추출해내 냉동시켰다가 몸 안에 다시 투입하는 일종의 '자가이식autotrapianto'과 이에 뒤따르는 심각한 결과들이다. 이 가운데 가장 극단적인 것은 자신의 정체성에 대한 인식이 절대적으로 불가능해지는 상황이다. 정체성은 점점 더 멀리 분산되는 무한한 파동으로, 고통과 체념과 무기력함이 교차되고 중첩되는 흐름으로 분해된다. 이 시점에서 자기 자신에 대해 생각한다는 것은 까다롭다기보다는 말 그대로 불가능하다. 왜냐하면 새로운 '나'를—즉 '나'의 재구축과 탈구축의 과정을—알아보기 위해 존재해야 할 원래의 '나'를 더 이상 찾아볼 수 없기 때문이다. 이 '나'는 이미 일인칭이나 삼인칭 인격체가—어떤 '그'가—아니라, '나'의 현실과 그것의 그림자를 함께 실어 나르는 비-인격체에 가깝다. 그것은, 약도 병이 되고 회복도 노쇠화로 이어지는 시간들, 장소들, 이에 대한 인식이 서로 어긋나는 지점에 가깝다. 몸의 나이보다 20년이나 더 젊은 심장을 가진 사람은 도대체 몇 살인가? 여성의 심장을 지닌 남성 혹은 아이의 심장을 단 여성의 정체는 무엇인가? 내게 속하는 몸을 더 이상 '나의' 몸이라 부를 수 없고 내 몸이 더 이상 '나에게' 속하지 않는다면, '나'는 이른바 주체의 진실로 간주되어 오던 것을 빼앗긴 상태로 남는다. '나'는 주체의 진실이 고유한 것과는 거리가 먼 진실이라는 점을 깨닫는다. 이 진실은 바로 "주체가 무한히 노출된다는 사실이다. '침입자'는 나를 지나치게 노출시켜 나를 방출하고 수출하며 나의 고유성을 박탈한다. 나는 병인 동시에 약이고, 암세포인 동시에 이식된 기관이고, 면역억제제인 동시에 이의 완화제다. 내가 골반을 조이는 나사이고 사타구니의 뼈이기도 했던 것과 똑같은 방식으로, 이제 나는 내 가슴뼈를 지탱하는 철사인 동시에 철사를 주입한 뒤 쇄골 밑으로 꿰맨 흉터에 가깝다."[11] 여기서, 일찍이 소포클레스가 인간의 본성이 지닌 근원적으로 기술적인 성격에 주목하며 간파했던 "기괴하고 무시무시한" 것이 불현듯 정체를 드러낸다.

2. 전쟁놀이

그렇다면, 어떤 의미에서 면역성은 현대사회를 이끄는 전략들의 진원지 역할을 하는가? 어떤 유형의 관계가 면역성을 우리 시대의 생명-정치적 역학과 분리될 수 없는 요소로 만드는가? 무엇보다 면역성은 어떤 식으로 이러한 역학의 방향을 결정하는가? 바로 이 복합적인 질문들에 대한 답변을 시도하기 위해 자신의 가장 진지한 담론들을 구축했던 철학자는 해러웨이다. 그녀의 의견대로, 생명-의학의 패러다임이 외부의 영향을 단순히 받아들이는 것으로 그치지 않고 오히려 세계를 이해하는 일반적인 방식에 더욱더 커다란 영향을 끼친다면, 아울러 이 패러다임이 다름 아닌 삶과 죽음의 근본적인 차별화에 직접적인 영향을 끼치기 때문에 개인과 집단 모두를 상대로 가공할 만한 의미 제조기의 역할을 수행한다면, 그래서 이러한 역동적인 퍼포먼스의 실행에 결정적인 역할을 하는 첨단의 장치가 바로 면역체계라면, 그렇다면, 다름 아닌 면역체계를 어떻게 정의하느냐에 따라 생물학의 영역에서

뿐만 아니라 구체적으로 정치적인 영역에서도 모든 것의 향방이 결정된다고 볼 수 있다. 면역학의 역사[12]를 대략적으로라도 공부해본 독자라면 익히 알고 있겠지만, 면역의 개념적 장치만큼 고유의 구조나 의미를 분석적이고 해석적인 차원에서 재차 정의하는 과정이—여전히 진행 중인 만큼—거의 끊임없이 반복되었던 경우는 얼마 되지 않는다. 물론 우세했던 개념이 전혀 없었던 것은 아니다. 과학자들 사이에서 뿐만 아니라 통상적인 의미의 차원에서도 가장 우세했던 것은 신체의 생리학적, 기능적 보완성을 위협하는 이질적인 요소들의 침입으로부터 유기체를 방어하는 차원의 면역 개념이다. 면역학자 프랭크 버넷Frank Macferlane Burnet이 제목에서부터 논제의 의미가 분명하게 드러나는 『몸의 보완성The Integrity of the Body』에서 주장했던 대로 "항체 생산, 혹은 유기체가 일으키는 또 다른 유형의 면역반응은 이질적인 질료에 맞서, 다시 말해 유기체의 일부가 아닌 무언가에 맞서 일어난다."[13] 뒤이어 면역체계와 정의에 영향을 끼칠 수밖에 없는 고정관념의 대대적인 확산을 유도하며 수사적인 차원에서 결정적인 변화를 가져온 것은 면역의 방어기능을 공격적인 성격의 군사용어로 빗대어 설명하는 방식이다. 면역의 메커니즘은 그런 식으로 본격적인 전쟁의 성격을 띠기 시작한다. 이때 중요해지는 것은 몸의 '관리' 뿐만 아니라 궁극적으로는, 몸을 먼저 점령한 뒤 파괴할 목적으로 쳐들어오는 외부의 침략자들에 대항하며 보호해야 할 몸의 '생존'이다. 이와 동일한 차원에서—하지만 상당히 다른 성격의 학문 분야에서—당당하게 부활하는 것이 바로 정치공동체적 몸에 관한 17세기의 주요 논문들 대부분을 지배했던 공통된 성향, 예를 들어 정체성-확보용 경계에 대한 집요한 관심이나 잠재적 간첩-바이러스에 의한 전염의 혐오성 우려, 끊임없이 새로운 방어전선을 구축하려는 시도 등에 대한 관심이다.

결과적으로 면역학적 담론의 강력한 메타포들이 "적대적인 세균-침략자 집단과의 전투에 필요한 무기고", "신성한 몸의 보호" 같은 표현들을 적극적으로 활용하게 되는 정황은—이 분야를 대표하는 한 전문가의 설명에 따르면—면역학이라는 학문 자체가 지난 세기 초엽에 창궐했던 전염병과의 전쟁이 한창이었을 때 탄생했다는 사실과 결코 무관하지 않다. 그가 약간은 아이러니한 뉘앙스까지 내비치며 지적했던 대로, "'무기고'라는 용어 자체는 이러한 현상이 서로 상반되는 세력—선한 세력과 상당히 악한 세력—간에 전개되는 일종의 전투로 간주되었다는 점을 보여준다. 역사가 항상 승자에 의해 기록되는 만큼, 우리는 이 선한 세력이 전투를 어떤 식으로 이끄는지 보게 될 것이다."[14] 한편으로는 면역학적 서술 전체를 계통발생학적으로 재구성하는 과정 역시—단순한 묘사로 그치지 않고 규범적인 차원의 전제가 되는 만큼—예리하게 면역-옹호론적인 성격을 드러낸다. 대부분의 면역학 교본에서 확인할 수 있듯이, 면역체계는 생명의 출현과 동시에 등장하지 않았고—아니 생명의 진화 단계에서 비교적 뒤늦은 시기에 등장했고—동물학적 계보에서 아주 원시적인 형태에 비해 훨씬 복합적인 유형의 종들과 함께 발달하기 시작했다.[15] 그렇다면, 이는 곧 생존을 위한 투쟁 기능의 체계가 사실은 앞선 단계에서 강한 유형의 생명체들이 약한 유형을 생명체를 지배하는 가운데 이루어진 어떤 선택의 결과라는 것을 의미한다. 그러나 무엇보다 분명한 것은 이러한 진화의 역동성이 다름 아닌 질서와 무질서 사이의 문명적 대조라는 차원에서 해석되고, 또 질서와 무질서 역시 전자는 개체적 보완성의 보호로, 후자는 개체의 분해에 소용되는 엔트로피적인 힘으로 해석된다는 사실이다.

> 생명을 지닌 모든 존재는 물질의 무질서한 성향에 대항하는 '자연적 힘vis naturae'의 한 예라고 볼 수 있다... 이러한 관점에서, 면역체계는 엔트로피에 대항하는 체계, 다시 말해 콜로니 형성과 높은 번식률에 의존하며 존재하는 또 다른 유기체들의 구조 파괴 성향에 대항하며 개인의 보완성을 유지하는 체계의 의미를 지닌다. 사실은 개인의 사망에 뒤따르는 면역체계의 기능 감소가 신체의 부패를 결정짓는다. 부패는 다른 개체들의 입장에서 대적할 수 없는 콜로니 형성이자 구조 파괴로 간주되는 만큼 물질의 무질서한 성향을 충족시킨다.[16]

정확히 말하자면 바로 이러한 차별화 경로, 즉 개인의 정체성과 그것의 울타리를 위협하는 마그마의 차별화를 토대로 가장 일반적인 면역학 이론의 역사와 의미가 구축되기에 이른다. 대표적인 예는 클라인Jan Klein의 저서 『면역학: 자기/비-자기 식별의 과학Immunology: The Science of Self/Non Self Discrimination』이다. 첫 문단의 제목이 '개성을 위협하는 네 가지 요소 Four Threats to Individuality'라면 뒤이어 곧장 이물질과의 "융합"이 일으킬 수 있는 위험으로부터 개성을 '방어'하는 방식이 설명된다.[17] 여기서 가장 뛰어난 방어 전략은 분명히 '비-자기'를 향한 공격으로 간주된다. 이는 이 '비-자기'에 비해서만, 그리고 그것에 맞서야만 '자기'가 자신을 알아보기 때문이다. 이러한 논리는 고유의 적을 항상 치명적이고 유해한 존재로만 이해하도록 유도하는 전쟁학적인 차원의 정체성 개념에 의존한다. 이 적들을 "혐오스러운 침략자들 Repelling Invaders"로 묘사했던 매리언 켄달Marion Kendall의 한 저서는 "전투의 시작", "일반 방어 정치와 적", "체제전복을 꾀하는 비밀요원들"[18] 같은 소제목들로 가득 채워져 있다. 「내셔널 지오그래픽」에 실린 한 유명한 기사에서 피터 재럿Peter Jaret은 면역체계의 역동성을 어떤 종양 환자가 <T세포 킬러>라는 비디오 게임에서 암세포를 향해 폭탄세례를 퍼붓는 우주 전쟁에 비유했고, 심지어는 「이코노미스트」에서도 "외부 침입의 초기 증상"에 "최대한 잔인하게"[19] 대응할 필요가 있다고 권장한 바 있다. 이러한 타자혐오증적인 언어의 이데올로기적 자취가 사실 냉전의 논리나 식민문화적인 인종차별주의 문학에서도[20] 발견된다는 점은 별도로 언급할 필요가 없겠지만, 정말 놀라운 것은 면역학을 소개하는 책들뿐만 아니라 학문적인 성격의 논문에서도 이러한 타자혐오증적인 어휘의 강화 현상, 아니 진정한 의미의 폭등 현상이 일어났다는 점이다.[21]

수전 손택Susan Sontag은 의학을 항상 특징지어 왔던 전쟁의 메타포가 보다 구체화되는 시점에서, 다시 말해 질병 자체라기보다는 때에 따라 질병의 운반체로 지목되던 미생물에 관심을 쏟기 시작하는 지점에서 다름 아닌 현대 의학사상의 역사가 출발했다고 보았다.[22] 하지만 분명한 것은 오늘날 우리가 이러한 유형의 변화와는 비교가 되지 않을 만큼 명백한 질적 도약을 이루었다는 사실이다. 상황이 이런 식으로 전개된 것은 무엇보다도 면역체계의 전개 과정—면역의 메커니즘과 성패—자체가 문제시되었기 때문이다. 대표적인 예는 가장 괴열적인 형태를 과시했던 에이즈다. 파울라 트라이클러Paula Treichler가 에이즈를 두고 "의미의 전염병"[23]이라는 표현을 사용했을 때 지적하고자 했던 것은 생명정치적인 차원의 구체적인 요구들이 교차되는 지점에서 의학적인 문제로 귀결될 수밖에 없는 의미론적 표류 현상의 제어 불가능성이다. 존 드와이어John Dwyer의 『몸의 전쟁The Body at War』[24]을 레나르트 닐슨Lennart Nillson의 『몸의 승리The Body Victorious』[25]에 실린 화보와 함께 비교하며 읽어보면 이러한 표류 현상이 놀랍도록 명백하게 부각되는 것을 확인할 수 있다. 실제로 '자기'와 '비-자기' 사이에서 벌어지는 면역 전투의 모든 단계가 전쟁 용어로 설명되기 때문에, 우리가 읽는 것이 군사적인 비유를 토대로 설명하는 의학 논문인지 아니면 의학적인 비유를 토대로 설명하는 군사전략 논문인지 분간하기가 힘들 정도다.[26] 서술의 순서도—극적인 효과의 상승 구도를 토대로—적을 식별하는 단계에서 방어전선을 구축하는 단계, 반격을 시도하는 단계, 사로잡은 적들을 물리적으로 절멸하는 단계, 피해의 흔적을 없애는 단계 순으로 전개된다. 가장 까다로운 것은 스파이들을 식별해내는 일이다. 왜냐하면 이들이 신체라는 환경에서 위장전술을 사용할 수 있고 심지어는 몸의 경비병으로도 변장할 수 있기 때문이다. 닐슨은 이렇게 말한다. "모든 바이러스와 상당수의 박테리아 역시 적들의 공격을 피하기 위해 굉장히 세련된 방식을 사용한다. 이들은 몸의 세포 안으로 숨어들어간다. 그리고 정체를 감추기 위해, 사실상 면역체계를 수호하는 병사들의 입장에서 식별이 불가능한 유니폼을 골라 입는다."[27] 드와이어가 느닷없이 종족차별적인 어조로 설명하는 내용도 흥미롭다. 이러한 상황에서 "면역체계가 이물질들을 식별하기란, 수많은 인파가 몰린 북경 천안문 광장에서 한 유럽인이 중국인 스파이를 찾아내야 하는 경우 못지않게 어려운 일이다."[28] 세포조직 속에 숨어 있는 영리한 스파이들을 추적하기 위해 할 수 있는 유일한 일은 감시카메라 시스템을 동원하는 것뿐이다. "용의자를 포착할 수 있고 그의 얼굴 사진을 모니터 화면 위로 확대시켜 전송할 수 있는" 카메라 시스템이 갖추어지면 관리자의 입장에서 화면 한쪽으로 전송되는 정상인의 모든 안면 윤곽과 비교할 수 있는 가능성이 생긴다. 그런 식으로 "이 핵심적인 '최전방 전선'의 안전요원들을 위한 지침이 마련된다. 이들은 용의자가 다름 아닌 침입자라는 점을 확신할 수 있고, 그런 식으로 이들이 취해야 하는 조치의 가혹함을 정당화할 수 있다."[29]

하지만 이러한 폐쇄회로 형태의 감시체계 역시 수포로 돌아갈 수 있다. 방해꾼들이 전문화될 경우 감시망을 피할 수 있기 때문이다. 그렇다면 좀 더 차별화된 제어체계, 예를 들어 모든 생명체의 세포에 일종의 신분증명서를 표식으로 각인하는 자동등록체계에 의존할 필요가 있다. "지속적인 순찰을 통해 확인한 결과 정체가 불분명한 것으로 드러나는 세포는, 방어세력에 의해 즉각적으로 파괴될 것이다... 인간의 유기적 신체를 호위하는 경찰은 '순수한 마음으로' 살아가는 주민과 불법적으로 체류하는 외부인을 식별하는 데 특화되어 있다. 이는 자기방어체계를 위해 더할 나위 없이 중요한 기능이다."[30] 이 시점에서 "검열관"들의 경보가

"수신 장비"를 통해 전달되면, 진정한 의미의 군인들이 차별화된 전략에 따라 엄격하게 구분된 임무, 예를 들어 공격, 정상 유지, 시체 제거 등의 임무를 맡고 파견된다.

> 일련의 조치 속에 포함되는 코만도가 전투 지역에서 다양한 형태로 무장한 개인들의 부대를 이끌며 공격을 종용할 것이다. 이 전략 부대들 가운데 몇몇은 직접적인 살생보다 무장해제와 고정화에 더 집중적으로 소용된다. 이 부대의 활동 방식은 아주 체계적이다. 예를 들어 구성원들 가운데 일부는 청소에 특화되어 있어서 전투장에 남은 시체 혹은 또 다른 신체부위들을 치우는 데 투입된다. 평화를 되찾을 수 있도록, 청소는 장치 바깥에서 이루어진다.[31]

닐슨은 면역체계가 활용할 수 있는 군대에 어떤 것들이 있는지 설명하기 위해 풍부한 예를 들며, "징집 부대, 신속배치 부대, 공격 부대, 저격수, 전차 부대" 등을 언급한다. 이것이 전부가 아니다. "우리에게는 세포-병사들이 있다. 이 병사들은 적을 발견하자마자, 곧장 원격조정이 가능할 뿐 아니라 적들의 입장에서는 어떤 희망도 지닐 수 없을 만큼 놀라운 정확도를 지닌 미사일들을 만들기 시작한다. 더 나아가, 우리는 박테리아에 침투한 뒤 이를 폭파시켜 버리는 화약에다, 정찰 부대와 첩보 조직을 비롯한 기본적인 방어 체제까지 갖추고 있어서 적의 정확한 위치는 물론 실제로 어느 정도의 무력이 적용되어야 하는지도 파악할 수 있다."[32] 하지만 여기서 관건이 되는 대규모의 부대, 즉 과립성 백혈구Granulocyte와 대식세포Macrophage로 구성되는 부대는 다름 아닌 이들의 무거운 무기 때문에 비효과적일 수 있고 바이러스와 박테리아의 공격을 받을 수 있다. 이처럼 특별히 심각해진 감염 상황에서 수백만의 용감무쌍한 과립성 백혈구들이 침입자들과 싸우다가 쓰러질 때, 다름 아닌 대식세포들, 즉 커다란 식세포phagocyte들이—세포들 간에 만연한 일종의 "식인주의"[33]를 연상시키면서—이들을 집어삼킨다. 뒤이어 참모본부에서 선별된 공격 부대, 즉 림프구lymphocyte들을 전투 지대에 투입한다. 림프구는 "세포들을 집어삼키지 않는다. 대신에 색다른 방식으로 적들을 절멸한다. 이들은 예를 들어 원격조정 탄환을—항체를—활용하거나 암살자들로—'살해'세포 혹은 킬러 세포로—구성된 특수부대를 이용한다.[34] 이 즈음에 이르면 모든 방법이, 전통적인 "전차"에서 "화학폭탄", "생물학 다이너마이트"에 이르는 다양한 방법들이 모두 동원되었다고 볼 수 있다. 이제 항체에 붙잡힌 박테리아는 "'집행소대' 앞으로 인도된다. 이 시점에서 완결 인자 1은 박테리아의 표면에 적용될 수 있고, 뒤이어 인자 2가 적용되는 식으로 계속될 수 있다. 인자 9가 목표를 달성하면 과정이 완성되고 세포는 폭발한다. 다시 말해, 이 완결 인자들이 세포를 뚫고 들어가 내부에 액체를 주입하면 이 액체가 폭발을 자극한다."[35] 전투의 결과는 이미 정해졌다고 볼 수 있다.

> 어떻게든 장벽을 뚫고 유기체 안으로 들어와 확산되는 박테리아는 세포조직에 흩어져 있는 대식세포라는 장해물을 만나게 된다. 그럼에도 불구하고 확산이 지속되는 경우, 박테리아는 뒤이어 림프에 흡수되거나 림프선으로 옮겨지는 것이 보통이다. 림프선이 면역체

계의 방어요새라면 이를 관리하는 것은 대식세포와 림프구들이다. 이제 특화된 기술을 갖춘 방어부대들이 적소에 배치되고, 피에 가득한 항체와 살해세포들은 근접하는 모든 미생물에 최후의 일격을 가할 만반의 준비를 갖춘다.[36]

면역 전쟁에 대한 묘사는 여기서 이렇게 마감된다고 볼 수 있다. 침략자들은 모두 무장 해제되거나 살해되었고, 혹은 '세포자연사Apoptosis'라는 기술적인 용어가 의미하는 대로, 자기제거 원칙에 따라 자살을 강요당했다. 면역 전쟁은 "누구도 살려두지 않고 누구도 포로로 삼지 않는다. 심지어는 박테리아, 바이러스, 리케차, 기생충, 진균 같은 침략자들의 잔해조차 림프절로 옮겨지고, 그런 식으로 방어체계의 진정한 무장경관으로 간주되는 이른바 '살해세포'의 신속한 훈련에 활용된다."[37] 적들의 시체가 제거되거나 신체의 훈련을 목표로 재활용되는 단계에 도달하면, 면역 전쟁의 전투장은 깨끗해진다. 이때 몸은 고유의 완전성을 되찾는다. 면역력을 확보한 이상, 적은 더 이상 몸을 공격하지 못한다.

3. 붕괴

하지만 이것이 정말 실질적인 상황의 정확한 묘사라고 볼 수 있을까? 적과 맞서 싸운 몸의 승리는 이처럼 정말 완전하고 결정적인가? 우리가 받는 인상은 사실 면역화 과정의 이러한 재구성 방식이 신화적인 성격에 지배된다는 것이다. 바로 이러한 신화적인 성격이, 문제적이고 사실과도 모순되는 요소들을 은폐한다. 먼저 '나'의 존재를 엄격한 유전자적 울타리 안에서 보호되는 공간적 실체로 보고 또 이 울타리를 보호하기 위한 투쟁 자체와 다를 바 없는 실체로 보는 관점이 문제이자 모순이며, 더 나아가 무엇보다도 구원 효과를 지닌 면역체계의 보호 전략 자체가 그 누구도 대적할 수 없는 천하무적의 공격 무기로 곧장 전환된다는 점이 모순이다. 결국 이러한 천편일률적인 움직임 속에서는 몸이 고유의 나약함과 유지하는 본질적인 관계, 즉 신체가 인간 존재의 숙명적 유한성과 유지하는 관계 자체가 과격하게 파괴된다. 왜냐하면 이러한 전쟁놀이의 비유가 전제하는 것과는 달리, 어떤 불멸성을 잠재적인 형태로나마 안겨줄 수 있는 장치나 장비 같은 것은 존재하지 않기 때문이다. 게다가 이러한 가능성을 절호의 기회로 제시한다는 점 자체가 극복될 수 없는 인간 조건의 실상에 당면한 우리를 훨씬 더 당혹스럽게 만든다. 이러한 상황은 무엇보다 면역체계와 연관될 때 더 심각하게 다가온다. 면역체계는 결코 완벽한 장치가 아니다. 게다가 면역체계의 승리 역시 결정적인 것과는 거리가 멀다. 이는 수없이 반복해온 승리가 단 한 번의 패배로 모두 무산될 수 있기 때문이지만, 무엇보다 면역의 기능적인 체계 내부에 철학에서 흔히 '구조적 모순'이라고 부르는 요인이 내재하기 때문이다. 이 모순적인 요인이란—이제는 독자들도 잘 이해하겠지만—면역화가 어떤 부정적인 동력의 실재를—항원을—간단한 방식으로 제거하는 것이 아니라 먼저 인지하고 체제 내부로 끌어들여 체화하는 방식으로만 무력화할 수 있다는 것이다.

이처럼 치료를 위해 제어해야 할 부정적인 요소가 치료의 메커니즘 자체에 내재해야 하는 상황은 이 요소가 '부족'하거나 '과다'한 경우에 따라 상이하거나 상반되는 방식으로 전개될 수 있고 또는 중첩되면서 퇴폐적인 결과를 초래할 수 있다. 먼저 첫 번째 경우, 즉 일반적으로 면역결핍질환이라 부르는 병리학적 현상부터 살펴보자. 널리 알려져 있다시피, 이 질환은 심각성의 정도에 따라 여러 유형으로, 예를 들어 적절한 항생제 요법으로 여전히 치료가 가능한 저감마글로불린혈증hypogammaglobulinemia이나 방어용 항체를 생산할 능력이 전혀 없는, 따라서 생명체와 양립할 수 없는 무감마글로불린혈증agammaglobulinemia으로 분류된다. 어떤 경우에든 관건이 되는 것은 흉선에서 유래하는 T세포와 골수에서 유래하는 B세포의 선천성 혹은 후천성 결핍이다. 차단의 발생지인 림프구들의 분류 구도가 아주 분명한 것은 아니지만, 면역결핍질환으로 인해 유기체가 일련의 전염성 질병에 노출될 때 유기체의 저항이 그리 오래가지 못한다는 것은 사실이다. 하지만 앞서 언급했던 생물학적 모순을 고려할 때, 보다 중요한 것은 이 바이러스들 가운데 일부가—유명하면서도 슬픈 이름을 지닌 인간면역결핍바이러스Human Immunodeficiency Virus(HIV)처럼—면역장치를 우회하는 것으로 그치지 않고 심지어는 면역체계 자체의 자원을 활용하며 면역의 메커니즘을 망가트린다는 사실이다. 이는 곧 면역체계의 보호 메커니즘이 오히려 빈번히 질병의 번식과 확산의 도구로 사용된다는 것을 의미한다. 이러한 역설적인 상황은 바이러스의 주요 공격 대상인 T CD4 세포가 휴면상태보다는 활성화되었을 때, 다시 말해 면역체계의 경보에 의해 깨어났을 때 바이러스를 훨씬 더 너그럽게 환대한다는 사실에서 비롯된다. 더 나아가, T세포가 생산하는 사이토카인cytokine이 바이러스성 항원을 인지하는 순간 T CD4의 림프구 내부에서 바이러스의 생성을 자극할 수 있다는 점은 결국 보호망의 형성 단계와, 신체를 보호하기 위해 물리쳐야 할 요인을 오히려 강화하는 단계 사이에 퇴폐적인 형태의 단락회로가 형성되어 있다는 것을 의미한다.

사실은 이러한 기본적인 정보들을 언급한 것만으로도 앞 장에서 살펴본 면역체계의 '탁월한 전략적' 구도에 심각한 문제를 제기한 셈이다. 물론 세포들 간의 다툼이 폭력과 간교, 기습과 기만을 토대로 전개되는 만큼 거친 성격을 지녔다는 점에는 변함이 없지만, 면역의 결과는 앞서 몸의 당연한 승리가 예상될 때보다 훨씬 더 불확실하다는 사실이 드러난다. 이 다툼을 또 다른 각도에서, 즉 신체의 절대적인 취약성을 고려한 상태에서 바라보면 몸의 방어부대는 오히려 후퇴하거나 붕괴할 위기에 몰린다. 인간면역결핍바이러스는 정확하게 전투가 장기화될 경우 결과가 불확실해지는 병리학적 구도를 보여준다. 이때 질병은 면역체계의 지속적인 반격으로 인해 퇴보뿐만 아니라 물론 빈번한 휴식 과정을 거친다. 이 과정에서 빈번히 돌이킬 수 없는 패배의 위기에 몰리는 것은 다름 아닌 면역체계다. 이를 분명하게 보여주는 실례는 다름 아닌 에이즈다. 이 굴욕적인 질병의 기술적인 원인은, 바이러스와 정면으로 맞서 싸워야 할 T 살해세포를 활성화하는 데 필요한 T 보조세포의 점진적인 소멸에 있다. 다시 말하자면, 인간면역결핍바이러스와 맞서 싸워야 할 세포들이 효율적으로 대응하기 위해 필요한 보조 림프구들마저 함께 파괴하는 전혀 기대치 않은 결과를 가져오는 것이 문제다. 이 경우에도 다툼 현상은 군사전략적인 드라마에 견주어 해석될 수 있다. 단지 앞서 드와이어와 닐슨이 제시했던 승리의 구도와는 완전히 상반되는 결과로 이어질 뿐이다. 이 경우에도 전투는 총력전으로 전개되고 어느 한쪽의 완전한 패배로 마감된다. 바뀌는 것은 전투의 패배자다. 첫 단계에서, 양 진영의 전력은 팽팽한 균형을 이루는 것처럼 보인다. 노웍과 맥마이클에 따르면, "인간면역결핍바이러스(HIV)가 이끄는 부대의 병사들은 적군의 세포병과 개별적으로 싸워 이길 힘을 지녔다. 반면에 면역체계가 이끄는 부대의 병사들은 모두 전문가들이다. 이들은 HIV의 병사들이 특정한 색깔의 깃발을 지니고 다닐 때에만 적군으로 인식한다."[38] 하지만 바로 이러한 상황이 모든 것을 결정짓는다. HIV의 병사들 입장에서 '깃발'의 색깔만 바꾸면 적군을 대혼란에 빠트릴 수 있기 때문이다.

> ... HIV 부대가 세 개의 소대로 세분화되어 있고 각 소대가 서로 다른 색깔의 깃발을 지녔다고 가정하자. 그리고 이에 맞서 면역체계의 특수부대 병사들도 세 소대로 분류되고 각 소대가 특정 색깔의 깃발을 인지하도록 훈련을 받았다고 가정하자. 이런 상황에서 면역부대는 심각한 열세에 놓이게 된다. 면역부대의 병사라면 누구든 세 부류의 적군들 가운데 한 부류를 상대로만, 다시 말해 그가 알고 있는 색깔의 깃발을 들고 있는 적군에게만 공격을 감행한다. 반면에 HIV 부대의 병사들은 모든 적군을 상대로 무차별한 공격을 퍼부을 수 있다. 결과적으로 전쟁의 승리는 HIV 부대에게 돌아갈 것이다.[39]

여기서 면역체계의 패배를 설명하기 위해 단순한 '전투'가 아니라 '전쟁'이 거론되는 것은 이 패배가 지니는 물리적이고 상징적인 차원의 파괴적인 성격 때문이다. 에이즈가 짧은 기간 안에 20세기의 페스트라는 일그러진 얼굴의 이미지를 얻게 된 이유나 그것이 아무리 심각하더라도 단순한 질병에 머물지 않고 개인과 집단의 몸을 파고드는 병/악 그 자체로 인지되는 이유는 이 질병의 전면공격이 다름 아닌 면역체계의 구원신화를 대상으로 전개되었기 때문이다. 이 질병은 방어체계를 교란한 뒤 '나'의 내부로 파고들어 폭발을 자극한다. "에이즈는 단순히 물리적인 질병으로 그치지 않는다. 그것은 사회적, 성적 위반의 기교이자 무너진 타부,

부서진 정체이기도 하다."[40] 여기서는 단순히 어떤 위생적인 차원의 원리만 부식되는 것이 아니라 존재론적 체제의 모든 것, 혹은 개별적인 주체의 형식과 내용으로서의 정체성 자체가 무너진다. 물론 암도, 혈관성 질환도 정체성을 갉아먹고 뒤흔든다. 하지만 에이즈는 정체성을 구축하는 경계의 관념 자체를 파괴하고 자아와 타자의 차이, 안과 바깥, 내부와 외부의 차이를 무너트린다. 에이즈는 당연히 바깥에서, 다른 사람이나 집단, 다른 곳에서 유래한다.[41] 아니, 어떻게 보면 그것의 제어 불가능하고 위협적인 성격을 고려할 때 '바깥' 자체이기도 하다. 하지만 일단 몸의 내부에 정착하고 나면 그것은 또 다른 '안'으로 변신한다. 그렇다면 에이즈의 특수성은 다름 아닌 내부를 '바깥으로 몰아내는' 데, 혹은 내부를 '바깥'으로 만드는 데 있다. 왜냐하면 다름 아닌 "신체 내부의 세포가 침략자로 '변신하기'"[42] 때문이다. 이러한 관점에서 에이즈는 면역체계의 정반대이며, 따라서 숙적이다. 다시 말해, 외부의 내부화가 아니라, 내부 자체의 외재성 혹은 스스로의 바깥으로 투영된 내부다.[43]

면역결핍증이 면역체계의 미약함이나 취약성 혹은 선천적인 결핍을 극명하게 보여주는 반면, 자가면역질환은 그 명칭에서부터 면역체계 자체의 가장 뼈저린 모순을 그대로 드러낸다. 다시 말해 자가면역질환은 면역장치의 어떤 결함이나 기능의 마비 또는 저하에서 비롯되지 않고, 면역장치가 전복된 형태로 스스로를 공격하는 상황에서 비롯된다. 한편으로는, 자가면역질환의 병리학적 원인, 정도, 증상이 부각되는 방식도 전혀 일관적이지 않을뿐더러 심지어는 다양한 종류의 자가면역질환을 분류하는 방식도 동일한 기준을 따르지 않는다. 예를 들어 전신홍반 루푸스, 만성 활동성 간염, 인슐린 의존성 당뇨, 다발성 경화증 등을 분류하는 방식은 일관적이라고 보기 힘들다. 아울러 동종 현상으로 분류되는 수많은 알레르기성 질환들이 실재하고 또 면역결핍증이 자가면역질환과 유사한 증상을 나타낼 수 있는 복잡한 상황들도 실재한다. 몽타니에Luc Montagnier는 에이즈도 이런 경우들 가운데 하나일 수 있다고 보았다. 그러나 한 가지만큼은 확실하다. 어떤 경우에든 관건이 되는 문제는 유기체의 '과다 방어'다. 다시 말해, 적을 물리치려다가 스스로 해를 입는 것이 문제다. 드와이어는 이러한 퇴행적 현상이 이를테면 면역부대의 과도한 열정에서 비롯된다고 보았다. 공격에만 몰두한 나머지 적군의 실질적인 규모를 파악하지 못한 상태에서 병기의 과도한 사용에만 의존하기 때문에 일어나는 현상이라고 본 것이다. 그의 표현대로, "어렵지 않게 상상할 수 있듯이, 지휘관들은 전투의 승리에 들뜨기 마련이라 수류탄 하나로도 충분할 곳에 미사일을 투하한다."[44] 동일한 관점에서, 대부분의 매뉴얼이 이러한 현상을 설명하며 끊임없이 언급하는 또 다른 특징은 통상적으로 활용되는 무기의 부정확성이다. 일단 공격이 시작되고 나면, 적의 위치를 정확하게 조준할 만한 능력이 없기 때문에 주변 환경까지 함께 파괴하는 결과를 가져온다. 예를 들어, 비행기로 파괴력이 막대한 폭탄을 높은 고도에서 투하할 때 실질적인 피해가 표적에만 제한되기를 기대하기는 힘들다. 바로 이러한 정황에서 적군뿐만 아니라 아군까지 몰살할 가능성이 발생한다.[45]

하지만 이러한 과다 방어, 부정확성, 조준 오류의 관점에서도 자가면역적인 반응의 가장 결정적으로 체제붕괴적인 요소가 과연 무엇인지는 쉽게 파악되지 않는다. 달리 말하자면, 자가면역 반응의 상흔은 불필요한 분쟁이나 도를 넘어선 분쟁에서 비롯된다기보다는 오히려 자가-파괴적인 형태의 내전에서 유래하는 듯이 보인다. 이 문제를 구스타프 노살Gustav Nossal은 에를리히Paul Ehrlich의 한 유명한 라틴어 문구를 인용하며 이렇게 설명한다.[46]

> 파울 에를리히는 '자가-독성 공포horror autotoxicus'라는 표현을 고안해냈다. 이 표현은 림프구들이 자가-구성 세포들을 상대로 면역전투를 벌이게 될 경우 발생할 수 있는 혼란과 공포를 생생하게 설명해준다. 이 전투는 백혈구와 적혈구, 림프구와 간, 신장 사이에서 벌어지는 일종의 내전과 다를 바 없고 무질서와 심각한 질병을 가져온다. 이러한 유형의 내전을 접하게 되는 경우는 드물지 않다. 이런 식으로 발생하는 질병을 바로 자가면역질환이라고 부른다.[47]

이를 심각한 '공포'로 간주하는 이유는 무엇인가? 심지어는 바이러스와의 전투에서 패배하는 상황보다 훨씬 더 극적이고 강렬하게 다가오는 혼란과 무질서를 상기시키는 이유는 무엇인가? 이 질문에 대한 답변은 다름 아닌 외부의 적이 없다는 특징에서, 혹은 병/악의 순수하게 반사적인 성격에서 발견된다. 여기서 관건이 되는 것은 무찌를 수 없는 적을 상대로 싸우다가 패배하는 전쟁이나 패권을 두고 경쟁하는 두 세력 간의 본격적인 '분쟁pólemos'이 아니라 다름 아닌 '내전stásis'이다. 다시 말해, 관건은 고유의 실체에 반항하며 그것을 에워싸는 모든 것과 스스로의 절멸을 자극하는 힘이다. "신체의 입장에서 겪는 자가면역질환은 사회공동체의 입장에서 겪는 내전과도 같다."[48] 내전에는 더 이상 외부에서 내부로 파고드는 침투의 경로가 주어지지 않는다. 내부 자체가 스스로를 파멸로 이끌 때까지 싸울 뿐이다. 따라서 예상되는 결과는 둘 중 하나의 승리가 아니다. 예상되는 것은 악에 대한 선의 승리나 선에 대한 악의 승리가 아니라 일종의 순수한 무정부상태다. '자가-항체auto-anticorpo'라는 개념이야말로—이에 상응하는 '자가-항원auto-antigene'에 자극을 받았든 아니든 간에—이러한 무정부상태의 가장 의미심장한 표현이라고 볼 수 있다. 여기서 '항anti'은 무언가의 일부임에도 불구하고 그것과 싸운다는 뜻이며, '자가autós'는 내부적인 분쟁이 항체, 자가-항체, 반-자가-항체 등등의 형태로 걷잡을 수 없이 확산되는 가운데 덤벼드는 적 자체와 다를 바 없다는 뜻이다.

이러한 정황이 안고 있는 가장 모순적인 요소는 병리학적인 성격에 있다기보다는 오히려, 역설적이게도 **비**-병리학적인, 혹은 **정상적으로** 병리학적인 성격에 있다. 달리 말하자면, 이러한 정황은 면역체계의 논리 자체를 '있는 그대로' 보여준다. 면역체계가 본연의 기능을 발휘할 때 감지하는 '모든' 것과 대적한다면 이는 면역체계가 '자기'마저 공격하지 않을 수 없는 상황에 놓여 있다는 것을 의미한다. 하지만 이는 곧 모든 감지 활동의 전제조건인 '자기 감지'의 대상 '자기'를 공격한다는 뜻이다. 면역체계가 예방차원에서 먼저 '자기'를 감지하지 못한다면 '타자'를 알아보는 것도 불가능한데, 그런 '자기'가 제거될 위기에 놓이는 것이다. 골럽Edward S. Golub이 인정했던 것처럼, "이러한 상황은 심지어 역설적으로 다가온다. 한편으로는 '자기'를 인식할 필요가 있지만, 다른 한편으로는 '자기'에 대한 적대적인 행위가 자살과 다를 바 없다는 것이 분명하기 때문이다."[49] 하지만 면역학자들이 익히 알고 있는 이 역설적인 상황을 조금 다른 각도에서 살펴보면 분명해지는 것이 있다. 정작 설명을 요하는 것은, 면역체계가 이따금씩 고유의 구성 요소들을 공격하는 특이한 상황이 아니라 오히려 이러한 상황이 일반적으로는 발생하지 않는다는 사실이다. 주지하다시피, 이 공격-정지는 이른바 '자가-관용'이라는 표현으로 정의되는 현상, 혹은 자기 자신에 대한 관용에서 비롯된다. 하지만 여기서 주목해야 할 것은 이러한 현상이 우리의 통념을 뒤엎는다는 사실이다. '비정상적'이라고 보아야 할 것, 따라서 설명을 요하는 것은 자가면역과 이에 뒤따르는 모든 치명적 결과가 아니라 반대로 '자가면역의 부재'다. "자가면역을 자가-구성 세포들에 대한 관용 상태의 단절로"[50] 간주할 수 있다면 이는 곧 자가면역이 관용 메커니즘의 '멈춤' 지시가 발동하지 않는 **모든** 상황에서 발생할 수 있다는 것을 의미한다. 우리가 다루어 온 논제의 핵심이 바로 여기에 있다. 자기 스스로를 향한 파괴적인 도발은 일시적인 기능마비의 결과가 아니라 면역체계의 자연적인 본능이다. 면역체계는 눈에 '보이는' 모든 것을 적대하기 때문에 '무엇보다도' 자기 자신을 적대할 수밖에 없는 상황에 놓인다. 어떻게 보면 이러한 모순적인 결과는 자가면역질환이라는 형태로 분명하게 드러날 뿐 아니라 의약과 독약의 동종요법적인 일치라는 원리 속에 이미 함축되어 있었다고 보아야 한다. 면역의 변증관계가 항상 어떤 부정적인 요소의 체화를 수반한다면, 자가면역 현상은 이를 확증하는 단서인 동시에 극단적인 실례다. 다시 말해, 부정적인 것을 모든 긍정적인 기능에서 분리시켜 그것의 파괴력을, 스스로를 상대로 배가하는 현상이며 보호해야 할 몸 전체를, 다름 아닌 자기 파괴를 통해 파괴하는 현상이다.

4. 공동 면역

하지만 이처럼 파괴적인 동시에 자기-파괴적인 차원의 해석이 면역체계를 설명할 수 있는 유일한 해석인가? 아니면 근본적으로 상이한 해석적 지평을 펼쳐 보일 수 있는 또 다른 관찰점은 존재하는가? 뭐랄까, 버넷의 주장대로 이러한 정황에서는 생물학적일 뿐 아니라 동시에 철학적인 차원의[51] 문제가 관건이라면, 면역체계 내부의 모순을 부인하지 않고, 아니 이 모순을 오히려 집중적으로 조명하며 그 의미를 공동체의 차원으로 전복시킬 수 있는 면역화의 철학은 과연 가능한가? 이러한 질문에 이미 긍정적으로 답변한 바 있는 철학자 해러웨이에 따르면, "면역체계를 항상 일종의 전투장으로 소개해온 냉전의 수사학과는 다른 방식으로 사고할 필요가 있다. 면역체계를 침략자들에 관한 이야기로 다루는 대신, 타자와의—인간이나 사물, 내부적이거나 외부적인 요소와의—상호-대응 능력을 갖춘 어떤 반투과성 자아 안에서 '공유되는' 구체적인 요소들의 담론으로 생각하지 말아야 할 이유는 무엇인가?”[52] 폴리 매칭거Polly Matzinger가 제시한 면역이론도 이와 동일한 관점에서 출발한다. 매칭거는 면역체계를 모든 종류의 외부 침략자에 대한 끝없는 자기방어체계로 정의하는 대신 상당히 복합적인 유형의 경보체계로 간주하면서, 이 체계는 “다양한 몸-조직들로 구성된 방대한 네트워크와의 긍정적이거나 부정적인 소통 내용을 기반으로”[53] 작동된다고 보았다. 바로 그런 의미에서, 안-마리 물랭Anne-Marie Moulin[54]은 면역학 이론이 발전하는 가운데 ‘인지’라는 단어가 ‘전쟁’이라는 용어를 대체하기 시작했고, 그런 식으로 현대 인식론뿐만 아니라 특히 라이프니츠의 형이상학에 주목하는 철학 전통의 몇몇 관점도 함께 감안하는 새로운 해석적 구도가 형성되었다고 보았다.[55]

하지만 이러한 논제를—러시아의 동물병리학자 일리야 메치니코프Ilya Mechnikov의 관찰점을 토대로 추진된 연구 경로에서 계보를 추적하며—보다 완숙한 단계로 끌어올린 인물은 알프레드 토버Alfred Tauber다.[56] 유기체의 완전성을 유지하는 기능은 면역체계의 부수적이고 파생적인 기능에 불과하며 우선적인 기능은 주체의 정체를 정립하는 데 있다고 주장하면서, 토버는 정체성이 결정적이고 변형 불가능한 형태로 주어지지 않으며 오히려 주변 환경과의 역동적이고 경쟁적인 대응에서 비롯되는 언제나 변화무쌍한 생산물의 형태로 주어진다고 보았다. 이러한 관점에서, 몸 자체는 가로막혀 있거나 침범할 수 없는 울타리 안에서 꼼짝달싹하지 못하는 개별적인 존재가 아니라 오히려 시간이 흐르면서 진화하는 일종의 생태계로 간주된다. 토버는 이러한 진화의 공간을 주저하지 않고 “사회공동체”[57]로 정의한다. 몸의 정체를 외부의 도

전에 열린 체계, 아니 궁극적으로는 이 도전 자체에 의해 구축되는 체계로 간주하는 역사-과정적인 관점의 중심에 다름 아닌 면역관용의 복잡한 기능이 자리 잡고 있다. 면역관용이 발견되는 과정은 레이 데이비드 오웬Ray David Owen의 송아지 이란성 쌍둥이 실험을 기점으로, 즉 이 쌍둥이들이 모태에서 순환 계통을 공유하는 동안 조직 이식을 관용하는 현상의 연구를 기점으로 시작되었다. 하지만 여기서 면역관용의 발견 경로를 대략적으로라도 살펴보는 대신, 곧바로 우리에게 필요한 정의를 내려 보자. 면역관용은 이전 단계의 항원 접촉에서 비롯되는 구체적인 형태의 면역반응 부진 현상이다. 그렇다면 이러한 무반응성은 어떻게 이해해야 하나? 면역장치의 개입 실패 혹은 일종의 공백으로 이해해야 하나, 아니면 반대로 어떤 자제력의 실질적인 발현으로 이해해야 하나? 더 나아가서, 인지력의 결핍으로 이해해야 하나, 아니면 동일한 유기체의 항원들이 부정적으로 반응하는 것을 저지할 만큼 예리한 인지력으로 이해해야 하나? 면역관용뿐만 아니라 면역체계 자체의 특성을 규정하는 데 결정적일 수밖에 없는 이러한 질문들에 대해 학자들이 제시하는 답변들은 결코 일관적이지 않다. 사실은 버넷조차도, 면역관용에 부정적이고 수동적인 성격을 부여하며 이를 면역체계의 부적절한 훈련방식으로 간주하는 관점과 반대로 긍정적인 성격을 부여하며 면역관용을 태아단계에서 성숙한 능동적 인지능력으로 보는 관점 사이에서 결정을 내리지 못하고 머뭇거리는 모습을 보였다. 결국 해석의 진자가 멈춰선 곳은 이른바 '클론선택 이론'이다. 이 이론에 따르면, 방어체계의 공격력 안에 내재하는 무시무시한 자폭 가능성으로부터 신체를 보호하는 것은 바로 자기항원에 반응하는 클론들을 제거하는 기량이다. 그러나 이 경우에도 작업을 주도하는 실질적인 주인공의 정체는 여전히 모호한 상태로 남아 있다. 버넷이 항원과의 조기 접촉을 경험하는 림프구들의 경우 증식 능력이 떨어진다고 주장하거나, 노살이 세포의 차별화가 중단되는 현상과 더불어 발생하는 일종의 '클론 유산'이 관용의 효과를 발휘한다고 주장할 때, 관건이 되는 것은 과연 무엇인가? 세포들의 실질적인 제거인가 아니면 항원에 대한 반응을 가로막는 경보 신호들의 생산인가? 혹은 자기항원에 반응하는 림프구들의 무반응, 즉 비활성화인가 아니면 이 림프구들을 제거하는 또 다른 림프구들, 따라서 '억제' 세포라고 불리는 것들의 활동인가? 뭐랄까, 결정적인 문제로 남는 것은 면역과 면역관용 사이의 관계다. 다시 말해, 면역관용은 침묵 속에서 열린 면역의 청정 지역인가 아니면 반대로 면역의 '역행적인' 산물인가? 사실상 이 질문에 대한 답변이 일찍부터 두 번째 해결책으로 기울어지도록 만드는 데 결정적인 역할을 한 인물은 면역관용이 인위적으로 유도될 수 있다는 점을 증명해보인 피터 메더워Peter Medawar다. 간략히 요약하면, 특정 형태의 유전자족에 속하는 쥐의 태아에 또 다른 유전자족의 세포를 접종할 경우, 전자는 증여자족에 속하는 쥐들의 세포를 관용하는 단계에 도달한다. 결과적으로, 유기체가 조기에 훈련을 받을 경우 원래 이질적이었던 구성 요소들을 고유의 것으로 인지하는 방법을 터득한다는 결론뿐만 아니라 이러한 인지 과정을 중재하는 것이 정확하게 면역체계라는 결론을 내릴 수 있다. 메더워에 따르면, "면역관용은 굉장히 독특한 상황이다. 왜냐하면 면역억제세포가 다름 아닌 항원 자체이기 때문이다. 단지 성인의 경우 항원의 활용이 면역억제세포의 활용을 필요로 할 뿐이다."[58] 이런 주장을 펼칠 때 인정할 수밖에 없는 것은 면역관용 자체가, 그것이 자가제한적이라는 독특한 성격을 지녔음에도 불구하고 다름 아닌 면역체계의 일부라는 사실이다. 실제로 면역관용은 경우에 따라 차별화된 용량의 항원은 물론 항체를 투입함으로써 유도될 수 있다. 이는 곧 면역관용이 결코 비-면역화나 일종의 고차원적인 면역결핍증이 아니라, 오히려 역행적인 면역이라는 것을 의미한다. 다시 말하자면 동일한 메커니즘 안에서 효과만 전복시킬 뿐이다. 하지만 그렇다면, 즉 면역관용이 면역체계 자체의 산물 가운데 하나라면 이는 곧 면역체계가 '자기와-다른-타자'에 대한 일방적인 거부의 레퍼토리를 구축하는 대신 오히려 '자기와-다른-타자'를 면역 메커니즘 내부의 동력으로, 아울러 일종의 효과로도 활용한다는 것을 의미한다.

이와 동일한 결론에 도달한 토버는 논제를 조금은 다른 각도에서 관찰한다. 그가 기점으로 삼는 것은 예르네Niels Jerne의 네트워크 이론, 무엇보다도 이른바 파리 학파가 제시했던 형태의 '자율적 네트워크 이론Autonomous Network Theory'이다. 이 이론의 내용을 상세하게 다루는 대신 주목해야 할 것은 여기서 부각되는 인지적인 유형의 관찰점이다. 이를 바탕으로 면역체계는—그것의 기능이 자가-성찰적이라는 차원에서—외부 요인까지 받아들인다. 이는 곧 항원과 항체의 전통적인 대립 관계가 무너지고 이들이 각각 '항원결정기Epitope'와 '항체결합부위Paratope'라는 용어로 대체된 이상, 네트워크상의 모든 요소가—'인지하는' 동시에 '인지되는' 만큼—이 두 역할 가운데 하나를 번갈아가며 혹은 모두를 동시에 수행한다는 것을 의미한다. 예르네에 따르면, “이런 주장을 받아들일 때 내릴 수 있는 결론은 면역체계가—형식적인 차원에서—일군의 ‘유전자형 항원결정기idiotope’를 ‘인지하는’ 항체결합부위들과 일군의 항체결합부위에 의해 ‘인지되는’ 유전자형 항원결정기로 함께 구성되는 일종의 복잡하면서도 거대한 네트워크라는 것이다.”[59] 하지만 그렇다면 자기와 비-자기, 고유와 비-고유, 내부와 외부의 구분 자체가 무의미해진다. 왜냐하면 무언가를 어떤 체계 ‘바깥’으로 몰아낼 때 이 ‘바깥’이라는 차원이 내부에서 생성되는 반사 현상에 지나지 않을 경우 축출은 불가능하기 때문이다. 물론 이러한 관점에 문제가 전혀 없다고 보기는 힘들다. 다분히 도전적인 어조로 골럽은 이렇게 말한다. “신비주의적인 성향의 독자는 이러한 상황이 거울에 비친 자신의 이미지에서 세계 전체를 보는 경우와 유사하다는 생각도 할 수 있을 것이다.”[60] 따라서 이러한 관점의 문제는 현실 전체를 고스란히 ‘자기’의 관점 안에 가둔다는 데 있다. 이 문제는 정확하게 “단지 ‘자기’와 그것의 미세한 변형들이 존재할 뿐이다”[61]라는 바렐라와 쿠티뉴의 주장 속에 함축되어 있다. 그러나—이러한 주장의 심리적인 파급효과를 평가절하하지 않더라도—놀라운 것은 이러한 논제가 언제든 뒤집힐 수 있는 양면성을 가지고 있다는 점이다. 다시 말해 모든 타자성이 결국 ‘자기’로 환원된다면 이는 곧 ‘자기’ 역시 언제나, 구축적인 단계에서, 타자로 변형된다는 것을 의미한다. 아니, ‘자기’는 고유의 타자성과 일치한다. 동일한 맥락에서, 주체가 ‘잠재적인 전부’라면 주체는 무無와 다를 바 없는 존재이기도 하다. 왜냐하면 정형화가 불가능한 만큼 절대적인 부정형이기 때문이다. 하지만 또 다른 각도에서 바라보면, 네트워크 이론에는 어떤 양가적인 결과가 함축되어 있다. 이 양가성은 다름 아닌 주체의 잠재력 강화와 탈구축화의 구분이 불가능해지는 지점에서 발견된다. 네트워크 이론은 전통적인 견해를 거부하는 순간, 다시 말해 면역체계가 오로지 타자만을 인지하며 이는 '자기'를 인지할 경우 '자기'를 파괴할 수밖에 없기 때문이라고 보는 견해를 거부하는 순간 모든 관점을 '자기'에 쏟아붓는다. 하지만 그렇게 함으로써 결국에는 의도적으로 구분하려 했던 '타자'와 '자기'의 경계가 오히려 불분명해지는 결과를 초래한다. 토버에 따르면, 실제로 "면역체계의 기능은 '타자와의 대조를 바탕으로' 스스로의 정체를 확인하는 데에만 소요되지 않으며 '스스로를 바탕으로' 자기를 끊임없이 정의하는 데에도 소요된다. 이와 유사한 상황이 전제될 때, 면역체계는 항상 '자기'와 '타자'를 끊임없이 생산하는 열린 형태의 자기규정체계라고 볼 수 있다."[62]

이 시점에 이르면 면역의 역동적인 과정 전체가 통상적인 해석은 적용될 수 없는 양상을 취한다. 다시 말해, 면역 과정은 더 이상 '외부'에 대한 선별과 배제의 장벽이 아니라 오히려 '자기' 내부에서 작동하는 '외부'의 사운드박스에 가까운 것으로 드러난다. 면역학적 '자기'는 더 이상 유전자적 항수 또는 일종의 예정된 레퍼토리가 아니라 일련의 역동적인 요인 혹은 양립 가능한 요인들의 집합이나 우발적인 조합에 의해 결정되는 구성체다. 주체도 아니고 객체도 아닌 그것은 오히려 어떤 행동원리에, 혹은 토버의 표현대로 "주어 없는 동사 혹은 수식어"에 가깝다.[63] 여기서 다시 부각되는 것은 또 다른 각도에서 이미 피르호와 니체가 다루었던 신체개념, 즉 신체를 서로 이질적일 뿐 아니라 잠재적으로 적대적인 세포들 간의 대조와 경쟁의 장으로 보는 관점이다.[64] 몸은 결코 단번에 '만들어진' 완전하고 완벽하며 불변하는 존재의 원천이 아니라 때에 따라 발전을 좌우하는 조합 또는 다양한 상황에 의존하며 끊임없이 '만들어지는' 실체다. 몸의 경계는 몸을 닫힌 세계 안에 가두는 울타리가 아니라 일종의 유연한 여백에 가깝다. 민감하고 문제적이지만, 바로 이 가장자리에서, 몸의 외부에 위치하면서도 처음부터 몸을 관통하며 변화시키는 요인과의 관계가 이루어진다. 어떤 의미에서는 면역체계 자체가 이러한 변화의 도구라고도 볼 수 있다. 전쟁에 비유될 때와는 달리, 면역체계는 변화에 저항하는 것처럼 보이는 곳에서도, 혹은 다름 아닌 변화에 저항하기 때문에 변화의 도구로 활용된다. 면역체계가 활성화될 때마다 몸은 이전 상태에서 벗어나는 변화를 겪는다.

이러한 변증관계의 가장 놀라운 예는 아마도—생명의 시작을 의미한다는 차원에서—임신일 것이다. 임신은 어떻게 번식으로 이어지는가? 정상적인 면역학적 관점에서 어떤 식으로든 '타자'로 간주되는 태아를 산모의 항체는 어떻게 관용할 수 있는가? 몇몇 특이한 경우를 제외하고, 태아의 성장을 동종이계 이식의 자연적인 거부 원칙에 대한 예외로 간주하며 성장을 허락하거나 돕는 보호 메커니즘은 과연 무엇인가? 이러한 질문들에 대한 답변은 무엇보다—모든 신체적 관용 현상에 해당되는 이야기이지만—면역체계의 맹점과 직결된다. 정확히 말하자면, 관건은 산모의 영양막세포층cytotrophoblast 안에서 조직적합성항원histocompatibility antigen의 일상적인 반응을 가로막는 일종의 장벽이다. 여성들은 특정 유형의 항체를 발전시켜, 태아에서 유래하는 이질적인 신호들을 은폐하는 식으로 태아의 생존을 허락한다. 하지만 이러한 답변은 사실상 훨씬 더 복잡한 역학 관계의 실재에 대해 충분한 설명을 제시하지 못한다. 이러한 복잡한 상황이 면역반응의 침묵과 직결된다는 생각은 피상적인 관점에서만 도달할 수 있는 결론이다. 실제로 면역 메커니즘은 비활성적인 것과 거리가 멀 뿐 아니라 이중적인 방식으로, 즉 한편에서는 태아의 관리를 목표로 다른 한편에서는 자기관리를 목표로 작동한다. 뭐랄까, 면역체계는 타자에 대해서 뿐만 아니라 스스로에 대해서도 면역을 시도한다. 다시 말해 면역화의 과다에 대한 면역력을 키운다. 모든 과정은 면역 메커니즘의—침묵이 아닌—활동 구도 속에서 전개된다. 이러한 정황은 산모의 자기보호체계를 '가로막는' 혹은 '은폐하는' 것이 언제나 항체라는 사실에서 분명하게 드러난다. 하지만 이보다 더 의미심장한 것은, 태아의 이질성이 부각되는 것을 막고 결과적으로 폐기되는 것을 방지하는 데 필요한 항체의 생산이 남성의 적절한 유전자적 이질성에 좌우된다는 사실이다. 다시 말해 남성이 산모와 너무 닮은꼴일 경우 항체는 생산되지 않고, 이는 상대적으로 유산이라는 결과를 초래할 수 있다. 우리가 주목해야 할 것은 바로 여기서 발견되는 이율배반적인 구도다. 남성의 정자가 충분히 이질적일 때에만, 따라서 장벽 역할을 하는 항체가 생산될 때에만 산모는 태아의 이질성을—인지하기 못하기 때문에—견딜 수 있다. 바로 그런 이유에서 심지어는—자연유산을 피하기 위해—남성의 항원을 여성의 몸 안에 투입하기도 한다. 이는 곧 산모의 입장에서 태아의 생명보존을 허락하는 요인이 산모와 태아의 '유사성'이라기보다는 오히려 태아가 부친으로부터 물려받은 '차이'라는 것을 의미한다. 태아는 '이질적'일 때에만 '고유의' 아이가 될 수 있다.[65] 어머니와 아이의 통일적 공생관계라는 신화의 허구적인 성격이 바로 여기서 드러난다. 산모는 태아와, 즉 태아가 산모의 몸 속에 투입하는 이질성과 격렬한 투쟁을 벌인다.

> 우리에게 익숙한 산모의 모습은 모나리자의 미소를 머금고 자신의 한껏 부풀어 오른 배를 사랑스러운 눈길로 바라보며, 두말할 필요 없이 간절히 욕망하는 그 '종양' 위로 가볍게 손을 올려놓고 흡족해하는 어머니의 모습이다. 하지만 본질적인 차원에서 그녀는 최선을 다해 이 이질적인 기생충을 몰아내려고 애쓴다. 여하튼 바로 이러한 공격의 격렬함이 태아의 생존을 허락한다는 것은 불가해한 일이다. 어떤 식으로, 성장 단계의 태아와 싸우면서 전개되는 지속적인 면역반응이 태아를 파괴하기는커녕 오히려 보호하기에 이르는가?[66]

면역의 패러다임 전체가 바로 이 궁극적인 동시에 원천적인 질문을 축으로 기울어지다가 결국에는 정반대의 '공통적인' 것과 구분이 불가능해지는 지점에 도달한다. 다름 아닌 면역화의 공격력이 정상적으로라면 파괴해야 할 것의 생명을 보존하기에 이른다. 산모는 아이와, 아이는 산모와 대적하지만 이러한 분쟁은 다름 아닌 생명의 불꽃을 탄생시킨다. '죽음을 무릅쓴' 전쟁의 비유를 무색케 하며, 산모의 몸 안에서는 '생명을 향한' 투쟁이 벌어진다. 그리고 이는 차이나 분쟁이 필연적으로 파괴적인 것은 아니라는 것을 보여준다. 더 나아가, 산모의 공격이 아이를 보호하듯 아이의 공격 역시 산모의 자기공격적인 성향으로부터 산모 자신을 보호한다. 이러한 정황은 왜 임신 기간 동안 자가면역질환이 감소하는지 설명해준다. 이는 면역체계 내부에서 발전하는 항체세포와 조절세포 간의 변증관계에서 비롯되는 결과다. 정확히 말하자면, 서로가 서로를 '대적하며 돕는' 구도가 형성된다. 이는 일종의 줄다리기에 가깝다. 전체의 균형은 서로 맞서는 힘들의 감산이 아니라 합계에 의해 결정된다. 따라서 면역반응의 힘 자체가 자기조절의 메커니즘을 결정짓는다고 볼 수 있다. 결국 기존의 해석을 뒤엎는 새로운 관점은 다름 아닌 면역학적 논리 내부에서 발견된다. 자아와 타자의 양립 불가능성에 대해서는 더 이상 이야기조차 할 필요가 없다. 타자는 내부와 외부, 고유성과 이질성, 면역성과 공통성의 교차지점에서 자아가 취하는 형식 그 자체다.

***

여기서 면역학이 제기하는 것은 '자기'를 먼저 정의함으로써 '타자'를 인식하는 문제, 혹은 '타자'의 경계를 규정함으로써 '자기'를 인식하는 문제다. 일찍이 이 문제를 근본적인 차원에서 검토하며 고전적인 테마로 정립했던 인물은 플라톤이다. 이 문제는 사실 플라톤의 『메논』(80e)에서 소크라테스가 지적하는 모순, 즉 무언가에 대한 앎에 접근하려면 그것을 어떤 식으로든 미리 알고 있어야 한다는 모순과 무관하지 않다. 미리 알아야만 하는 이유는, 모를 경우 무엇을 탐구해야 하는지, 아울러 탐구해야 할 무언가가 있기는 한지조차 이해할 수 없기 때문이다. '타자'라는 이질적인 존재가 정말 이런 유형이라면, 다시 말해 단순히 다를 뿐 아니라 알려진 바가 전혀 없는 존재라면 그를 어떻게 인지할 수 있고, 이에 앞서 그를 알아야 할 필요성은 어떻게 제기할 수 있는가? 베르나르트 발덴펠스Bernhard Waldenfels는 이 질문을 현대철학적인 관점에서 재구성하며 이렇게 묻는다. 고유한 것의 관점에서 출발할 때 이질적인 것의 경험은—심지어 학문은—과연 어떻게 가능한가?[67] 이 질문에 함축되어 있는 테제는, 이질적인 것과 고유한 것 사이에 아무런 관계가 없는 이상—이것들이 각자의 절대성 속에 갇혀 있는 이상—경험은 어떤 식으로든 불가능하다는 것이다. 하지만 이질적인 것과 고유한 것이 중첩되면서 이들의 근본적인 차이와 정체성이 불분명해지는 경우에도, 경험은 마찬가지로 불가능하다. '접근 불가능한 것'의 경험은 접근이 완전히 불가능한 경우뿐만 아니라 너무 쉬운 경우에도 이루어지지 않는다. 왜냐하면 '접근 불가능성' 자체가 무의미해지기 때문이다. 이 논리적 난관을 극복하기 위한 유일한 방법은—후설이 주목했던 대로—"원래는 접근이 불가능한 것에 접근할 수 있는 경로의 증명"[68]에 초점을 맞추는 것이다. 하지만 이런 식으로 문제가 완전히 해결되는 것은 아니다. 원래 접근 불가능한 것과 접근 가능한 것을 연결하는 경로는 어디에 있는가? 발덴펠스에 따르면, 이 경로는 주체가 주관적인 경험을 변형시켜 부재하는 것을 실재하는 것으로 만드는 과정 속에서 발견된다. "접근 불가능한 것에 접근하려는 시도는 다름 아닌 이질적인 것의 경험 속에서 가능해진다. 이는 과거에 다가서려는 시도가 오로지 기억 속에서만 가능한 것과 같은 이치다."[69] 하지만 다름 아닌 기억에 의존하기 때문에, 결국에는 이질화의 현상학마저 플라톤이 제시했던 전제, 즉 또 다른 형태로나마 '이미' 알고 있는 것이 아니라면 이에 대한 앎에 도달할 수 없다는 전제의 궤도 속으로 환원된다. 결국 타자와 이질적인 것에 대한 경험은 고유한 것의 경험 속에 이미 앞당겨진—따라서 무력화된—것으로 드러난다.

서구문명사회는 고스란히 이러한 이율배반의 주름 속에 남아 있다고 볼 수 있다. 다시 말해, 이질적인 것은 오로지 그것을 예방 차원에서 폐기하는 맥락 속에서만 사유된다. 관찰점을 '자아'의 입장에서 '타자'의 입장으로 바꾸어 보려는—가장 근본주의적인 인류학의—시도조차도 이러한 맥락에서 완전히는 벗어나지 못한다. 아니, 이러한 맥락을 결국에는 대적하는 식으로 오히려 확증하기에 이른다. 왜냐하면 이질적인 것의 자기-이질화란, 즉 이질성이라는 절대적으로 '고유한' 특성이란 사실 고유한 것의 고유화가 추상적으로 전복된 것에 지나지 않기 때문이다. 이러한 모순은 소크라테스가 정립했던 구도 속에 그대로 남아 있다. 이질적인 것은 정말 이질적이어서 접근이 불가능하거나, 아니면 전혀 그렇지 않을 뿐더러 오히려 원래부터 고유한 무엇이다. 면역학이라는 학문 자체가—이러한 문제를 가장 기초적인 생물학의 차원에서 다룬다는 사실에도 불구하고, 혹은 바로 이 때문에—이와 동일한 모순의 영향에서 벗어나지 못한다는 것은 이상한 일이 아니다. 특별히 예로 들고 싶은 것은 면역체계가 비-고유한 것으로 낙인찍힌 모든 것을 주조직적합성복합체major histocompatibility complex에서 추방한다는 이론이다. 여기서 플라톤이 제시한 전제와의 유사성, 아니 동종관계가 성립된다고 볼 수 있는 이유는, 정확하게 병력anamnesis의 경우에서처럼 주조직적합성 복합체 역시 배아발생 단계에서 이미 경험한 적이 있는 요소들만 고유한 것으로 인지하기 때문이다. 한편으로는 어휘만 살펴보아도, 면역학에서 일반적으로 사용하는 용어들 가운데 상당수가—'훈련', '견습', '기량', '기억'처럼—이러한 정황에서 유래한다는 점을 분명하게 확인할 수 있다. 사실은 '클론선택 이론'을 가장 체계적으로 정립한 학자 예르네도 이러한 정황을 설명하면서 주저하지 않고 플라톤의 『메논』을 언급한다.[70] 예르네에 따르면, 항체의 조합 능력은 외부에서 유래하는 것이 아니라 원래부터 항체 내부에 내재하는 요소이며, 이는 정확하게 플라톤의 관점에서 이상적인 형식이 이성에 선행하되 영혼에 내재하는 것과 같은 이치다. 아울러, 다름 아닌 아이콘과 시뮬라크르의 고전적인 구분에서처럼—즉 이데아를 직접적으로 모방하는 복제와 복제된 것을 모방하는 복제의 복제를 구분하는 경우처럼—항원들의 조직적합성은 항원들이 유기체의 본래적인 구성 요소와 얼마나 '유사'한가를 기준으로 측정된다. 이러한 측면에서 보아도, 이질적인 것의 경험은 고유한 것의 경험이 전제되지 않는 이상 불가능하다는 사실을 인정할 필요가 있다. 이질적인 것은 먼저 고유한 것의 일부인 경우에만 수용될 수 있고 수용된다.

그럼에도 불구하고 이것이—앞서 언급한 것처럼—유일하게 가능한 결론은 아니다. 그리고 그 이유는 면역학이 역사적으로 걸어온 길을 정도라고 볼 수 없기 때문이라기보다는 오히려 면역학 자체가 그것이 전복된 형상을 내부에 각인된 형태로 보유하기 때문이다. 이러한 정황은 다름 아닌 '클론선택 이론'과 '네트워크 이론'의 아버지 예르네를 기점으로 포착되기 시작한다. 애드리언 맥켄지Adrian Mackenzie의 설득력 있는 주장에 따르면, 면역체계의 기능을 '네트워크 이론'의 관점에서 관찰할 경우 면역체계는 플라톤의 전제에서 벗어날 뿐 아니라 그것을 근본적인 차원에서 탈-구축시킨다.[71] 실제로 항체결합부위와 특정 항원들 사이에 완벽한 호완의 기준이 정립되고 나면, '복제'와 '원본'을 예방차원에서 차별화하는 성향은 현저하게 줄어든다. 다시 말해 모든 항원이 어떤 유형의 항체와도 대응할 수 있지만 또 다른 각도에서 보면 항체 자체가 오히려 항원이 되기도 하기 때문에, '유사'가 '차이'에 우선한다는 원칙만 의미를 잃지 않고 '내부'와 '외부'의 구분 자체도 무의미해진다. 이는 강박적 심리주의의 관점으로 볼 때처럼 '외부'가 존재하지 않기 때문이라기보다는 오히려 '외부'가 '내부'와, 이들의 기초적인 교차에 의해 이미 결정되어 있는 형식에 의존하며 관계하기 때문이다. 예를 들어 외부의 항원이 내부에서 일종의 항체로 관찰되고 그 원인이 정확하게—또 다른 관점에서—항체가 항원의 기능을 취하기 때문이라면, 그런 식으로 발생하는 것은 서로 상반되는 두 입장의 반목 현상이 아니라 오히려 내면화된 외부와 외면화된 내부 사이의 대조 혹은 지속적인 교류 현상이다. 따라서 정체성은 결코 차이점들의 배제나 선택의 결과가 아니라 차이점들의 산물로 간주되어야 한다. 면역체계의 균형은 이질적인 것에 맞서는 방어 활동의 결과가 아니라 상이한 두 계열의 접속이 이루어지는 선상 내지 수렴이 이루어지는 지점에 가깝다. 면역체계의 균형을 지배하는 것은 동일성이 유사성에, 유사성이 상이성에 우선한다는 원칙이 아니라 이들의 관계는 지속적으로 변화한다는 원칙이다. 그런 의미에서, 면역체계보다 더 본질적으로 소통에 소요되는 것은 존재하지 않는다. 면역체계의 질을 가늠하는 기준은 어떤 이질적인 요소에 맞서 보호하는 기량이 아니라 오히려 이질적인 요소가 촉발하는 면역반응의 복합성이다. 실제로 외부에서 받아들인 차별적인 요소는 전적으로 그것의 내부적인 잠재력을 확장하고 더욱 풍부하게 만드는 데 소용된다. 바로 이것이—다양한 형태의 이론적, 인류학적, 철학적 정의들을 뛰어넘어—고유한 것에 '대해서'뿐만 아니라 그것을 구축하는 '과정'에서 주어지는 이질적인 것의 아마도 유일한—물론 가장 우선적인—경험일 것이다. 이 경험의 밑바탕에 있는 것은 어떤 감염되지 않는 유전적 원천의 기억이 아니라 고유의 원천적인 이질화 실험이다. 몸은 모든 유형의 변화에 앞서 스스로를 노출해야 하는 필연성에 이미 노출되어 있다. 모든 면역의 공통적인 조건은 바로 고유의 유한성에 대한 무한한 감식이다.

***

'면역학적 자기self'란 무엇인가? 답변에 앞서, 이 질문은 질문 자체의 구성에 문제점이 있음을 보여준다. 면역체계란 정말 어떤 '것'이기는 한가? 좀 더 구체적으로 물어, 면역체계는—흔히 면역학을 과학적으로 서술할 때처럼—과연 '자기'라는 용어로 정의될 수 있는가? 무엇을 기준으로 면역체계를 가리키는 데 재귀대명사를 사용하는가? 널리 알려진 바와 같이, 현대의 학자들은 면역체계를 정의하기 위해 '몸의 핵', '정신적인 구성', '기호학적 체계', '면역학적 자기' 같은 표현을 사용한다. 우리가 앞서 상세하게 살펴보았던 정치-군사적인 설명도 분명히 이러한 비유들 가운데 하나다. 하지만—본질적으로는 생물학적인 현상과 이러한 비유적인 설명의 실질적인 연관성을 굳이 파헤치지 않더라도—기본적인 의혹은, 비유 속에서 이 현상을 명명하는 용어 '자기, self, selbst, soi, sé'로 기울어진다. 생물학적 면역체계를 가리키는 데 인칭을, 즉 본질적으로는 긍정의 차원으로 기울어져 있는 주체의 지시어를 사용하는 것은 과연 정당한가, 아니 최소한 납득은 가는 일인가? 그렇지 않다면, 오히려 어떤 부정적인 형식을 활용해야 하는 것은 아닌가? 면역 기능을 결정짓는 근본적인 모순을 고려하면, 이러한 질문에 대한 답변은 일종의 의무처럼 다가온다. 면역체계의 근본적인 과제가 '자기 외의' 모든 것을 거부하는 데 있다면, 면역체계가 자기에게—체계 그 자체에—직접적으로 관여할 수 있는 가능성은 필연적으로 제외되어야 한다. 면역학적인 관점에서 '자기'는 오로지 부정적인 차원에서만, 즉 자기가 아닌 것을 기점으로만 정의될 수 있다. 이는 물론 역설적이지만, 적어도 위의 전제에서 출발하면 반박할 수도 없는 결론이다. 그리고 이것이 다름 아닌 에를리히를 기점으로 '클론선택 이론'에 이르는 해석적 계통이 취하는 결론이다. '자가-독성 공포horror autotoxicus'라는 표상적인 개념 속에 함축되어 있듯이, '자기'가 면역의 형태로 스스로를 알아볼 수 있다면 이는 곧 '자멸'을 의미할 것이다. '자기'의 입장에서 유일한 생존 방식은 스스로를 무시하는 것뿐이다. 간략히 말하자면, 면역 활동의 대상은 '자기'가 아니다. 유일한 예외는 다름 아닌 자가면역결핍증이다. 면역 활동은 '자기'가 아닌 모든 것을 대상으로 취한다. 면역학적인 차원에서 '자기'는 부정적인 방식으로만 언급될 수 있다. 그렇다면 왜 면역체계를 표상하기 위해 논리적으로는 그것과 결코 일치할 수 없는 문법적인 용어를 사용하는가?

문법학자들은 이 질문에 정확이 꼭 그런 것만은 아니며 훨씬 더 복잡하다고 답변한다. 이는 물론 그런 식으로 면역의 논리가 고유의 본질적인 모순에서 벗어날 수 있기 때문이 아니라, 당연히 전혀 다른 차원에서, 다름 아닌 문법적 요소에 의해 면역의 논리 자체가 재생되는 동시에 부각되기 때문이다. 클로드 드브뤼Claude Debru는 이러한 현상을 진정한 "문법상의 역설", 혹은 삼인칭 재귀대명사를 중심으로 농축되는 "일련의 수수께끼"라고 표현한 바 있다.[72] 이 수수께끼들은 우선적으로 대명사가 명사와 유지하는 복합적인 관계와 직결된다. 생물학적 면역학을 서술할 때처럼 대명사 '자기(sé, self)' 앞에 관사(il, the)를 붙여서 사용할 경우 일어나는 것은 이 용어의 명사화다. 순수하게 문법적인 기능만을 지닌 용어가 언술 바깥의 어떤 현실을 가리키는 개념적인 용어로 변하는 것이다. 결과적으로 우리가 마주하게 되는 것은, 더 이상 단순히 대명사만으로는 볼 수 없는 대명사, 혹은 '자기지시적인' 대명사적 성향을 보존하는 명사다. 물론 문법학자들은 이를 구분하는 것이 언제나 가능하다고 말한다. 명사들이 어떤 부정형의 실재를 가리키는 반면, 대명사들은 언명 외에 어떤 현실도 지니지 않기 때문에 오히려 개별적인 성격의 실재를 가리킨다. 이러한 특징을 가장 명료하게 보여주는 예가 바로 인칭대명사다. 하지만 바로 이 지점에서 또 다른 불균형이 발생한다. 뱅베니스트가 강조했던 것처럼, 일인칭과 이인칭 대명사는 언술 행위 바깥에서 아무런 의미를 지니지 않는 반면 삼인칭 대명사는 특이하게도 담론 바깥의 현실을 가리킨다. 이는 왜 상당수의 언어에서 대명사나 격 변화를 하는 삼인칭 동사가 부재하는지 설명해준다. 이러한 측면이 특별히 중요하게 부각되는 언어는 아랍어다. 아랍어에서 삼인칭 대명사는 정확하게 '부재하는 자'를 가리킨다. 인도유럽어족의 언어들이 삼인칭 동사 변형을 지닌 것은 사실이지만, 삼인칭은 페르소나가 구체적으로 지시되지 않을 때에도, 혹은 비인칭non-persona인 경우에도 사용된다. 뱅베니스트가 내리는 결론은 너무 명백해서 당혹스럽기까지 하다. "삼인칭은 인칭이 아니다. 그것은 오히려 비인칭을 표현하는 동사적인 형식이다."[73] 이러한 표현은 가볍게 볼 것이 아니라 오히려 표현 자체가 지닌 완전한 의미의 차원에서 이해할 필요가 있다. 이 문장이 가리키는 것은 페르소나로 남아 있어야 하는 것의 어떤 비인격화라기보다는, 정확히 말해, 비인칭이다. "여기에는 페르소나의 분리반출apheresis이 아니라 다름 아닌 비-페르소나가 있다."[74]

바로 여기서 면역학적 '자기'의 부정적인 정체에 상응하는 첫 번째 특징이 발견된다. 면역학적 '자기'가 스스로와 일치할 수 없듯이, 즉 '자기'가 아닌 것에 의해서만 정의될 수 있듯이, 이를 가리키는 대명사 역시 페르소나가 아닌 것의 법칙에 지배되는 비인칭적인 페르소나다. 대명사 자체에 집중하는 대신 그것의 재귀적인[75] 성격에 주목하면, 면역학적 자기와 대명사의 유사성은 훨씬 더 분명해진다. 메이예의 탐구[76] 결과를 바탕으로 전개된 뱅베니스트의 분석에 따르면, 라틴어 대명사 'se'의 내부에는—이 대명사에서 유래하는 근대의 용어들과 마찬가지로—고대의 인도유럽어 어근 'swe'가 들어 있다. 이 어근의 중요성은—우리가 다루고 있는 정황에서처럼—대명사가 명사화될 때 보다 분명해진다.[77] 이 어근에서 라틴어 suus[고유의]와 soror[자매], 그리스어 éthos[특성, 성격]와 étes[친족, 동맹]가 유래한다. 뱅베니스트의 추론에 따르면, 두 종류의 상이한 의미론적 계통이 바로 이 어근으로 환원된다. 첫 번째는 개별적인 유형의 '자기'를 가리키고, 두 번째는 친족관계나 공동체적인 유형의 좀 더 넓은 영역으로 확장된다. 어근 swe가 가리키는 '고유성'은 이를테면 단일한 공동체 내부의 다수가 공유하는 성격을 지닌다. 결과적으로 swe는 '자기'에만 속하는 ídios[고유의, 사유의]뿐만 아니라 훨씬 넓은 영역에 속하는 hetaîros[동료]의 해석에도 영향을 끼친다. 이 어근은, 고유한 특징이지만 이를 다수가 공유할 때에만 고유하다고 할 수 있는 특징을 가리킨다. 이 어근은 idiótes[사적 개인, 서민]의 단수적인 성격과 sodalis[친우]의 복수적인 성격이 교차되는 지점, 아울러, '자기 자신(se stesso)'의 재귀적인 '자기(se)'와 sed[그러나, 오히려]의 se~가 표현하는 이접 관계의 교차지점을 가리킨다. 그렇다면 지금까지 살펴본 내용으로 더욱 풍부해졌을 '면역학적 자기'로 돌아가 보자. 이 시점에서 주목해야 할 것은—비록 상이한 의미론적 영역들 사이의 개념적 공명이라는 단순한 차원에서지만—문법적 영역과 면역학적 영역 간의 놀랍도록 완벽해보이는 상응성이다. 어근 swe의 원천적인 이중성을 삼인칭 대명사의 비인격적인 성격과 대조할 때 나타나는 효과는 면역학적 자기의 '존재론적' 부정성을 설명하는 데 그대로 반영될 수 있다. 면역학적 자기의 부정성은 어떤 단순한 부정의 논리가 아니라, 정체성은 '고유의 변화'라는 형태로 확인되는 동시에 변형된다는 모순과 직결된다. 면역학적 자기를 명명하는 대명사나 이것의 기원이 되는 어근처럼, 면역학적 자기 역시 가장 개인적인 동시에 가장 공통적인 것의 조합에 가깝다. 이 두 가지 상이한 의미가 하나의 유일한 형상으로 중첩될 때, '공유되는 개별성' 혹은 '개별성의 공유'라는 독특한 형상의 윤곽이 드러난다. 임무니타스의 수수께끼는 아마도 이러한 키아스마 속에 여전히 보존되어 있을 것이다.

주

1 Donna Haraway, *The Biopolitics of Postmodern Bodies: Determinations of Self in Immune System Discourse*, in «Differences» 1.1, 1989 [trad. it. R. Braidotti 편, *Biopolitica di corpi postmoderni: la costituzione del sé nel discorso sul sistema immunitario*, in *Manifesto Cyborg*, Feltrinelli, Milano 1995, p. 137].

2 Donna Haraway, *Modest_Witness@ Second Millennium.Female Man(c) Meets Onco-Mouse(tm)*, Routledge, New York 1995 [trad. it. *Testimone_Modesta@ FemaleMan(c)_incontra_OncoTopo(tm)*, Feltrinelli, Milano 2000, pp. 39-40].

3 Donna Haraway, *Manifesto Cyborg*, p. 88.

4 이 점에 대해서는 앞서 언급한 브라이도티Braidotti의 서문 외에도, Bryan S. Turner, *The Body Society*, Sage Publications, London 1996, pp. 63 이하 참조. 해러웨이와 푸코의 차이점에 대해서는 마이클 하트와 안토니오 네그리도 주목한 바 있다. Michael Hardt, Antonio Negri, *Empire*, Harvard University Press, Cambridge (Mass.) 2000 참조.

5 이러한 역동적인 상황에 비해 상당히 '안정적' 입장을 표명하는 이들은 Carlo Formenti (*Incantati dalla rete. Immaginari, utopie e conflitti nell'epoca di Internet*, Cortina, Milano 2000), Ubaldo Fadini (*Sviluppo tecnologico e identità personale*, Dedalo, Bari 2000)이다. 반면에 변화의 경로에 주목하며 중요한 관찰점들을 제시하는 이들은 Aldo Bonomi (*Il capitalismo molecolare*, Einaudi, Torino 1997), Massimo Cacciari, Gianfranco Bettin (*Duemilauno. Politica e futuro*, Feltrinelli, Milano 2001), Natalino Irti (*Norma e luoghi. Problemi di geo-diritto, Laterza, Roma-Bari 2001), Carlo Galli (Spazi politici. L'età moderna e l'età globale*, il Mulino, Bologna 2001) 등이다.

6 Mark Dery, Escape Velocity – *Cyberculture at the End of the Century*, Grove Press, New York 1996 [trad. it. Velocità di fuga. *Cyberculture di fine millennio*, Feltrinelli, Milano 1997].

7 Donna Haraway, *Manifesto Cyborg*, p. 137.

8 이러한 관점을 상당히 포괄적으로 다룬 Umberto Galimberti, *Psiche e techne. L'uomo nell'età della tecnica*, Feltrinelli, Milano 1999 참조.

9 Jean-Luc Nancy, *Corpus*, Métailié, Paris 1992 [trad. it. *Corpus*, Cronopio, Napoli 1995, p. 87].

10 Jean-Luc Nancy, *L'intrus*, Galilée, Paris 2000 [trad. it. *L'intruso*, Cronopio, Napoli 2000, p. 28].

11 같은 책, pp. 34-35.

12 면역학의 역사에 관해서는 Arthur M. Silverstein, *A History of Immunology*, Academic Press, New York 1989, Anne-Marie Moulin, *Le dernier langage de la médecine. Histoire de l'immunologie de Pasteur au Sida*, Puf, Paris 1991, Bernard Genetet, *His-*

toire de l'immunologie, Puf, Paris 2000 외에도 G. Corbellini, *L'evoluzione del sistema immunologico*, Bollati Boringhieri, Torino 1990 참조.

13 Frank Macfarlane Burnet, *The Integrity of the Body*, Cambridge University Press, Cambridge (Mass.) 1963 [trad. it. *Le difese organiche*, Boringhieri, Torino 1967, p. 82].

14 Edward S. Golub, *Immunology. A Synthesis*, Sinauer Associates Inc., Sunderland (Mass.) 1987 [trad. it. *Immunologia. Una sintesi*, Zanichelli, Bologna 1989, pp. 308, 32].

15 이러한 관점을 토대로, 예를 들어 플레이페어는 아메바에서 포유동물에 이르는 면역체계의 진화 모형을 설계한다. J. H. L. Playfair, per esempio, in *Immunology at a Glance*, Blackwell, Oxford 1979 (5a ed. 1996), p. 12.

16 Massimo Biondi, *Mente, cervello e sistema immunitario*, McGraw-Hill, Milano 1997, p. 1.

17 Jan Klein, *Immunology. The Science of Self/Non Self Discrimination*, Wiley-Interscience, New York 1982, p. 3.

18 Marion. Kendall, *Dying to live: How our bodies fight disease*, Cambridge University Press, Cambridge 1998 참조.

19 Peter Jaret, *Our Immune System: the Wars within*, in «National Geographic», giugno 1986, pp. 702-35.

20 Warwick Anderson, *Immunities of Empire: Race, Disease, and the New Tropical Medicine, 1900-1920*, in «Bulletin of History of Medicine», CXX, (1996), n. 1, pp. 94-118, Daryl Ogden, *Cold War Science and the Body Politic: an Immuno/Virological Approach to 'Angels in America'*, in «Literature and Medicine», XIX (2000), n. 2, pp. 241-61.

21 Daniel Jacobi, *Quelques tendances ou effets de figurabilité dans la divulgation des théories immunologiques*, in «Aster», 1990, n. 10, pp. 129-53.

22 Susan Sontag, *Aids and its Metaphors*, Farrar, Straus & Giroux, New York 1988 [trad. it. *L'Aids e le sue metafore*, Einaudi, Torino 1989, pp. 6-7].

23 Paula A. Treichler, *Aids, homophobia, and biomedical discourse: an epidemic of signification*, in «October», 43, 1987.

24 John Dwyer, *The Body at War. The Story of our Immune System*, Trade Division of Unwin Hyman Limited, London 1988 [trad. it. *Le guerre del corpo umano*, Mondadori, Milano 1991].

25 Lennart Nilsson (with Jan Lindberg), *The Body Victorious. The Illustrated Story of Our Immune System and Other Defenses of the Human Body*, Delacorte, New York 1987 (ed. or. Stockholm 1985) [trad. it. *Il corpo si difende*, Edizioni Paoline, Cinisello Balsamo 1986].

26 F. W. Timmerman Jr, *Future Warriors*, in «Military Review», settembre 1987.

27 Lennart Nilsson, *Il corpo si difende*, p. 24.

28 John Dwyer, *Le guerre del corpo umano*, p. 59.

29 같은 책, p. 60.

30 Lennart Nilsson, *Il corpo si difende*, p. 21.
31 John Dwyer, *Le guerre del corpo umano*, p. 61.
32 Lennart Nilsson, *Il corpo si difende*, p. 24.
33 같은 책, p. 25.
34 같은 책, p. 26.
35 같은 책, p. 31.
36 같은 곳.
37 같은 책, p. 20.
38 Martin Andreas Nowak, Anthony John McMichael, *Come l'Hiv sconfigge il sistema immunitario*, in «Le scienze», n. 94, 1997, p. 61.
39 같은 책, p. 64.
40 J. Z. Grover, Aids Keywords, in *Aids: Cultural Analysis, Cultural Activism*, The MIT Press, Cambridge 1988, p. 18.
41 Sander L. Gilman, *Disease and Representation. Images of Illness from Madness to Aids*, Cornell University Press, Ithaca - London 1988 [trad. it. *Immagini della malattia, dalla follia all'Aids*, il Mulino, Bologna 1993, pp. 348 이하].
42 Susan Sontag, *L'Aids e le sue metafore*, p. 16.
43 Cindy Patton, *Inventing Aids,* Routledge, New York 1990.
44 John Dwyer, *Le guerre del corpo umano*, p. 61.
45 Lawrence Steinman, *Le malattie autoimmuni*, in «Le Scienze», n. 94, 1997, p. 86.
46 Paul Ehrlich, *Über Haemolysin. Dritte Mitteilung*, in *Collected Studies on Immunity*, Wiley, New York 1906, p. 27.
47 Gustav Nossal, *Antibodies and Immunity*, Basic Books, New York 1969 [trad. it. *Anticorpi e immunità*, Boringhieri, Torino 1971, p. 213].
48 Lennart Nilsson, *Il corpo si difende*, p. 187.
49 Edward S. Golub, *Immunologia. Una sintesi*, p. 357.
50 B. Benacerraf, E. R. Unanue, *Textbook of Immunology*, Williams & Wilkins, Baltimore-London 1979 [trad. it. *Manuale di immunologia*, Piccin, Padova 1981, p. 242].
51 Frank Macferlane Burnet, *The Darwinian approach to immunity, in Molecular and cellular basis of antibody formation*, Academic Press, New York - London 1965, p. 17.
52 Donna Haraway, *Come una foglia* (T. Nichols Goodeve와의 인터뷰), La Tartaruga, Milano 1999, pp. 92-93. 이와 유사한 각도에서 E. Martin, *Flexible bodies: Tracking immunity in American culture from the days of polio to the age of Aids*, Beacon Press, Boston 1994 참조.
53 Polly Matzinger, *Tolerance, danger and the extended family*, in «Annual Review of Immunology»,1994, n. 12, p. 991. 면역체계에 관한 새롭고 페미니즘적인 성찰에 대해서는 Lisa Weasel, *Dismantling the Self-Other Dichotomy in Science: Towards a Feminist Model of the Immune System*, in «Hypatia», XVI (2001), n.1, 2001, pp. 27-44 참조.

54 Anne-Marie Moulin, *Le dernier langage de la médecine*, p. 14.

55 라이프니츠를 참조하는 해석에 대해서는 Philippe Caspar, *L'individuation des êtres. Aristote, Leibniz et l'immunologie contemporaine*, Le Sycomore, Paris 1989.

56 Alfred I. Tauber, *The immune self: Theory or metaphor?*, Cambridge University Press, Cambridge 1997 [trad. it. *L'immunologia dell'io*, McGraw-Hill, Milano 1999].

57 토버가 참조한 버넷의 표현은(*Biological Aspects of Infectious Diseases*, Cambridge University Press, Cambridge 1940) 'climax community'다.

58 P. B. Medawar, E. M. Lance, E. Simpson, *An Introduction to Immunology*, Wildwood House, London 1977 [trad. it. *La nuova immunologia*, Boringhieri, Torino 1979].

59 Niels K. Jerne, *Toward a Network Theory of the Immune System*, in «Annales d'Immunologie», 1974, n. 125 [trad. it. *Verso una teoria del sistema immunitario come rete di interazioni*, in *L'evoluzione del pensiero immunologico*, p. 252].

60 Edward S. Golub, *Immunologia. Una sintesi*, p. 284.

61 Francesco J. Varela, Antonio Coutinho, Bruno Dupire, Nelson N. Vaz, *Cognitive networks: Immune, neural, and otherwise*, in «Theoretical Immunology», II (1988), p. 365.

62 Alfred I. Tauber, *L'immunologia dell'io*, p. 171.

63 같은 책, p. 154.

64 Wolf Herman Fridman, *Le cerveau mobile*, Hermann, Paris 1991 참조. 아울러 Marc Daëron, Mochel Fougereau, Wolf Herman Fridman, Anne-Marie Moulin, Jean-Pierre Revillard, *Le système immunitaire*, Nathan, Paris 1995, 그리고 Marc Daëron의 서문(pp. 56) 참조.

65 산모와 아들—혹은 딸—사이의 '고유화적인' 관계에 대한 연구는 Angela Putino, *Amiche mie isteriche*, Cronopio, Napoli 1988 참조.

66 John Dwyer, *Le guerre del corpo umano*, pp. 104-5.

67 Bernhard Waldenfels, *Der Stachel des Fremden*, Suhrkamp, Frankfurt am Main 1990, Bernhard Waldenfels, *Topographie des Fremden. Studien zur Phänomenologie des Fremden*, Suhrkamp, Frankfurt am Main 1997.

68 Edmund Husserl, *Cartesianische Meditationen und Pariser Vorträge*, in Husserliana Gesammelte Werke, Nijhoff, Den Haag 1950, I [trad. it. *Meditazioni cartesiane*, Bompiani, Milano 1989, p. 134].

69 Bernhard Waldenfels, *Cultura propria e cultura estranea. Il paradosso di una scienza dell'estraneo*, in «Paradigmi», 1992, n. 30, pp. 647-48.

70 Niels K. Jerne, *The natural selection theory of antibody formation; ten years later, in Phage and the Origins of Molecular Biology*, Cold Spring Harbor Lab., New York 1966, p. 301.

71 Adrian Mackenzie, *'God has No Allergies': Immanent Ethics and the Simulacra of the Immune System*, in «Postmodern Culture», VI, 1996, n. 2.

72 Claude Debru, *Grammaire du soi, in Soi et non-soi*, Seuil, Paris 1990, pp. 267-77.

73 Émile Benveniste, *Problèmes de linguistique générale*, Gallimard, Paris 1966 [trad. it. Problemi di linguistica generale, Mondadori, Milano 1990, p. 273].

74 같은 책, p. 275.

75 이에 대해서는 Lyliane Sznajder, *Y a t-il un réfléchi en latin? Etude sur les conditions d'emploi de 'se' et 'suus'*, in «L'Information grammaticale», 1981-5, pp. 17-22와 Jean-Claude Milner, *Le système du réfléchi en latin*, in «Langages», 1978-6, pp. 73-86 참조.

76 Antoine Meillet, *Introduction à l'étude comparative des langues indo-européennes*, Hachette, Paris 1903 (1937), pp. 336-38.

77 Émile Benveniste, *Il vocabolario delle istituzioni indoeuropee*, I, pp. 253 이하.

에스포지토의 책

로베르토 에스포지토는 『코무니타스』, 『임무니타스』, 『비오스』로 구성되는 생명정치 삼부작을 기점으로 일련의 혁신적인 정치철학 저서들을 꾸준히 발표하며 세계적 명성을 얻은 이탈리아의 정치철학자다. 1950년 나폴리에서 태어나 나폴리 대학에서 수학하고 교수를 역임한 뒤 현재 피사 고등사범학교 교수로 재직 중이다. 에스포지토의 철학 여정은 그가 다루는 주제와 철학적 방향에 따라 크게 세 시기로 나뉜다. 첫 번째 시기에 쓰인 저서들은 저자가 '비정치적'이라고 부르는 범주와 직결된다는 구체적인 특징을 지닌다. 이 범주는 선善이 정치로 구현될 수 없고 정의가 결코 완전하게는 법적 권리로 육화될 수 없다는 점을 뼈저리게 의식하며 정치를 필요악이 각인되어 있는 일종의 비극적 숙명으로 이해하는 시각의 이름이다. 『비정치적 카테고리 Categorie dell'impolitico』(1988년)와 『정치에 관한 아홉 가지 생각 Nove pensieri sulla politica』(1993년), 『정치의 기원, 시몬 베유인가 한나 아렌트인가? L'origine della politica. Hannah Arendt o Simone Weil?』(1996년)가 모두 이러한 관점을 반영하거나 발전시킨 저서들이다. 두 번째 시기는 저자가 생명정치 삼부작을 집필하는 시기와 일치한다. 면역 패러다임을 중심으로 생명정치의 현대적이면서 보편적인 의미를 해부한 이 삼부작은 『코무니타스. 공동체의 기원과 운명 Communitas. Origine e destino della comunità』(1998년), 『임무니타스. 생명의 보호와 부정

Immunitas. Protezione e negazione della vita』(2002년), 『비오스. 생명정치와 철학Bios. Biopolitica e filosofia』(2004년) 순으로 출간되었다. 세 번째 시기부터 저자는 다양한 주제들을 다룬다. 이 시기에 쓰인 책들은 『임무니타스』에서 비교적 간략한 형태로만 다루었던 주제들을 독립적으로 발전시켜 체계화한 저서들이 주를 이룬다. 『삼인칭. 생명의 정치와 무인칭의 철학Terza persona. Politica della vita e filosofia dell'impersonale』(2007년)은 '삼인칭'을 인간의 배타적인 측면이 부재하는 형상이자 개념으로 정립한 뒤 이를 중심으로 나와 타자의 관계를 재조명한 책이다. 『정치학 어휘. 공동체, 면역성, 생명정치Termini della Politica. Communità, immunitià, biopolitica』(2008년)는 생명정치 삼부작의 핵심 개념들을 다각도에서 조명하며 쓴 논문들을 모아 묶은 2권의 논문집이다. 이 외에도 면역학적 차원에서 조명했던 '정치신학'의 이원론적 파생 구도를 경제신학적인 차원에서 재해석한 『둘. 정치신학이라는 기계와 사유의 자리Due. La macchina della teologia politica e il posto del pensiero』(2013년), 사람과 사물의 중첩 현상을 중심으로 몸의 철학을 심도 있게 발전시킨 『사람과 사물Le persone e le cose』(2014년), 정치적 부정의 이면을 해부하며 정치의 긍정적 해석을 시도한 『정치와 부정. 긍정의 철학을 위하여Politica e negazione Per una filosofia affermativa』(2018년), 하이데거와 들뢰즈의 정치적 엇갈림을 매개하며 새로운 정치 패러다임을 제시한 『정립적 사유. 정치적 존재론의 세 가지 패러다임Pensiero Istituente. Tre paradigmi di ontologia politica』(2020년) 등이 있다. 팬데믹을 철학적 면역학과 보편적 면역화의 관점에서 조명하며 집필한 『사회 면역. 팬데믹 시대의 생명정치Immunità comune. Biopolitica all'epoca della pandemia』를 2022년에 출간했다.

역자 해제

코무니타스/임무니타스*

코무니타스와 임무니타스는 각기 '공동체'와 '면역성'이라는 상이하고 이질적인 의미를 지녔음에도 불구하고 저자의 철학적 관점에서는 분리해서 생각하는 것이 불가능할 정도로 긴밀하고 복합적인 연관성을 지닌다. 그만큼 이 두 개념을 모두, 함께 파악하지 않고서는 어느 하나를 이해했다고 보기 어렵다. 이 개념들을 집중적으로 다루는 각각의 저서에서 저자가 한 개념을 개별적으로, 상이한 방식으로 분석할 때 나머지 개념은 전면에 드러나지 않는다. 하지만 그렇다고 해서 이 두 개념의 실질적인 연관성이 사라지는 것은 아니다. 이들의 관계는 그리 간단하지 않다. 코무니타스와 임무니타스는 심층적인 상호보완성을 지녔을 뿐 아니라 이 두 개념의 모든 관계를 부인해야 할 정도로 분명한 상

* 이 해제는 코무니타스와 임무니타스의 상호보완적이면서도 이율배반적인 상관 관계를 조명하기 위해 쓰였다. 동일한 내용의 글을 『코무니타스』에도 해제로 실었다.

호배타성을 지녔다. 서로 배척하기 위해 만나고, 만나기 위해 부정하는 관계 안에서 필연적으로 결속되어 있는 코무니타스와 임무니타스는 숙명적인 대척 관계, 적대적인 공존 관계 안에서만 고유의 의미를 지닌다. 이러한 각도에서 관찰하면, 『코무니타스』는 보편적 면역화에 부합하는 형태의 공동체가 부각될 수 있는 방향으로 기존의 공동체 개념을 탈구축하며 새로운 공동체 개념의 이론적 틀을 마련한 반면, 『임무니타스』는 부재하는—혹은 조건으로만 존재하는—공동체의 울타리를 전제로 보편적 면역화의 패러다임을 총체적으로 검토하며 다각도에서 이론화한 저서라고 볼 수 있다. 이러한 연관성은 이 두 저서와 함께 삼부작을 구성하는 세 번째 책 『비오스Bios』에서 보다 분명하게 드러난다. 여기서 저자는 면역성과 공통성에 각각 생명과 정치의 가치를 부여하고 이를 조합하며 이른바 '생명정치'라는 영역의 구도를 새로이 정립하기에 이른다.

이 저서들이 출간과 함께 정치철학과 생명정치 연구의 세계적인 흐름을 뒤바꾸어놓았다면, 저자가 최근 몇 년 사이에 집중적으로 조명을 받은 것은 우리 모두가 경험했고 여전히 경험하고 있는 팬데믹 때문이다. 팬데믹이 일어나자 저자는 오히려 박수를 받았다. 면역화 패러다임을 체계적으로 이론화한 그의 학문적 성과를 인정하고 치하하는 분위기는 그가 철학적 면역학을 정립하며 쓴 『임무니타스』의 재출간으로, 뒤이어 좀 더 구체적인 설명을 원하는 사회의 요구에 부응하며 집필한 『사회 면역Immunità comune』(2022년)의 출간으로 이어졌다. 이 책들이 다시 주목받게 된 이유는 에스포지토가 생명정치의 심층 구조를 지배하는 패러다임으로 임무니타스, 즉 '면역성'을 제시했을 뿐 아니라 무엇보다도 팬데믹이 충분히 일어날 수 있는 사회적 구도를 어느 정도는 정확히 예견했다는 의견에 동의하는 분위기가 조성되었기 때문이다. 물론 『사회 면역』의 서문에 밝혔듯이, 에스포지토는 자신이 옳았다는 이야기가 전혀 달갑지 않다고 말한다. 이는 우리도 충분히 공감할 수 있는 이야기다. 자신이 옳았다 해도 이를 증명하는 사건이 긍정적인 부분은 조금도 찾아볼 수 없는 재앙이었으니, 사실 누구보다 안타까운 사람은 에스포지토 본인이었을 것이다. 하지만 그가 무언가를 예견했다는 비평가들의 말은 다소 부정확한 표현이다. 저자가 현대사회의 면역학적 구조를 앞서 이론화한 것은 사실이지만, 구체적으로 전염병이나 팬데믹을 다루었던 것이 아닌 만큼 무언가를 예견했다고 보기는 힘들다. 그가 분명히 예시했던 것은 오히려 이러한 사태에서 벗어나는 이론적인 차원의 방법론이었다. 하지만 이 또한 정확하게는 – 저자가 팬데믹이 일어날 줄 몰랐다는 점을 고려하면 – 예견이었다고 보기 힘들다. 그렇다면 그가 옳았다는 것은 무슨 뜻인가? 사회적인 면역체계의 붕괴와 복구 경로를 구체적으로 파악하고 이해하는 데 필요한 합리적인 관점을 누구보다도 명확하게 제시한 철학자가 에스포지토라는 점은 분명하지만, 그의 관점이 팬데믹에서 벗어나는 시기를 앞당기는 데 실질적으로 기여한 것도 아니고 그가 팬데믹을 사전에 방지할 수 있었던 것도 아니라는 점을 고려하면, 문제는 약간 모호해진다. 하지만 어떻게 보면 정확한 평가에 대한 식자들의 의견이 분분한 이유도, 학자들의 평가가 일치하지 않는 이유도 여기에 있다. 이러한 모호함은 상식적인 차원의 평가와 전문적인 이론 사이의 간극에서 발생할 수 있는 어떤 오해의 소지와 크게 다르지 않고, 어떤 의미에서는 이론과 실제 사이에 존재하는 무색무취의 여백에 지나지 않는다. 따라서 무엇이 옳았는지 살펴보기 위해서는 이 무색무취의 간극을 최대한 좁혀볼 필요가 있다. 이는 앞서 언급한 코무니타스와 임무니타스의 이율배반적인 관계를 조명하는 일과 결코 무관하지 않다.

먼저 살펴보아야 할 것은 코비드 팬데믹이 천재지변과는 거리가 먼 재해였을 뿐 아니라 지극히 인위적인 사건이었고 결국에는 인간이 자초했다고 볼 수밖에 없는 재앙이었다는 사실이다. 아니, 이 불분명한 상황은 가능한 한 분명하게—혹은 불분명한 상태 그대로—조명해볼 필요가 있다. 모든 팬데믹은 인위적인 성격을 지닌다. 전염이 일어나려면 인간과 자연의, 인간과 인간의 '접촉'이 필요하고, 이 접촉은 엄밀히 말하자면 자연적 현상이 아닌 인위적 사건이다. 통제 능력이 부족했던 과거에는 전염병을 생물학적 차원의 재해라는 관점에서만 인지했기 때문에 이를 자연의 불가항력적인 공격이나 신의 뜻으로 이해했지만, 이러한 상황은 근대를 기점으로 서서히 변한다. 전염병이 생물학적 재해와 인위적 재해의 조합이라는 점을 감안하면, 근대 이후의 상황은—이해의 차원에서뿐만 아니라 발생의 차원에서도—인위성 혹은 비자연적인 성격의 농도가 점점 더 짙어지는 방향으로 전개되었다고 볼 수 있다. 전문가들은 코비드 팬데믹이 통제가 가능한 역사상 최초의 팬데믹이 될 것이라는 의견을 내놓았다. 이는 결코 틀린 말이 아니다. 하지만 이 말은 전혀 다른 의미로도, 즉 통제가 가능해진 것은 그만큼 원인이 인위적이었기 때문이라는 의미로도 이해할 필요가 있다. 어떤 의미에서는 팬데믹 자체가 통제 가능한 상태로 발생했다고도 볼 수 있다. 이러한 진단은 미래를 고려하면 오히려 위안이 될지도 모르지만, 사실은 우리가 결코 간과할 수 없는 한 가지—두려울 수도 있는—현상과 직결된다. 팬데믹이 전염의 확산 못지않게 불가항력적인 경제 글로벌화와 유동인구의 증폭에서 비롯되었다는 점을 사실로 인정하고 나면, 글로벌화 역시 전염에 대한 아무런 대책 없이 이루어진 것은 아니라는 점도 사실로 인정할 필요가 있다. 오늘날의 지구촌은 결코 보편적 차원의 면역화에 동원되는 법률, 제도, 의학, 기술 분야의 통제, 방역, 검열 장치와 장비의 체계적인 발달 없이 이루어지지 않았다. 그렇다면 이러한 다양한 형태의 집중적인 면역화 시도가 아이러니하게도 바이러스의 확산 경로를 오히려 마련하는 결과로, 결국에는 지구촌의 면역체계를 맹신하는 가운데 비대해진 소통과 교류의 장에서 팬데믹이 일어나는 결과로 이어졌다고 볼 수 있다. 물론 글로벌화는 팬데믹의 직접적인 원인이 아니다. 이는 면역화의 기술이 팬데믹의 발생 경로를 조성한 반면 팬데믹의 통제가 가능해진 것도 동일한 기술 덕분이라는 점을 감안하면 어렵지 않게 확인할 수 있는 사실이다. 그럼에도 불구하고, 면역체계의 붕괴가 다름 아닌 면역화의 과정 속에서 일어났다는 점은 부인하기 힘들다. 그런 의미에서 코비드 팬데믹이 통제가 가능한 역사상 최초의 팬데믹으로 기록되리라는 점은 특별히 자부할 만한 것이 못 된다. 왜냐하면 상황은 한편에 언제 일어날지 모를 불가항력적인 전염병이 있고 다른 한편에 이를 기적적으로 통제할 수 있는 첨단의 면역 기술이 있는 것이 아니라, 오히려 이 첨단의 기술이 있는 곳에서만, 즉 면역의 문제를 기술적으로 극복하며 승승장구해온 곳에서만—아이러니하게도, 혹은 다행히도 기술의 발달에 힘입어—재앙이 발생하는 방향으로 흘러갔기 때문이다. 물론 면역화가 팬데믹의 직접적인 원인은 아니지만, 경제 면역화의 결과인 글로벌화가 우발적인—사실은 지극히 인간적이고 인위적인—재해의 폭발적인 확산을 조장하는 촉매 내지 배경으로 기능했다는 것만큼은 부인할 수 없는 사실이다. 이 지점에서 에스포지토의 면역화 패러다임이 어떤 의미를 지니는지 가늠할 수 있다. 그가 발견한 것은 일종의 틀과 이 틀의 특이한 메커니즘이다. 간략히 말하자면, 과거에는 미미했지만 현대를 기점으로 빠르게 활성화된 보편적 면역화의 틀 안에서 생명정치의 가장 핵심적인 메커니즘이, 사실상 동일한 메커니즘에 부정적으로 의존하며 면역체계의 붕괴를 조장하는 미문의—알지만 모르는—요인에 의해 무너진 사건이 바로 팬데믹이었다고 볼 수 있다. 에스포지토의 면역화 패러다임이 이 모든 것을 이해하고 포착하기 위한 합리적인 관점과 해결책을 모색하는데 필요한 해석적 기준을 제시한다면, 이는 어떤 사건의 직접적인 원인이 모호할 때 그것의 '배경'을 '기원'으로 간주할 수 있기 때문이다. 이 기원은 원인을—모호한 인위성을—파악할 수 있는 유일한 단서로 남는다. 그렇다면, 이러한 관점에서 볼 때, 앞서 언급한 간극의 실체가 무엇인지 조금은 분명해진다.

하지만 지금까지는 재난의 측면에서만 관찰했기 때문에 여전히 불분명할 수밖에 없는 한 가지 문제가 남아 있다. 그것은 생물학적 면역화에만 국한되지 않는 보편적 면역화의 실체 혹은 이 두 영역 간의 관계다. 사실은 면역화라는 표현 자체가 가능한 것도 에스포지토가 이 두 영역의 '중첩'을 전제로 그의 이론을 전개했기 때문이다. 인간의 면역화 시도가 생물학적 차원에만 국한되지 않고 법과 제도를 비롯한 사회의 거의 모든 영역에서 끊임없이, 훨씬 더 활발하게 이루어진다는 주장은 어떻게 이해해야 하나? 에스포지토에 따르면, 생물학적 면역의 메커니즘과 그리 다르지 않은 방식으로, 법적 면역화 역시 개개인의 생존이라는 차원과 생존의 터전으로 간주되는 공동체의 상호 배제와 포함, 견제와 조합의 관계를 토대로 전개된다. 이러한 '중첩'의 의미는 단순한 유사성의 관념적 차원을 뛰어넘어 실질적인 상호 '간섭'의 차원에서 발견된다. 이는 사회 역시 사회를 구성하는 인간의 몸과 전적으로 유사한 형태의 신체를 지녔을 뿐 아니라 인간과 한 몸을 형성하며 유기적으로—신체적으로—기능하기 때문이다. 생명을 보호하고 보존하는 것이 인간의 가장 기본적인 성향이라면, 사회는 이와 무관한 어떤 고차원적인 실체가 아니라 동일한 성향을 우선적으로는 충족시키는 형태로, 더 나아가 사회 자체의 생존이라는 형태로 유지하며 최대한 활성화하는 몸에 가깝다. 사회만 인간을 닮은 것이 아니라 인간도 사회를 닮았다. 저자가 타자성의 철학을 매개로 도달하는 결론에 의하면, "인간만큼 고유의 차이점에 의해서만 통합되는 수많은 파편으로 사실상 분리되어 있는 존재도 없다." '중첩'이나 '간섭'은 형이상학적 비유의—후속적인 이해의—차원에서만 일어나는 것이 아니라 무엇보다도 지극히 현실적인 차원에서, 삶의 현장에서, 너무 가까

워서 보이지 않는 '접촉'이 이루어지는 곳에서 일어난다. 이 곳에서 생물학적 면역은 보편적 면역과 닮기만 한 것이 아니라, 몸과 마음이 하나가 되듯, 조금도 다를 바 없는 것이 되어버린다. 살과 몸이—붙어 있으면서도—만나는 곳, 소유의 요구와 공유의 필요성이, '나의' 것과 '모두의' 것이, 생물학적 메커니즘과 이를 보호해야 할 사회학적 메커니즘이 만나고 접촉하는 곳에서—긍정적으로든 부정적으로든—전염과 면역이 이루어진다. 에스포지토가 법적 권리의 제도화를 인류 최초의 면역화 시도로 간주하는 것도 이 때문이다. 인간은 생명 보호의 차원을 뛰어넘어 생존을 위해 항상 무언가를—재산, 토지, 명예, 권리, 기술, 지식 등을—지켜야 하고 이를 위해 일련의 제도적 장치와 법적, 도덕적, 사회적, 문화적 규칙에 의존할 수밖에 없는 처지에 놓인다. 그 이유는 비교적 분명하다. 인간이 만약 타자에 의존하지 않고 사는 존재라면—물론 사실은 그가 이를 추구하기 때문이지만—그의 생존 전략은 방어벽을 쌓기만 하는 방향으로 기울어질 것이다. 그러나 인간은 언제나 어떤 공동체의 일원이며 공동체를 삶의 터전으로 이해한다. 따라서 공동체의 일원인 타자를 배척할 수 없는 그의 생존 전략은 동의의 성격을 지닌 어떤 장치나 규칙에 의존하는 방향으로 기울어지게 마련이다. 하지만 여기서 주목해야 할 것은 이 '동의'도 단순히 조화롭고 평화롭기만 한 형식이 아니라 기본적으로는 생존을 전제로만 활성화된다는 사실이다. 달리 말하자면 이 동의는 그리 아름다운 것이 아니다. 아름답지도, 절대적이지도, 엄밀히 말하자면 필연적이지도 않은 이 동의의 본질적인 기능은 다름 아닌 면역이다. 왜냐하면 이 동의가 결국에는 '나'의 소중한 것을 빼앗을 수도 있는 잠재적 탈취자의 직접적인 보호를—협약을 통해서든 대가를 치르든, 혹은 강제적으로든—약속받는 형태로, 좀 더 정확히 말하자면 '나'를 위해, '나'를 위협하는 것의 일부를 조건으로—그것이 불리하든 유리하든—받아들이면서 이루어지기 때문이다. 에스포지토가 원론적인 차원에서 면역을 사회 역학의 가장 보편적이고 핵심적인 패러다임으로 간주하는 것도 이 때문이다.

이와 동일한 맥락에서—사실은 우선적으로—면역의 영역인 동시에 울타리인 공동체의 개념을 재해석해야 할 필요성이 대두된다. 이는 면역이라는 이율배반적인 패러다임을 적용하려면, 면역 사회의 심층적이고 역학적인 구도에 어울리는 좀 더 유연한 형태의 공동체 개념이 요구되기 때문이다. 실제로 에스포지토가 먼저 분석을 시도했던 것도 공동체 개념이다. 간단히 요약하면 『코무니타스』에서 공동체 개념을 먼저 탈구축하며 열어젖힌 틈새 공간에 면역학적 관점을 도입한 뒤 『임무니타스』에서 이를 패러다임으로 체계화하고, 그런 식으로 삼부작의 세 번째 책인 『비오스』에서 면역성이 '생명'에, 공동체가 '정치'에 상응하는 구도를 바탕으로 '생명정치'의 체계를 재구성했다고 볼 수 있다. 에스포지토가 『코무니타스』에서 제시하는, 아니 탈-구축한 뒤 드러나도록 유도하는 공동체 개념은 한마디로 파격적이다. 상식을 무너트린다는 차원에서만 파격적인 것이 아니라, 기존의 개념을 완전히 전복시켜 본래의 의미를 복원할 뿐 아니라 낡은 개념과 권위적인 정설의 탈-구축 과정에서 파편처럼 떨어져나온 그릇된 해석의 단상들, 틈새들을 원래 있던 곳에 폐허인양 그대로 남겨둔다는 점에서 격식을 완벽하게 파괴한다. 전통적인 공동체 개념의 가장 중요한 특징이 공동체를 '실체'와 '주체'의 차원에서 고찰하는 성향이라면 에스포지토는 이러한 입장과 결별을 선언하고 정확하게 반대되는 방향으로 나아간다. '민족 공동체', '언어 공동체', '문화 공동체' 같은 표현들이 가리키는 것은 공동체의 내용이며 그것은 항상 누군가의—'나', '우리'의—것으로 귀결된다. 결과적으로 그 내용은 누군가에게 '고유한' 것을 가리키며 그의 정체를 구성하는 특징 가운데 하나로 간주된다. 하지만 공동체라는 표현의 본질적인 의미가 공통성이라는 점을 감안하면 이 용어를 정의할 때 이와 정반대되는 '고유한'이라는 형용사가 끼어드는 이유는 무엇인가? 또 이러한 문제점이 고스란히 노출된 상태로—등잔 밑에서—실재한다는 것은 어떻게 설명해야 하나? 이 질문에 대한 답변은 비교적 단순한 형태로 이미 마련되어 있다. 이는 고유화의 성향이 그만큼 불가항력적으로—숙명적으로—강하기 때문이다. 하지만 이 고유화가 면역화의 한 범주라는—면역화, 고유화, 소유화가 모두 동일한 기능을 수행하는 범주라는—저자의 의견에 주목하면, 면역화가 '공동체'에 대한 오해의 원인이라는 사실에 주목하지 않을 수 없다. 그리고 이는 공동체와 면역화, 코무니타스와 임무니타스의 이율배반적인 관계에서 비롯되는 어떤 결과에 가깝다. 조금 다른 각도에서 살펴보면, '실체'와 '주체'에만 주목하는 공동체 개념에는 '함께'라는 요소가 빠져 있다. 그런 식으로 '함께'는 본연의 의미를 잃은 상태에서 항상 어떤 정체나 특성으로만 이해된다. 『코무니타스』의 의미심장한 서문 제목 '공통점이라고는 조금도 없는 공동체'라는 표현이

암시하는 것도 바로 이러한 의미의 상실에 가깝다. 이 말은 우리가 공동체의 공통점으로 간주하는 요소들이 사실은 공통점이 아니라 오히려 허무에—명분, 이상, 추상적 가치나 목표에—가깝다는 것을 의미한다. 이러한 관점은 사실 이해하기가 그렇게 까다롭거나 전적으로 새로운 것이 아니다. 간단히 말하자면 사람들은 원하는 것이 있기 때문에 모인다. 원하는 것을 얻으려면 모일 수밖에 없지만 모이는 이유는 근본적으로 원하는 것이 있기 때문이다. 에스포지토가 이처럼 양면적인 성격을 강조하는 이유는 '함께'의 의미가 아닌 내용에 주목했기 때문이다. 물론 에스포지토에 앞서 이 '함께'를 토대로 새로운 유형의 공동체 개념을 모색했던 장-뤽 낭시(『무위의 공동체』), 모리스 블랑쇼(『밝힐 수 없는 공동체』), 조르조 아감벤(『도래하는 공동체』)이 동의했던 부분도 사실은 공통적인 것을 고유한 것으로만 이해하는 폐쇄적인 공동체 개념이 어떤 식으로든 폐기되어야 한다는 점이었다. 이들의 입장에서도 공동체는 공통적인 실체가 아니라 공유하는 삶에 가깝다. 진정한 의미의 공동체는 공통성을 울부짖으며 이를 특수성과 뒤바꾸는 이들이 아니라 스스로를 타자에게 노출시킬 줄 아는 이들의 모임이다. 이러한 공동체는 실체적이지도, 주체적이지도, 보편적이지도, 객관적이지도, 특수하지도 않다. 하지만 이 철학자들이 이런 점을 강조하기 위해 '함께'의 의미에만, 즉 '관계'에만 주목했던 반면 에스포지토는—이들의 한계인 '관계'의 추상성을 극복하며—'함께'의 내용에 주목한다. 그리고 '함께' 한다면 함께하는 것은 무엇인가, 함께 나누는 것은 무엇인가라는 질문을 던진다. 에스포지토는 그것이 함께 나누어야 할 '허무'라는 결론에 도달한다. 그렇다면 이 허무가 앞서 언급한 관계의 추상성과 다른 점은 무엇인가? 차이는 이 허무가 무언가의 끝에 오거나 고정되어 있는 허무가 아니라 앞서 오는, 따라서 우리를 이끄는 유형의 허무라는 점에 있다. 에스포지토는 이 허무의 형상을 라틴어 코무니타스communitas와 임무니타스immunitas가 공유하는 무누스munus에서 발견했다. 에스포지토의 설명에 따르면, 상당히 복합적인 형태로 활용되는 이 무누스는 '의무'와 '선사'라는 이중적인 의미를 지닌다. '의무'이기도 하고 '선사'이기도 하지만 본질적인 의미는 '선사의 의무'로 귀결된다. 특이한 것은 이 '선사'가 받는 선물이 아니라 주는 선물만을 가리킨다는 점이다. 관건이 받지 않고 주기만 하는 선물인 만큼, '선사'는 일종의 의무로 간주된다. 그리고 이 의무 역시, 선사에서 유래하기 때문에, 선사의 형태로만 이행된다. 코무니타스는 바로 이러한 '의무'를 공유하는 이들의 공동체다. 의무만을 공유하기 때문에, 에스포지토의 코무니타스는 실체화, 고유화, 주체화에 의존하는 기존의 공동체 개념과 정반대되는 의미 영역을 구축한다. 코무니타스의 범주를 이런 식으로 정립할 때 드디어 분명해지는 것이 바로 개인의 생존을 추구하는 임무니타스와 그렇지 않은 코무니타스의 필연적인 대척 관계와 적대적인 공존 관계다.

선사의 의무를 조건으로만 성립되는 코무니타스는 무엇보다도 탈고유화의 의미를 지닌다. 탈고유화가 기본적으로 개인의 고유화 성향을 억제하고 관계의 조성에 기여할 뿐 아니라 공동체의 정치적 해석을 용이하게 하는 반면 고유화, 소유화, 주체화, 면역화는 정치적 해석을 오히려 방해하는 요소다. 코무니타스가 선사의 의무를 통해 공동체 구성원들을 결속하는 반면, 임무니타스는 반대로 이 의무에서 벗어나게 만든다. 전자가 개방적이고 보편적인 성격을 지닌다면, 후자는 모두의 공통적인 조건에서 제외되는 상황을 특징 내지 특권으로 내세운다. 우리가 앞서 살펴본 법적 면역화와 생물학적 면역화의 중첩 현상에 이러한 대립 관계를 적용하면 상황은 훨씬 더 복잡해진다. 법적 면역화가 코무니타스의 범주로, 생물학적 면역화가 임무니타스의 범주로 기울어져 있다는 점을 감안하면, 전자가 개인이 자신의 정체성을 보호하기 위해 쌓는 장벽임에도 불구하고 오히려 이 장벽의 붕괴를 결정지을 수 있는 요소라면, 후자는 이 장벽을 다시 방어적이거나 공격적인 형태로 재구성하는 기능이다. 단지 이를 위해, 막아야 할 위협 안으로 침투해 들어가야 할 뿐이다. 게다가 이러한 역설적인 상황은 개인에게만 국한되지 않고 특수한 공동체에도, 즉 관계나 소통보다는 특수성과 정체성이 더 중요하기 때문에 큰 규모의 개인으로 간주해야 할 공동체에도 적용된다. 바로 여기서 코무니타스와 임무니타스의 역학 속에 함축되어 있는 이율배반적인 성격이 그대로 노출된다. 면역화는 균형을 잃으면서까지 과도하게, 혹은 균형의 파괴를 인지하지 못한 상태에서 진행될 경우—생명의 보호에 필수적인 요소임에도 불구하고—한계점을 넘어서는 순간 생명/삶을 일종의 철장 안에 가두기 시작한다. 이는 우리가 팬데믹을 경험하면서—물론 원인은 면역의 폭발적인 요구 때문이었지만—뼈저리게 느꼈던 부분이기도 하다. 이 철장 안에서 우리는 자유를 잃을 뿐 아니라 존재가 스스로의 바깥을 향해 나아가는 움직임 또는 코무니타스라는 열림의 의미 자체를 상실한다. 여기서 우리는 한 가지 역학적 모순을 도출해낼 수 있다. 그것은 개인적, 사회적, 정치적 신체를 보호하는 동일한 요소가 동시에 발전을 방해하며, 한계점을 넘어설 때 신체를 오히려 파괴하기에 이른다는 모순이다. 면역화는—개인의 경우든 사회의 경우든—과도하게 적용될 경우 생명/삶을 생물학적인 물질, 벌거벗은 생명, 단순한 생존의 문제로 환원하며 모든 고귀한 삶을 희생시킨다. 에스포지토에 따르면, 코무니타스는 우리가 끊임없이 시도하고 실험하고 경험하는 면역화의 남용을 사실상 가로막는 장소에 가깝다. 반면에 임무니타스 혹은 면역화는 생존에 필요한 요소임에도 불구하고 우리를 소통이 불가능한 울타리 안에—다름 아닌 생존을 목적으로—가두는 기능에 가깝다. 코무니타스는 이러한 상황에 처한 우리를 어우르는 더 큰 울타리가 아니라 보호의 망상과 자기 연민으로부터 우리를 자유롭게 하는 일종의 창문에 가깝다.

그렇다면 이러한 이율배반적인 공존 관계가 현대 철학의 핵심 논제 가운데 하나인 생명정치에 어떻게 적용되고 어떤 변화를 가져왔는지에 대해서도 간략하게나마 살펴볼 필요가 있다. 사실은 이러한 변화 내지 차이가 이 특이한 공존 관계를 이해하는 데 어떻게 보면 철학적 차원에서 가장 실질적이고 유용한 관점을 제공한다. 패러다임으로 기능하는 임무니타스와 코무니타스의 대립/공존 구도는 현실적인 차원에서 동일한 메커니즘을 지닌 '소유'와 '공유', '생명'과 '정치'의 대립/공존 구도로 나타난다. 미셸 푸코가 제안한 '생명정치'의 계보와 구도가 에스포지토의 입장에서 중요한 의미를 지니는 것도 이 때문이다. 좀 더 특화된 영역에서 동일한 관계를 유지한다고 볼 수 있는 법적 면역화와 생물학적 면역화가 근대를 기점으로 중첩되기 시작하는 가운데 전개된 것이 바로 '생명정치'라는 점에 대해서는 푸코와 에스포지토의 의견이 어느 정도 일치한다고 볼 수 있다. 하지만 에스포지토가 푸코의 의견을 전폭적으로 수용하면서도 문제점으로 지적하는 부분은 우리가 앞서 살펴본 양극화 현상을 푸코가 어느 정도는 분명하게 인지하고 있었음에도 불구하고 이를 '생명정치'라는 단일한 용어의 개념적 틀 안에서만 해석했고 뒤늦게야 이를 구분해서 생각하는 방향으로 나아갔다는 것이다. 푸코의 '생명정치'에 대한 현대철학자들의 다양한 이견과 비판이 대부분 불합리할 뿐 아니라 지적하는 것과 동일한 오류를 범하는 이유는, 아울러 푸코에 대한 평가가 완전히 긍정적이거나 완전히 부정적인 방향으로 치우치는 이유도 사실은 이들의 연구가 '생명정치'의 긍정적인 측면과 부정적인 측면의 이론적인 구분 없이, 따라서 '생명'과 '정치'의 본질적인 변증 관계 내지 역학 관계에 대한 이해 없이 전개되었기 때문이다. 에스포지토에 따르면, '생명'과 '정치'가—근본적인 차원에서 임무니타스와 코무니타스가—'생명정치'라는 단일한 패러다임으로 융합될 수 있는 가능성은 존재하지 않는다. 이 두 영역은 평화적으로는 공존할 의향이 없어 보이는 두 종류의 패러다임으로만 실재한다. 달리 말하자면, 공존하더라도 "어느 하나가 다른 것을 폭력적으로 제압하는" 방식을 취한다. 생명이 권력층에 의해 벌거벗은 생명으로 추락하거나 생명의 충만함이 일종의 포화 상태에 달하면서 정치적 소통의 차원 자체를 무력화하는 현상이 일어나는 것도 이 때문이다. 이러한 극단적인 양분화 성향은 사라지지 않는다. 주목해야 할 것은 이러한 성향을 그대로 유지한 상태에서 생명과 정치의 연결 고리 역할을 하는 요소가 바로 면역화라는 점이다. 법적 면역화와 생물학적 면역화의 차별화된 조합이 정치와 생명의 조합으로 이어질 수 있는 이유는 관건이 면역화이기 때문이다. 다시 말하자면 면역화가 바로 법적인 동시에 생물학적인 이중적 성격을 지녔기 때문에, 의학과 제도의 조합에서 볼 수 있는 '생명'과 '정치'의 접촉이 가능해진다. 이 접촉을 좌우하는 것은 면역이다. 따라서 생명정치의 해석과 결과가 극단적인 형태로—부정적인 형태와 긍정적인 형태로—양분되는 현상은 어떤 단일한 패러다임의 상이한 해석이나 결과가 아니라 생명정치 안에 내재하는 본질적인 양면성의—긍정이자 부정, 보호이자 파괴인 성격의—비정상적인 표출 혹은 본질적인 이율배반성의 분명하게 인위적인 만연에 지나지 않는다. 따라서 문제의 핵심은 공통성과 면역성, 코무니타스와 임무니타스의 관계를 조율하는 데 있지 이 범주들의 조합 내지 충돌의 결과들 가운데 어느 하나를 선택하는 것이 아니다. 에스포지토에 따르면, "생명을 파괴하는 방향으로 나아가는 움직임에서—공통성을 매개로—면역 기능을 분리하려는" 노력이 필요하고, 이를 위해서는 면역체계가 단순히 어떤 "보호 장벽으로 머물지 않고 내부와 외부의 관계를 조절하는 일종의 여과기로" 기능한다는 점에 주목할 필요가 있다. 그래야 "부정적인 면역 장치들을 비활성화하고 공통적인 것의 공간을 새롭게 창출할" 수 있기 때문이다.

지금까지 살펴본 코무니타스와 임무니타스의 미묘한 관계

는 사실 어느 하나를 파악하는 데 다른 개념이 도움을 준다기보다는 오히려 한 개념의 이면을 파악하는 데 다른 개념이 요구된다는 차원에서 이해할 필요가 있다. 이러한 특징은 코무니타스와 임무니타스에 비유 혹은 유사 관계의 형태로 상응하는 여러 하부 개념들을 관찰할 때에도 똑같이 적용되고 무엇보다도 두 저서, 두 범주 전체를 대조할 때에도 적용되어야 할 일종의 구도에 가깝다. 코무니타스와 임무니타스는 서로에게 열쇠가 되는 개념이 아니라 서로의 본질적인 이면을 가장 가까운 곳에서 열어젖히는 일종의 공간과 기능이다. 에스포지토가 제시하는 코무니타스와 임무니타스의 개념은 원칙적이고 절대적인 차원의 공동체와 면역성에, 궁극적으로는 '공존'과 '생존'에 가깝지만 추상적이거나 형이상학적인 차원의 원칙으로 귀결되지 않고 오로지 현실 속에서만, 현실이라는 조건 속에서만 공간과 기능이라는 절대적이고 불가피한, 탈구축적인 범주로서의 의미를 지닌다. 이는 저자의 방법론적인 구도에서도 발견되는 특징이다. 『코무니타스』에서 에스포지토는 홉스에 대한 루소의 비판, 루소에 대한 칸트의, 칸트에 대한 하이데거의, 하이데거에 대한 바타유의 비판을 순차적으로 분석하며 전자의 오류가 후자에 의해 보완될 때 드러나는 본질적인 모순의 형상들을 조명하지만, 정작 그가 보여주려는 것은 이들이 범한 오류의 정체가 아니라 이들이 나름대로 옳았던 이유다. 다시 말해 여기서 드러나는 것은 이들이 옳았음에도 불구하고 틀린 이유, 혹은 틀렸음에도 불구하고 옳았던 이유다. 이 이유의 실체는 오류가 아니라 어떤 한계에, 따라서 어떤 관계에 가깝다. 이 시점에서 옳거나 틀린 이유는 틀리거나 옳은 이유와 크게 다르지 않다. 결과적으로 드러나는 것은 한계점들만의 관계다. 이 관계를 지배하는 메커니즘은 코무니타스와 임무니타스의 관계를 지배하는 메커니즘과 동종이며, 이 관계를 구축하는 오류와 모순들이 파편처럼 흩어진 상태에서 필연적인 부재의 형태로만 보여주는 것이 바로 '함께'라는 형태로만 실재하는 공동체라는 공간이다. 그렇다면, 이러한 '공존'의 해부와는 완전히 다른 방식으로 전개될 수밖에 없는 것이 '생존'의 해부, 즉 '면역'의 해부다. 『임무니타스』의 결이 다른 이유는 『코무니타스』에서 파편처럼 전시되는 모순들의 조합 내지 접촉을 심층적인 차원에서 가능하게 하는 지대와 기능적인 요소가 무엇인지 함께 열거하는 방식을 취하기 때문이다. 이 기능이 '면역'이라는 점은 분명하지만, 놀라운 것은 '면역화'가 법률, 신학, 인류학, 정치, 의학 분야에서, 한마디로 인간사회의 거의 모든 영역에서 동일한 메커니즘을 바탕으로 이루어진다는 점이다. 결국 우리가 진정한 의미에서 공유하는 것은 아이러니하게도 원칙적으로 공유가 불가능한 면역뿐이라는 결론을 내릴 수 있다. 달리 말하자면, 절대적인 '공존'의 관점에서는 모순, 맹점, 이견, 파편으로만 존재하는 요소들의 실질적인—언제나 부조리한 형태의—공존을 가능하게 하는 것은 절대적인 '생존'의 관점이다. 저자가 면역화를 현대사회의 패러다임으로 제시하는 것은 현대가 이처럼 필연적으로 이율배반적인 공존의 기술이 고도로 발달된 시대이기 때문이다.

윤병언

임무니타스

로베르토 에스포지토 지음
윤병언 옮김

초판 1쇄 발행 2022년 12월 1일

펴낸이 조수연
디자인 박수진
펴낸 곳 크리티카
전화 070 4571 5748
전자우편 criticapublisher@naver.com
블로그 blog.naver.com/criticapublisher
정가 26,000원
ISBN 979-11-980737-8-5 93100